Oberschöna

Schönfeld

Magirius/Mai · Dorfkirchen in Sachsen

Magirius/Mai · Dorfkirchen in Sachsen

Heinrich Magirius / Hartmut Mai

DORFKIRCHEN IN SACHSEN

Mit Aufnahmen von Christoph Georgi

Zum 55. Geburtstag

wünschen wir Dir beste Gesundheit

und schenken Dir dieses Buch

als Erinnerung an

Deine Schwiegereltern

und Elfriede.

Evangelische Verlagsanstalt Berlin

16. 10. 1991

Dieser Band erscheint innerhalb der Reihe Stadt-
und Dorfkirchen und ist herausgegeben von Karl
Wagner

Die Beiträge auf den Seiten 9–36 wurden von
Heinrich Magirius, auf den Seiten 36–48 von
Hartmut Mai erarbeitet

ISBN 3-374-00441-5

Luftbildgenehmigung ZLB/L 0388/81 und ZLB/L 0541/73

2. durchgesehene Auflage der Neubearbeitung. 1990
© Evangelische Verlagsanstalt Berlin GmbH 1985
Lizenz 420.205-119-90. LSV 6610. H 2373
Printed in the German Democratic Republic
Gesamtherstellung: Druckwerkstätten Stollberg
02950

Inhaltsverzeichnis

Geleitwort

Die Liebe der Menschen zu ihrer Heimat ist für Christen verbunden mit der Liebe zu dem Herrn, dem sie ihr ganzes Leben verdanken. Unsere Dorfkirchen sind ein Symbol für die engste Verbindung zwischen der Liebe zu Gott und der Liebe zur Heimat. Wenn wir über Landstraßen fahren, sehen wir manchmal von weitem Kirchtürme über den Horizont ragen als Zeichen dafür, daß an diesem Ort Menschen zu Hause sind und Gott die Ehre geben.

Auch heute noch ist die Kirche ein markanter Punkt im Gefüge eines Dorfes. Kaum einer möchte sie missen, verfallen lassen oder abreißen. Viele wissen, daß der Verlust des Gotteshauses die historisch gewachsene Substanz eines Dorfes zerstören würde.

Bis heute ist in der alten Dorfkirche etwas vom Herzschlag der Gemeinde spürbar. Sie zeigt den Wunsch der Dorfgemeinschaft an, eine Mitte zu haben. Hier wird allen Menschen angeboten, in der Unruhe des Alltags zur Besinnung zu kommen. Aus ihrer Kirche erwachsen der christlichen Gemeinde Trost und Kraft für den Tag, für die Woche. Aus den Gottesdiensten entspringen das Lob Gottes, die Dankbarkeit des Lebens und nicht zuletzt die Erneuerung des Glaubens. Sie vermitteln neuen Mut und neue Liebe zu den Mitmenschen und auch Bereitschaft zum Frieden untereinander. So sind Dorfkirchen nicht nur historisch wertvolle Bauwerke, die kostbare Kunstwerke wie eine museale Schausammlung anbieten, sondern dienen vor allem als Lebensraum der Gemeinde, die heute mit ihrem Herrn unterwegs ist, wie sie es zu allen Zeiten war.

In unseren Landeskirchen gibt es auch dörfliche Sakralbauten, die als Wehrkirchen errichtet wurden. Den Menschen damals boten sie Schutz vor drohenden Feinden. Jede Dorfkirche zeigt noch etwas von dieser bergenden Kraft. Wir wollen unserer Zeit und unserem Leben nicht entfliehen. Aber wir brauchen einen ewigen Halt, um sinnvoll inmitten der Gegenwart zu leben. Dafür bleibt die Kirche im Dorf nicht nur ein Symbol, sondern ein ständiges Angebot an alle Menschen.

Unter großen Mühen und Opfern erhalten, erneuern und bewahren Dorfbewohner ihre Kirche, sachkundig unterstützt von kirchlichen Baupflegern und der staatlichen Denkmalpflege; auch an dieser Stelle möchten wir allen Beteiligten dafür herzlich danken.

Dieses Buch will den Leser einladen, die Dorfkirche neu zu erleben und anzunehmen. Wir wünschen ihm, daß er bei der Begegnung mit dem Gotteshaus etwas erfahren und erfassen kann von dem alten Gruß: »Friede den Kommenden/ Freude den Bleibenden/ Segen den Scheidenden!«

Dr. Dr. h. c. Johannes Hempel
Landesbischof der
Evangelisch-Lutherischen
Landeskirche Sachsens

Dr. Hanns-Joachim Wollstadt
Bischof der Evangelischen
Kirche des Görlitzer
Kirchengebietes

Vorwort

Zwischen 1963 und 1976 erlebten die »Dorfkirchen in Sachsen« von Christian Rietschel, dem damaligen Leiter des Kunstdienstes der Evangelisch-Lutherischen Landeskirche Sachsens, und Bernd Langhof acht Auflagen. Danach entschloß sich die Evangelische Verlagsanstalt zu einer Neubearbeitung. Wir kamen diesem Auftrag gern nach, da wir uns den Dorfkirchen in Sachsen von Kindheit an auf vielfältige Weise verbunden fühlen. Die Neubearbeitung schließt jetzt auch die Evangelische Kirche des Görlitzer Kirchengebietes ein. Dazu berechtigt eine mehrhundertjährige gemeinsame Kirchengeschichte mit der sächsischen Oberlausitz und das gute gegenseitige Verhältnis der sächsischen und der Görlitzer Landeskirche in der Gegenwart. Unserer ökumenischen Gesinnung entspricht die Einbeziehung der katholischen Dorfkirchen in die Darstellung. Die Kontinuität der Kirche auf dem Lande findet ihren Ausdruck darin, daß die Dorfkirchen der zweiten Hälfte des 19. Jahrhunderts und des 20. Jahrhunderts ebenfalls angemessen vertreten sind.

Der Seitenumfang des Buches konnte gegenüber der vorangegangenen Veröffentlichung jedoch nicht erweitert werden. In den gezogenen Grenzen wurde aber versucht, das Wesentliche herauszuarbeiten. Außerdem wünschte der Verlag, im Einklang mit den anderen Bänden der von Karl Wagner begründeten und herausgegebenen Reihe über Dorf- und Stadtkirchen, das Schwergewicht auf die kunsthistorischen Zusammenhänge zu legen. Viele wertvolle Kirchen mußten unberücksichtigt bleiben. Kulturhistorische, frömmigkeitsgeschichtliche, gemeindliche und denkmalpflegerische Gesichtspunkte konnten wir leider nur andeuten.

Ausdrücklich hervorgehoben jedoch sei an dieser Stelle, daß die vorgestellten Kirchen auch Objekte der staatlichen Denkmalpflege und der kirchlichen Baupflege waren und sind. Die enge und fruchtbare Zusammenarbeit zwischen der Institution der Dresdner Denkmalpflege, heute Arbeitsstelle des Instituts für Denkmalpflege in der Deutschen Demokratischen Republik, und dem Evangelisch-Lutherischen Landeskirchenamt Sachsens hat eine fast hundertjährige Tradition. Namen wie Cornelius Gurlitt, Walter Bachmann, Fritz Löffler, Hans Nadler und Otto Baer sind mit ihr verbunden. Letzterem wird der Aufbau der vorbildlichen kirchlichen Baupflege in Sachsen wesentlich verdankt. Daß andererseits vorrangig die Kirchgemeinden und oft deren Pfarrer es waren und sind, die das große und auch schwere Erbe an Kirchbauten wahren und zu schützen haben, kann nicht deutlich genug hervorgehoben werden. Dem Ziel, Verstehen für die Eigenart der sächsischen Dorfkirchen zu wecken und damit ihren Wert in helleres Licht zu rücken, möchte diese Publikation dienen. In diesem Sinne hoffen wir, daß unsere Arbeit das große Werk der Erhaltung der Dorfkirchen fördere.

Heinrich Magirius   *Hartmut Mai*

Die Bewertung der Dorfkirchen in Sachsen einst und jetzt

In der Kirchenorganisation spiegelt sich oft eine viele Jahrhunderte alte Tradition wider, Pfarrorte mit Mutterkirchen unterscheidet man von Filialkirchen, die vom Pfarrer der »mater« mitbetreut werden. Oft sind mehrere Orte oder Ortsteile, in denen überhaupt keine Kirche gebaut wurde, in die Kirche eines Pfarrortes eingemeindet. Die parochiale Aufgliederung folgt einem territorialen Prinzip, das »Gemeinden« in Stadt und Land gleichermaßen umfaßt. Zwischen Stadt- und Dorfkirchen besteht kirchenrechtlich kein Unterschied. Aus dem Boden der kirchlichen Tradition heraus ist das eigenständige Thema der »Dorfkirchen« also nicht erwachsen. Es ist vielmehr ein Thema der allgemeinen Kulturgeschichte.

Die Städte haben sich in unserem Bereich im wesentlichen im 12.–16. Jahrhundert als eigene »bürgerlich« verfaßte Rechtsgemeinschaften im Schoße der Feudalordnung entwickelt. Sie stellten rasch auch die ökonomischen, politischen und kulturellen Zentren dar, während die bis tief ins 19. Jahrhundert mit feudalen Abhängigkeiten belasteten Bauerndörfer politisch und kulturell mit den Städten nicht Schritt halten konnten. Freilich ist das »Dorf« in Obersachsen im Unterschied zu dem ostelbischen Brandenburg und Mecklenburg keineswegs immer »Rittergutsdorf« gewesen. Freie Bauern haben hier selbst in der Zeit der Refeudalisierung im 16.–18. Jahrhundert eine größere Rolle gespielt als dort. Zudem zeigt die Bevölkerungsgeschichte von Sachsen, daß die gewerbliche Produktion vor allem in den erzgebirgischen und oberlausitzischen Dörfern schon im Mittelalter einsetzte. Sie wurde durch den Erzbergbau gefördert, um dann im 17. und 18. Jahrhundert auch als manufakturelle Produktion vor allem der Textilindustrie einen beachtlichen Aufschwung zu nehmen. Im 19. Jahrhundert mündet diese Entwicklung in die industrielle Revolution des Kapitalismus ein, die im Erzgebirge und in der Oberlausitz wie auch in den Ballungsgebieten um Leipzig, Dresden, Chemnitz, Zwickau, Plauen zu einer Verstädterung ganzer Regionen führte. Was die Bevölkerungszahlen anlangt, übertreffen Industriedörfer dann kleine Städte oft bei weitem und stehen diesen auch kulturell kaum nach. Das zeigt sich auch im Kirchenbau. Wie schon im 12. und 13. Jahrhundert die Kirchen kleinerer Städte sich oft in der Größe, nicht aber im Typus von den ländlichen Pfarrkirchen unterscheiden, sind im 17. und 18. Jahrhundert die Kirchen aufblühender Industrieorte manchmal den traditionell gebundenen Stadtkirchen-Neubauten überlegen. Wie in kaum einem anderen deutschen Land erscheint also in Sachsen der tiefgreifende Unterschied von Stadt und Land gemildert, aber keineswegs aufgehoben. Das neuzeitliche Kultur- und Bildungswesen formierte sich zunächst in den Städten. Im Anschluß an die längst vorhandene Kirchenorganisation strahlte es nach und nach auch auf das Land aus. Im innerkirchlichen Bereich trifft man fast ein umgekehrtes Verhältnis an. In der meist überschaubaren Dorfgemeinde kommt oft ein Pfarrer auf wenige hundert »Seelen«, in den Städten hingegen gibt es Gemeinden von 10 000 und mehr Gliedern. Nicht viel mehr als 250 eigentliche Stadtkirchen stehen in Sachsen und der Görlitzer Landeskirche mehr als 1000 Kirchen gegenüber, die einst als Dorfkirchen errichtet worden sind.

Daß die Stadtkirchen bürgerliches Selbstbewußtsein der Gemeinden repräsentieren, ist meist augenfällig. Schwieriger zu beantworten ist die Frage, ob beim Bau der Kirchen auf dem Lande bäuerliches Selbstgefühl mitspricht. Denn hier sind die übermächtige Rolle der Patronatsherrschaft und der Einfluß der Stadtkultur nicht zu verkennen. Von Anfang an muß es aber ein Bewußtsein der Zusammengehörigkeit dörflicher Gemeinschaft gegeben haben. Sie drückt sich am sinnfälligsten in den »Wehrkirchen« des Mittelalters aus. Auf dem »Pestbild« von Großrückerswalde aus dem Jahre 1583 ist die im Dorf wütende Pest unter Bezug auf das jüdische Passahgeschehen dargestellt. Während in die Häuser der an der Pest Verstorbenen Todesengel eindringen, werden die verschonten Einwohner durch weißgekleidete Engel an der Stirn bezeichnet. Eine Dorfgemeinde bildet sich hier im Bilde des »Volkes Gottes« in kulturlandschaftlicher Umwelt ab, ein Zeichen nicht zuletzt auch für ihr Selbstbewußtsein. Schon um 1530 stellte man die Grenze zwischen dem Herrschaftsgebiet der Schönburger und des Stifts Grünhain mit einer Dorfansicht von Markersbach (Kr. Schwarzenberg) dar; getreu ist die Dorfkirche wiedergegeben (Abb. S. 25). 1565 wurde dem Kurfürsten von Sachsen das Anliegen vorgetragen, die Salzgewinnung in Altensalz voranzutreiben; der Antrag wurde mit einer Ansicht der Salzquellen und des Dorfes mit Dorfkirche – das Aquarell befindet sich heute im Staatsarchiv Dresden – belegt. Im 17. Jahrhundert führte historiographisches und topographisches Interesse auch in Obersachsen zur Darstellung von Stadtansichten, während man Dörfer noch nicht für darstellungswürdig hielt. In den Kirchen selbst finden sich allerdings hin und wieder Darstellungen von Dorfkirchen. So war an der Felderdecke der Kirche zu Briesnitz aus der Zeit um 1680 die Kirche im damaligen Zustand abgebildet; das Feld ist heute an der Orgelempore angebracht.

Erst seit der zweiten Hälfte des 18. Jahrhunderts empfand der Städter das einfache Leben auf dem Lande als positiven Wert. Die Dorfkirche wurde zu einem Stimmungsrequisit seiner Sehnsucht. Die Dichtung und die Landschaftsmalerei verschaffen dem neuen Lebensgefühl künstlerischen Ausdruck. Der Entdecker der Schönheit der sächsischen Landschaft war der Schweizer Adrian Zingg, der seit 1766 an der Dresdner

Akademie wirkte. Die Dorfkirche spielt in seinen Arbeiten eine besondere Rolle. In dem schönen Blatt der Elbelandschaft bei Briesnitz bekrönt der Kirchenbau den Hügel über der Elbe (Abb. S. 25). Die fast architekturlose schlichte Dorfkirche von Oybin schmiegt sich an den Hang des Felskegels, der von den Ruinen einer bedeutenderen Vorzeit beherrscht wird. In der Nahsicht werden das Friedhofstor und die Westseite der Dorfkirche von Plauen bei Dresden wiedergegeben (Abb. S. 26). Mit minutiöser Genauigkeit schildert auch Johann Gottfried Jentsch die Südseite der Leubnitzer Dorfkirche (Abb. S. 25). Die Eindringlichkeit der Erfassung von Dorfkirchen, die man gegen 1800 häufig findet, läßt ein besonderes Interesse für diese bescheidenen Bauwerke, für ihre Bestimmung und ihr Schicksal, erahnen. Im Routinebetrieb der Herstellung von Ansichten der Umgebung Dresdens für den Fremdenverkehr spielt die Dorfkirche nur eine Nebenrolle. Im zweiten Viertel des 19. Jahrhunderts beginnt man aber auch, Kirchenbauten topographisch schriftlich und im Bilde zu erfassen. Die Stecherfamilie Taubert zeichnet teils im eigenen Verlag, teils im Auftrag anderer Verleger nicht nur sächsische Landschaftsmotive, Burgen und Stadtbilder, sondern auch einen großen Teil der Kirchen Sachsens als Vorlagen für Lithographien in den Veröffentlichungen »Saxonia« und »Sachsens Kirchengalerie« (Abb. S. 26).[1] Mit Aquarellen wie der abschüssigen Dorfstraße von Maxen (1825) mit der exakten Darstellung von Kirchturm und Burgturm und einem Ausblick in die freie Landschaft nimmt Caspar David Friedrich teil an der liebevollen Schilderung der lokalen Gegebenheiten, vermeidet aber alles anekdotische Beiwerk (Abb. S. 27). Er konzentriert sich auf die dörfliche Stille der Straße im sommerlichen Nachmittagslicht. Drei seiner Gemälde sind dem Thema des Friedhofstores, dem Durchgang zu Friedhof und Dorfkirche, gewidmet.[2] In dem Karlsruher Bild von 1822 ist eine offene rundbogige Pforte dargestellt, durch die ein steil ansteigender Weg in den hell beschienenen Kirchhof führt; auch die lichten Mauern der Dorfkirche verdeutlichen Geborgenheit, die sich jenseits des »Transitus« des Todes vorfindet. Diese jenseitige Welt ist auf dem Bild vom Friedhofstor in Briesnitz um 1825/30 (Kunsthalle Bremen) durch ein verzogenes, nicht mehr verschließbares Gittertor von dem dunklen Vordergrund abgegrenzt (Abb. S. 27). Wie ein gewaltiger Pfeiler ist der Unterteil des Kirchturms ins Bild gesetzt. Der spitze Helm über dem südlichen Anbau bringt das Aufstreben zur verklärten Welt des Jenseits zum Ausdruck. Für Friedrich sind die Dorfkirchen-Architekturen nur insoweit interessant, als sie seinem Bildgedanken dienen.

1825 wurde in Dresden der Königlich Sächsische Altertumsverein gegründet, dessen Ziel die »Erforschung und Erhaltung der vaterländischen Alterthümer« war, dem es also um die Geschichtlichkeit der Denkmale und um die Erhaltung ihres Charakters ging.

Die obengenannten Publikationen, insbesondere die 1837–1843 in vierzehn Bänden erschienene Folge »Sachsens Kirchengalerie« vermittelte zum ersten Male eine allerdings oftmals unzureichende Gesamtübersicht über die Geschichte und durch Lithographien eine Vorstellung von der Baugestalt sämtlicher Kirchen in Sachsen. Der Herausgeber Hermann Schmidt vermerkte in seinem 12. Band dankbar die Zuarbeit der Pfarrer des Landes, die die Publikation überhaupt erst ermöglicht habe. Gleichzeitig nahm der Altertumsverein seine Sammeltätigkeit von vernachlässigtem Kunstgut, insbesondere der Kirchen, auf. Er sammelte Zeichnungen von Bauten und deren Ausstattung mit dem Ziel einer späteren Publikation. Der erste Band der »Beschreibenden Darstellungen der älteren Bau- und Kunstdenkmäler des Königreichs Sachsens« erschien – bearbeitet von Richard Steche – erst 1882.[3] Bis zum Tode Steches waren 15 Bände erschienen, die selbstverständlich auch die Dorfkirchen und deren Ausstattung behandeln, aber unter dem vorrangigen Aspekt der stilistischen Merkmale der Architekturdetails. Weist ein Bau solche nicht oder nicht mehr auf, bezeichnet sie Steche als »architekturlos«. Das wandelte sich sofort, als Cornelius Gurlitt im Jahre 1894 die Inventararbeit übernahm. Die neunziger Jahre des 19. Jahrhunderts bereiteten – wie auf vielen anderen kulturellen Gebieten – eine Wende vor, die sich um 1900 in der entschiedenen Abkehr vom Historismus äußerte. In diesem Zusammenhang kam der Wiederentdeckung der Dorfkirche eine besondere Bedeutung zu. Die »Renaissance« der Dorfkirche wurde etwa gleichzeitig auf verschiedenen Wegen bewirkt. Die perfekt beherrschte Stilimitation wurde als »unecht« erkannt, die historischen Stile verloren ihren normativen Wert für die Baukunst. Man hielt Ausschau nach einfacheren, urtümlicheren Grundformen, die nicht so sehr stilistisch, als typologisch Leitlinien für die Entwicklung des Neuen abgeben könnten. Die einfachen, volkstümlichen Formen der Dorfkirchen versprachen eine Erneuerung in diesem Sinne. Etwa gleichzeitig mehrten sich besonders in Deutschland Zweifel, ob die kapitalistische Industrialisierung, die in nur zwanzig Jahren das »Reich« an die Seite der anderen europäischen Großmächte gerückt hatte, für das kulturelle Leben förderlich sei.

1897 wurde in Dresden ein Verein für Volkskunde gegründet: Im gleichen Jahr prägte Ernst Rudorff den Begriff Heimatschutz. Der 1908 gegründete Landesverein für Heimatschutz erreichte schon 1909 ein Landesgesetz »gegen die Verunstaltung von Stadt und Land«.[4] In Sachsen hatte die Industrialisierung in den siebziger und achtziger Jahren dem Stadt-, Dorf- und Landschaftsbild besonders tiefgreifende Schäden zugefügt. Der Heimatschutz gedieh bald zu einer Massenbewegung, die es für Jahrzehnte verstand, dem Industrie- und Wohnungsbau humaneren Anschein zu geben. In dem 1899 von Robert Wuttke herausgegebenen Band

»Sächsische Volkskunde« erschien auch ein Beitrag Cornelius Gurlitts, der die Dorfkirche erstmalig zum eigentlichen Gegenstand hat.[5]) Er beschreibt hier die Aufgabe des Inventars der Bau- und Kunstdenkmäler und führt aus: »Wenn diese Verzeichnisse fertig sind, werden wir in die Lage kommen, die deutsche Kunstgeschichte aus einem gewaltigen Quellenstoffe aufzubauen, zum Beispiel die kirchliche Baukunst in alle Einzelheiten zu verfolgen bis auf eine Art, nämlich auf die Dorfkirche; den Profanbau bis auf das gewöhnliche städtische Wohnhaus, das Bauernhaus.« Noch stärker volkskundlich motiviert ist Otto Gruners Buch: Die Dorfkirche im Königreich Sachsen. Eine Darstellung ihrer Entstehung, Entwicklung und baulichen Eigenart. Leipzig 1904. In seinem Vorwort zeichnet er ein Bild von der angeblichen Intaktheit früherer patriarchalischer Verhältnisse auf dem Dorf.

Schließlich war man auch kirchlicherseits auf die Frage der »Liturgie als Bauherrin« und auf die Notwendigkeit von »Kleinkirchen« gestoßen. In diesem Sinne erfuhren insbesondere die protestantischen Dorfkirchen des Barocks eine Aufwertung. Der Leipziger Verlag Arwed Strauch nahm sich dieser Dorfkirchenbewegung besonders an. Er gab von 1900 bis 1914 auch die unvollständig gebliebene Neue Sächsische Kirchengalerie in etwa 25 Bänden heraus.[6]) Die Gemeindepfarrer konnten in dieser Edition aus ihrer Sicht die Geschichte ihrer Parochie, der zugehörigen Pfarrkirchen und der kirchlichen Gebäude darlegen. Bei aller Subjektivität ihrer Darstellung ist hier doch ein Wissen ausgebreitet, das noch heute durch das eingefangene Lokalkolorit unentbehrlich ist. Namentlich die Dorfkirchen, insbesondere die der damals jüngeren Zeit, erfahren meist eine liebevolle Behandlung mehr oder weniger wissenschaftlichen Charakters. In diesem Sinne wirkten auch die im selben Verlag ab 1906 herausgegebene Zeitschrift »Dorfkirche«[7]) und die Mitteilungen des Landesvereins Sächsischer Heimatschutz. Im ersten Heft des zweiten Jahrganges der »Dorfkirche« wird die Zielstellung der Zeitschrift folgendermaßen definiert: »Wir taten's nicht in archaistischem Interesse, noch um die Entwicklung festzuhalten oder zurückzuschrauben, vielmehr umgekehrt, um die frischen, ursprünglichen Quellen wieder fließen zu machen, die allein Entwicklung verbürgen...« Als Zeuge dafür wird Ernst Moritz Arndt aufgerufen: »Nicht in den Schulen suchet die Weisheit und nicht in den Priestern die Frömmigkeit. Unten bei dem Volke, in dem stillen und einfältigen Leben der Kleinen und Niedrigen scheidet die Welt sich in bestimmten Charakteren und Zeichen, da prägen sich die großen, einfachen Bilder und Gestalten des Lebens aus.«

Der Traum von der Regeneration des kirchlichen Lebens und der kirchlichen Kunst aus den Kräften der »Volksseele« war spätestens am Ende des zweiten Weltkrieges ausgeträumt. Bei allen notwendigen gesellschaftlichen Veränderungen bleibt aber der Landbevölkerung der Kontakt zu den natürlichen Lebensprozessen – Saat und Ernte – und der Umgang mit Tieren noch immer erhalten. Das Zusammengehörigkeitsgefühl der Dorfbevölkerung ist im allgemeinen ungleich größer als das der Städter. Das wirkt sich auch im Verhältnis der Dorfbewohner zu ihren Kirchen aus. Auch wenn nur ein kleiner Teil der Bevölkerung die Kirchen zum Gottesdienst aufsucht, bleiben sie Symbol eines Gemeinschaftsgefühls. An den Aktivitäten der Kirchgemeinden um die Erhaltung von Dorfkirchen nehmen vielerorts auch Nichtchristen teil. Daß trotz großer Schwierigkeiten ein Großteil der lange verwahrlosten Kirchen erneuert werden konnte, ist neben der gut organisierten Baupflege der sächsischen und Görlitzer Landeskirche vor allem den örtlichen Initiativen zu danken.

Durch die Denkmalpflegegesetzgebung in der DDR, durch die Unterstützungen der Staatsorgane und die fachliche Anleitung des Instituts für Denkmalpflege wurden zahlreiche Restaurierungen ermöglicht und fachlich qualifiziert. Freilich ist nicht zu verkennen, daß auch die Gefährdungen für die Dorfkirchen zugenommen haben. Nicht nur müssen mit vielen Dörfern auch deren Kirchen den Braunkohletagebauen weichen. Es ist eine durch mannigfaltige gesellschaftliche Prozesse bedingte Umstrukturierung der Bevölkerung auf dem Lande auch in Sachsen im Gange, auf Grund deren Kirchenbauten hin und wieder überflüssig werden. Im allgemeinen aber bleiben die Dorfkirchen für die Eigentümer und die kirchenleitenden Organe ein Erbe, ein unverdientes Gut, ein Schatz, den es immer wieder neu zu entdecken und zu erhalten gilt. Für die einzelne Kirchgemeinde hängt an der Erhaltung des Kirchenbaues oft ihre Existenz oder wenigstens ihr erkennbarer Anspruch, für alle Menschen dazusein.

Die Lage der Dorfkirchen in der Landschaft und im Dorf

Die Beschaulichkeit vieler Dorfbilder mit ihren Kirchen darf nicht darüber hinwegtäuschen, daß es im Mittelalter nicht vorrangig künstlerische Gestaltungsabsichten waren, die die Stellung der Kirche im Dorf und in der Landschaft bestimmten, sondern historische Notwendigkeiten. Das wird schon an den typischen »Lagemerkmalen« von Kirchen im Dorf in bestimmten Landschaften erkennbar. Im Erzgebirge, im Erzgebirgsvorland, im Elbsandsteingebirge, im »Bergland« der Oberlausitz, teilweise auch im Vogtland und in den ehemaligen Waldgebieten des Niederlandes, die erst durch deutsche Bauern zwischen 1150 und 1250 besiedelt wurden, ist das an beiden Hängen eines Tales sich oft kilometerlang hinziehende Waldhufendorf die bestimmende Siedlungsform (Abb. S. 28). Die Kirchen pflegen hier meist etwa in der Mitte des Dorfes am Hang in der Höhe der Bauernhöfe oder auch etwas oberhalb derselben zu liegen. Meist ist der Pfarrhof in unmittelbarer Nachbarschaft zur Kirche angelegt. Er bildet nicht selten mit dem Kirchenbau eine markante Baugruppe wie in Wiederau (Kr. Rochlitz), Frankenstein (Kr. Flöha) oder Langenreinsdorf (Kr. Werdau). Oft erheben sich die Kirchen auf einem Bergsporn, der durch ein einmündendes Seitental hervorgehoben wird. In derart beherrschender Lage eignete sich das Kirchgelände vorzüglich zur Befestigung mit Mauern und Türmen, um in den unruhigen Zeiten des späteren Mittelalters den Dorfbewohnern Schutz zu gewähren. In Ebersdorf (Karl-Marx-Stadt) und in Lugau (Kr. Stollberg) sind noch Reste der Befestigung zu erkennen. Wenn im Waldhufendorf die Kirche nicht in der Mitte, sondern am oberen oder unteren Ende des Ortes steht, hat man offenbar auf angrenzende, in die Kirche eingepfarrte Dörfer Rücksicht genommen. So hatten die Grünhainicher und Börnichener Bauern einen etwa gleich langen Kirchweg zu der am oberen Ende von Waldkirchen (Kr. Zschopau) stehenden Pfarrkirche wie die aus dem unteren Teil des langgestreckten Waldhufendorfes selbst. Ähnlich verhält es sich mit der Lage der Forchheimer Kirche (Kr. Marienberg) am oberen Ende des Dorfes. In Schönau (Kr. Zwickau-Land) ist die Kirche offensichtlich aus Rücksicht auf die jenseits der Mulde gelegenen eingepfarrten Dörfer am unteren Ende erbaut. Langgestreckten Tälern folgen Waldhufendörfer von oft mehr als zehn Kilometer Länge, so etwa die Dörfer im Mülsengrund oder im oberen Bobritzschtal. Hier hat man in bestimmten Ortsabschnitten eigene Kirchen gebaut, die im Falle von Mülsen den Orten St. Micheln, St. Jacob und St. Niclas den Namen gaben, also auch gleichzeitig mit diesen entstanden sein müssen.

Manchmal erheben sich die Dorfkirchen der Waldhufendörfer auf einem Bergsporn in unmittelbarer Nähe von Höhenburgen oder Rittergütern. Ein charakteristisches Beispiel dafür ist Planitz (Ortsteil von Zwickau), wo die sogenannte Schloßkirche – ursprünglich die Dorfkirche – unmittelbar an das ehemalige Schloß angebaut ist. Im Muldenland ist Kaufungen (Kr. Glauchau) ein Beispiel für die Lage der Dorfkirchen dicht bei der Burg. Auch die Kirche von Drebach (Kr. Zschopau) liegt auf einem ehemaligen Burgberg. Am häufigsten findet sich diese Zusammenordnung in der Freiberger Gegend, etwa in Oberschöna, Pfaffroda, Weißenborn und Klingenberg. In der Nähe der Burg, nicht unmittelbar in ihrem Gelände, sind zum Beispiel die Kirchen in Sachsenburg (Kr. Hainichen), Bieberstein (Kr. Freiberg) und Reinsberg (Kr. Freiberg) gelegen. Im Erzgebirge und seinem Vorland stimmt aber die großräumige Grundherrschaft häufig nicht mit der Ortspfarrei überein. Mehrfach ist hier die Kirche dem Dorf und nicht

der Burg, wo sich eine eigene Kapelle befand, zugeordnet und bildet so im Landschaftsbild einen architektonischen Gegenpol zur Burg, so in Gnandstein (Kr. Geithain), in Rochsburg (Kr. Rochlitz), in Schönfels (Kr. Zwickau) und in Rabenstein (Karl-Marx-Stadt). Für Rochsburg ist schon früher gezeigt worden, daß nicht die Herrschaft, sondern offensichtlich die Bauern Kirchen gegründet haben.[8] In einer größeren Reihe von Beispielen stehen die aus der Zeit der bäuerlichen Besiedlung stammenden Dorfkirchen überhaupt nicht in Beziehung zu dem zugehörigen Herrschaftszentrum, zur Burg. Bei den Burgen Lichtenwalde, Kriebstein, Zinnberg, Lauterstein, Wiesenburg oder Schweinsburg entstanden keine Ortskirchen. Die zu diesen Herrschaften gehörigen Dörfer haben ihre eigenen Kirchen, sei es eine Mutterkirche oder eine in diese eingepfarrte Tochterkirche. Nur wo nachträglich bei der Burg ein Städtchen entstand, wie in Stollberg, Wildenfels, Schellenberg, Rauenstein (Lengefeld), Hartenstein und Frauenstein, baute man auch eine »Stadtkirche«. Aber aus der Gestaltung der Parochien ist deutlich ablesbar, daß nicht Hartenstein, sondern Thierfeld, daß nicht Schellenberg, sondern Flöha, daß nicht Wildenfels, sondern Härtensdorf ursprünglich kirchliche Mittelpunkte gewesen sind. In Härtensdorf erhebt sich die Kirche – das Dorf überragend – auf einer Bergkuppe, besitzt also selbst die Lage einer Höhenburg. Eine ähnliche reizvolle Lage hat die Kirche von Triebel, hier sind auch Reste von Befestigungen zu erkennen. Eine »Kirchenburg« war wohl auch der Burgstein mit zwei Kirchenruinen wahrscheinlich des 14. Jahrhunderts zwischen Krebes und Ruderitz. Triebel und der Burgstein gehörten zum Bistum Bamberg; die Besiedlung erfolgte hier zweifellos von Oberfranken her, wo Kirchenburgen häufig sind.[9]

Für den Bau der Kirche hatte bei der Anlage der Dörfer meist der Grundherr aufzukommen. Seine Rücksichtnahme auf die Interessen der bäuerlichen Siedler, eine Kirche und womöglich einen Pfarrer im Dorf zu haben, ist offenkundig.

Dieses im Jahrhundert der Ostsiedlung 1150/1250 erkennbare bäuerliche Selbstbewußtsein bei der Anlage von Dorfkirchen ist aus der Lage der älteren Kirchen, die bis zur Mitte des 12. Jahrhunderts entstanden waren, nicht ablesbar. Bis dahin herrscht die Herrschafts- und Burgwardpfarrei vor, wenngleich auch damals eine strikte Übereinstimmung nicht bestand, sondern manche dieser frühen Kirchen offenbar »Missionsstationen« gewesen sind.[10]

Während des 10. und 11. Jahrhunderts erhoben sich die Kirchen in oder unmittelbar vor den deutschen Burgen, von denen aus die slawischen Gaue Chutici, Neletici, Daleminze, Nisan und Milzene beherrscht wurden. Zu den ältesten dieser Kirchen gehörte der Vorgängerbau der Afrakirche in Meißen, der mindestens seit der Mitte des 11. Jahrhunderts Pfarrkirche der weiteren Umgebung von Meißen gewesen sein muß. Eine entsprechende Bedeutung haben seit dem 11. Jahrhundert die Marienkirche vor der Burg in Groitzsch, die Petrikirche in Rochlitz, die Gangolfskirche in Kohren, die Wurzener Kirche, die Burgkirchen von Mutzschen, Nerchau – vielleicht auch Trebsen – und die Kirchen vor der Burg von Colditz, Leisnig und Döbeln, Strehla und die Johanneskirche in Bautzen besessen. Haben sich aus mehreren dieser Kirchen bei der Burg später Stadtkirchen entwickelt, sind andererseits die Burgwardkirchen etwa von Leuben (Kr. Meißen), Boritz (Kr. Riesa), Schrebitz, Zschaitz, Mochau (Kr. Döbeln), Gröba (Riesa), Döben (Kr. Grimma) oder Püchau (Kr. Wurzen) später zu Dorfkirchen geworden. Ihre Lage ist oft exponiert, die Kirchen beherrschen von ihrer Höhe aus die umgebende Landschaft, so die Kirche neben der Burg Püchau, die Kirchen von Döben und Leuben. Am Ende des 11. und in der ersten Hälfte des 12. Jahrhunderts kam es zu einer Verdichtung des Netzes der Pfarrkirchen, besonders in den slawischen Offenlandschaften und deren Randgebieten. Auch für diese Neugründungen noch vor der um 1150 einsetzenden Welle der bäuerlichen deutschen Besiedlung ist die Höhenlage der Kirchen charakteristisch. Nun ist keinesfalls mit den Kirchenbauten stets eine Burg verbunden gewesen, aber die Lage deutet die beherrschende Funktion dieser Bauten in dem noch immer wesentlich slawischen Gebiet in eindrücklicher Weise an. Die typische »Höhenkirche« einer Großpfarrei ist Seelitz (Kr. Rochlitz), die Pfarrkirche des zum Bistum Meißen gehörenden Teils des slawischen Kleingaus um Rochlitz rechts der Mulde. Zu den ältesten Kirchen, die aus der Großpfarrei Leisnig ausgegliedert wurden, wird die Kirche Zschoppach gehören, die die Landschaft nördlich von Leisnig beherrscht. Weniger exponiert ist die Kirche der Großpfarrei Mügeln, in Altmügeln gelegen. Dagegen gehören die landschaftsbestimmenden Kirchen im Kerngebiet des Gaues Daleminze, Leuben, Lommatzsch, Staucha, Hohenwussen, Bloßwitz, Planitz und Krögis, zu den ältesten und wichtigsten Kirchspielen. Die als Landmarke wirkende Kirche zu Hohenwussen ist von einer viereckigen Wallanlage umgeben, die wahrscheinlich nicht vorgeschichtlich ist, sondern als Kirchenbefestigung gedeutet werden muß. An der Elbe entlang finden sich mehrere Kirchen in beherrschender Berglage, unterhalb von Meißen Zehren links und Zadel rechts der Elbe, beides Kirchen mit ausgedehnten Parochialbezirken. Auch in die Georgskirche in Zscheila gegenüber von Meißen, später Sitz eines Kollegiatstifts, sind mehrere Dörfer eingepfarrt, was wiederum auf eine frühere Entstehung hinweist. Die beherrschende Lage der Kirche von Wantewitz ähnelt der von Lommatzsch, Staucha oder Hohenwussen. Sie soll an der Stelle einer slawischen Kultstelle errichtet worden sein. Hier sprechen die Lage und die Dorfform als »Gutsweiler« für ihr höheres Alter gegenüber der Kirche des

Straßendorfes Lenz, der späteren »Mutter« von Wantewitz. Im Dresdner Raum, dem Gau Nisan, ist die älteste und wichtigste Kirche zweifellos die hoch über dem Strom erbaute in Briesnitz gewesen, während das mit einem Herrensitz verbundene Weistropp ähnlich wie die Kirche zu Taubenheim etwas jüngeren Datums zu sein scheint. Oberhalb von Dresden besitzt die Burgkirche von Dohna das größte, älteste Kirchspiel. Aber auch die in exponierter Lage über der Elbaue gelegene Kirche zu Leubnitz umfaßt eine Großpfarrei hohen Alters. Im Milzenerland sind außer Bautzen die Kirchen zu Göda – noch heute eines der umfangreichsten Kirchspiele –, zu Kittlitz, zu Löbau und Jauernick die ältesten Pfarrkirchen. Alle diese Bauten liegen in landschaftsbeherrschender Lage. Etwas jünger scheint die Großpfarrei Hochkirch zu sein. Andere Orte dieses Namens gehen gewiß auf die bäuerliche Besiedlung des 12. Jahrhunderts zurück, Hohendorf (Kr. Borna), Hohenkirchen (Ortsteil von Lunzenau, Kr. Rochlitz), Hohnstädt (Kr. Grimma); alle Orte besitzen hoch gelegene Kirchen. Die drei »hohen Priester« werden die auf Felskuppen weithin in die Parthenaue hineinwirkenden Kirchen von Beucha, Panitzsch und Thekla genannt, wohl erst Kirchenbauten des 12. Jahrhunderts, die sich gleichwohl von den umliegenden »deutschen« und wohl auch jüngeren Straßenangerdörfern Sommerfeld, Engelsdorf, Baalsdorf (Abb. S. 28), Gerichshain und Fuchshain, wo die Kirchen auf dem Anger oder seitlich neben dem Anger stehen, unterschieden. Hoch gelegene Kirchen können aber auch Wallfahrtskirchen gewesen sein wie die Kirche von Nauhain (Kr. Döbeln), die Kirche Zu den Vierzehn Nothelfern in Reichstädt (Kr. Dippoldiswalde) oder die Clarakapelle in Heinersgrün (Kr. Oelsnitz).

In den Kreisen Leipzig, Borna, Grimma, Wurzen, Oschatz, Döbeln, Meißen, Riesa, Großenhain und im Elbtalkessel um Dresden finden sich sowohl aus slawischer Zeit stammende weilerartige Dorfformen als auch jüngere Gassen- und Straßenangerdörfer und platzartige Dörfer. Die Dorfkirche liegt entweder mitten auf dem Anger oder seitlich in der Mitte oder am Ende des Dorfes. Auch für diese Dorfanlagen aus der Zeit von 1150/1250 scheinen die Kirchen von vornherein mitkonzipiert worden zu sein. Neben Kleinformen gibt es ausgesprochen große Anlagen wie Kühren (Kr. Wurzen), Calbitz (Kr. Oschatz) oder im Elbtalkessel Kötzschenbroda und Brockwitz. Kühren ist eine urkundlich bezeugte flämische Ortsgründung von 1154.[11] Rittergüter liegen manchmal in der Nähe solcher Straßendörfer in kleinen Ortslagen, die dann vielleicht slawischen Ursprungs und etwas älter als die bäuerliche Siedlung sind. Die jüngste, sicher erst im 13. Jahrhundert entstandene Gruppe großer Straßen- oder Straßenangerdörfer mit der seitlichen Stellung der Kirche findet sich auf der Hochfläche nördlich von Meißen und Dresden. Dazu gehören zum Beispiel Lenz, Großdobritz, Bärnsdorf, Reichenberg und andere. Es gibt aber auch Straßendörfer mit Kirchen, die sich in der Nähe des Schlosses, meist auf einer kleinen Anhöhe, erheben wie in Prießnitz und Hopfgarten (Kr. Geithain), Pomßen, Belgershain und Otterwisch (Kr. Grimma). Benndorf (Kr. Geithain), Wermsdorf, Naundorf (Kr. Oschatz), Zabeltitz (Kr. Großenhain), Berbisdorf, Grünberg, Wachau, Seifersdorf und Schönfeld (Kr. Dresden) sind zwar Waldhufendörfer mit Schloß und Kirche, ähneln aber sehr den vorgenannten Straßenangerdörfern.

Es gibt allerdings auch Straßendörfer, wo die Kirche im Dorf, die Schlösser aber seitab liegen wie in Zedtlitz (Kr. Borna), Machern (Kr. Wurzen), Hof (Kr. Oschatz), Neuensalz (Kr. Plauen). In solchen Fällen ist das Schloß entweder älter oder jünger als die bäuerliche Siedlung. Die lokale Nachbarschaft von Wasserschloß und Dorfkirche im Niederland tritt am häufigsten bei Orten auf, deren unregelmäßiger Grundriß auf eine Entstehung *vor* der großen Welle bäuerlicher Besiedlung schließen läßt. Die Rundkirche von Knautnaundorf (Kr. Leipzig) ist als Eigenkirche eines »Hofes« des Wiprecht von Groitzsch am Ende des 11. Jahrhunderts erbaut worden.[12]) Später ist sie zur Ortskirche des über unregelmäßigem Grundriß sich entwickelnden Dorfes geworden. Kirchen in unmittelbarer Nachbarschaft zu Schlössern oder Gutshäusern in Orten von unregelmäßigem weilerartigem oder gassenförmigem Grundriß gehen also wahrscheinlich auf relativ frühe Zeit zurück. Hier ist jedenfalls der Feudalherr auch Erbauer der Eigenkirche. In solchen Dörfern dominierte wahrscheinlich der slawische Bevölkerungsanteil. Als Beispiel seien Thallwitz, Zschorna und Müglenz (Kr. Wurzen), Mölbis und Deutzen (Kr. Borna), Großböhla und Borna (Kr. Oschatz), Canitz (Kr. Riesa), Oberau (Kr. Meißen), Lockwitz (Dresden), Gaußig, Radibor und Milkel (Kr. Bautzen) genannt.[13]) Aber auch im Glauchau–Werdauer Raum – in Blankenhain und Thurm – und im Vogtland – in Leubnitz, Kürbitz und Wiedersberg – ist diese enge Verbindung noch heute für das Dorfbild bestimmend. Hier sind weiter die Schloßkirchen und Gutskapellen zu nennen, die manchmal keine oder nur beschränkte Pfarrechte besaßen, wie Seerhausen, Brauna, Gauernitz, Hermsdorf, Pillnitz oder Lichtenwalde und andere, die heute Schloßkirche zu sein scheinen, wie Seußlitz oder Tiefenau, und doch im Mittelalter vollberechtigte Pfarrkirchen des zugehörigen Dorfes gewesen sind.

In nachmittelalterlicher Zeit ist die Lage der Dorfkirchen nur selten verändert worden. Bei Neugründungen wie in Carlsfeld und Schmiedeberg wurde im 17. und 18. Jahrhundert die Ortsmitte bevorzugt. Im Falle der Neubauten der Kirchen von Loschwitz und Pillnitz wird für die Lage etwas abseits von den Ortskernen die malerische Plazierung am Fuße der Elbhänge eine Rolle gespielt haben. Die bildhafte Wirkung tritt bei der Anlage der frühklassizistischen neuen Kirche in Wol-

kenburg besonders eindrücklich zutage (Abb. S. 28). Das gilt auch für die spätbarocke Kirche zu Papstdorf (Kr. Pirna). Auch Friedrich Uhlig hat beim Neubau der Jakobikirche in Einsiedel (Kr. Karl-Marx-Stadt) eine landschaftsbeherrschende Lage gewählt. Bei Neubauten um 1900 legte man besonderen Wert auf die landschaftlich eindrucksvolle Lage der Kirchen, so etwa in Hainsberg, Moritzburg, Harthau (Karl-Marx-Stadt), Pobershau und Zinnwald.

Dorfkirchen im Zeitalter der Romanik, von den Anfängen bis zur Mitte des 13. Jahrhunderts

Nachdem bis um 1150 in Sachsen höchstens 80, meist nur hölzerne Kirchen existiert hatten – ein Beispiel ist neuerdings in Sehlis (Kr. Leipzig) archäologisch exakt ermittelt worden –, stieg die Zahl im Verlauf des nächsten Jahrhunderts auf 600 bis 700 steinerne Bauten an. Diese gewaltige Leistung – es müssen damals durchschnittlich jährlich etwa 6 Kirchen errichtet worden sein – setzt einen ökonomischen und kulturellen Aufschwung voraus, in dem verschiedene soziale Gruppen zeitweise alle Kräfte anspannten, um ein gemeinsames Ziel zu erreichen. Alle Schichten, Feudalität, Geistlichkeit, Bürger, Bauern und selbst die im Lande verbliebenen slawischen Bevölkerungsteile, haben daran mehr oder weniger Anteil genommen. Der ökonomische Fortschritt äußerte sich insbesondere in der Ware-Geld-Beziehung und dem Aufblühen der Städte und Dörfer.

Auf den ersten Blick hin wird man heute dieser Dichte des romanischen Kirchenbaus in Sachsen nicht gewahr. Nur wenige Kirchen haben noch ein vorwiegend romanisches Gepräge. Am bekanntesten sind einige Bauten mit Querwesttürmen, bei denen die Aufstaffelung der Baukörper – Apsis, Chor, Langhaus, Turm – eine ausgewogene, idealtypische Disposition aufweist. Kirchen wie die in Klinga, Pomßen oder Threna (Kr. Grimma) sind Beispiele dafür. Denselben Typus ohne Querwestturm vertreten zahlreiche, aber oft durch Um- und Zubauten veränderte Kirchen. Das romanische Baugefüge ist gleichwohl auch an Anlagen wie Ochsensaal und Lonnewitz im Kreis Oschatz oder an den beiden mit Bauornamentik gezierten Kirchen von Rochsburg oder Auerswalde deutlich abzulesen. Die sogenannten Chorturmkirchen, bei denen sich steinerne Türme über dem Chorgeviert zwischen dem rechteckigen Schiff und der Apsis erheben, sind oft nicht gleich als »romanisch« erkennbar, weil die Türme meist in gotischen oder barocken Formen erhöht worden sind. Eindrucksvoll ist dieser Typus mit den Kirchen Ludwigsdorf (Kr. Görlitz), Elsdorf (Kr. Rochlitz) und Niedersteinbach (Kr. Geithain) vertreten. Wie bei kreuzförmigen Basiliken durch den »Vierungsturm« die Vierung architektonisch hervorgehoben wird, ist bei der Chorturmkirche der der Apsis vorgelagerte »Chorraum« auch am Außenbau betont. Fällt bei der Chorturmkirche die halbrunde oder hufeisenförmige Apsis oder der rechteckige Altarraum weg, ist also die Anlage nur zweiteilig wie in Rottmannsdorf (Kr. Zwickau) oder Glasten (Kr. Grimma), so übt der Chorturm über dem meist kreuzgratgewölbten Chor eine behütende Wirkung aus. Als romanische Anlagen schwer zu definieren sind die recht zahlreichen Kirchen mit Langhaus und eingezogenem Rechteckchor ohne Apsis und Turm. Und architekturlos wirken noch vielmehr kleine rechteckige Saalkirchen, deren zeitliche Bestimmung ohne archäologische Untersuchungen oft kaum möglich ist. Neben den genannten Typen tritt noch der »Apsidensaal« auf, bei dem die Apsis unmittelbar an den Rechteckraum anschließt. Schließlich ist als Typus romanischer Kirchen noch der Rundbau mit hufeisenförmiger Apsis zu nennen, der aber bisher in Sachsen nur in Knautnaundorf (Kr. Leipzig) als Dorfkirche festgestellt worden ist.

Weil es sich bei den dargestellten Variationen von Kirchenbauten um immer wiederkehrende »Idealtypen« handelt, ist an verschiedenen Merkmalen ihre ehemalige Ausprägung oft auch dann erkennbar, wenn die Bauten später mehr oder weniger stark verändert worden sind. An etwa 350 Kirchenbauten, etwa einem Drittel des Gesamtbestandes an Sakralräumen in Sachsen, sind Bauteile eindeutig romanischen Ursprungs und somit die typologische Zugehörigkeit sicher zu bestimmen.

Die regionale Verbreitung der Typen läßt zwar gewisse Tendenzen erkennen, wirft aber auch zahlreiche, nicht leicht zu beantwortende Fragen auf. Die mit den böhmischen Rotunden in architekturgeschichtlichem Zusammenhang stehende Rundkapelle mit hufeisenförmiger Apside in Knautnaundorf (Kr. Leipzig) war ursprünglich – im späten 11. Jahrhundert – wohl eine herrschaftliche Eigenkirche Wiprechts von Groitzsch, worauf vor allem die hölzerne Westempore und der »erhöhte« Eingang hinweisen; der Bau ist erst nachträglich im 12. Jahrhundert zu einer Dorfkirche geworden.[14]

Die wenigen Apsidensäle und die schlichten rechteckigen Räume kommen in verschiedenen Regionen vor, letztere mehrfach in der Werdauer Gegend, im Vogtland, im Osterzgebirge und auf der Hochfläche nördlich von Dresden. Diese beiden Typen sind vor allem in kleineren Dörfern und fast immer ohne steinernen Turm errichtet worden. Der Apsidensaal besitzt eine in Sachsen bis ins 11. Jahrhundert zurückreichende Tradition. Der erste festgestellte Steinbau an der Stelle der St.-Afra-Kirche in Meißen – sehr wahrscheinlich um 1070/80 als Gemeindekirche errichtet – war ein stattlicher, langgestreckter Apsidensaal.[15] Fast quadratisch dagegen stellte sich die erste Burgkapelle in Leis-

nig dar, die wohl in die Zeit des Wiprecht von Groitzsch, also auf die Zeit vor 1100 zurückgeht. Der Grundriß wird von der Kirche in Nauhain (Kr. Döbeln) aufgenommen, deren Lage ebenfalls auf eine ehemalige Burgkapelle schließen lassen könnte. Andere Beispiele aus der Zeit um 1200 finden sich in den Kreisen Wurzen, Riesa und Karl-Marx-Stadt. Einen reizvollen Sonderfall stellt lediglich die Kirche von Wasewitz (Kr. Wurzen) dar, wo der untere Teil des sich über der Apsis erhebenden Turmes offensichtlich romanischen Ursprungs ist.

Auch der schlichte Rechtecksaal ist vielleicht ein »urtümlicher« Typus des Kirchenbaus in Sachsen. Die von Herbert Küas ergrabene erste Dorfkirche von Kulkwitz (Kr. Leipzig) war ein fast quadratischer Saal wohl des frühen 12. Jahrhunderts, dem vielleicht ein eigener Chor fehlte.[16] Als Burgkapelle des späteren 12. Jahrhunderts findet sich der Typus in Blankenhain (Kr. Werdau), als Hospitalkapelle des Deutschritterordens nach 1224 in Neuensalz (Kr. Plauen), als Dorfkirche mit einem kleinen Rundbogenfenster in Lippersdorf (Kr. Marienberg), in Wilschdorf (Dresden-Stadt), mit einer Dreifenstergruppe in Dorfhain (Kr. Freital), in Döbra (Kr. Pirna) und Körlitz (Kr. Wurzen). An diesem Typus wird also über mehr als 100 Jahre festgehalten. In der Frühzeit mag er als schlichte, vielleicht aus dem Holzbau in den Steinbau übertragene Form bevorzugt worden sein. In der Spätzeit um 1250 – zur Zeit der Frühgotik – wurde er seines »platten« Chorschlusses wegen beliebt.

Ähnliche Gründe hat man auch für die weite Verbreitung des Kirchentypus, bei dem ein Rechteckchor an ein rechteckiges Langhaus anschließt, angenommen.[17] Auch dieser Typus ist erst um die Mitte und in der zweiten Hälfte des 13. Jahrhunderts am häufigsten angewendet worden. Dafür sprechen frühgotische Bauformen wie Spitzbogen in Jauernick oder Dreifenstergruppen in der Ostwand wie in Markersdorf (Ortsteil von Thierbach, Kr. Rochlitz), Schönerstädt (Kr. Döbeln), in Etzoldshain oder Kleinbardau (Kr. Grimma) oder die Verwendung von Kreuzrippengewölben wie in Struppen (Kr. Pirna). Im Muldenland um Wurzen und Grimma gibt es eine größere Anzahl von Chorturmkirchen mit zusätzlich querrechteckigen Altarräumen. Hier ist es sehr wahrscheinlich, daß es sich entweder um »frühgotisch« veränderte Apsiden handelt oder um nachträgliche »Erweiterungsbauten ehemals apsidenloser Anlagen«. Nachgewiesen werden konnte die Apsis in den Rechteckchören von Langenreinsdorf (Kr. Werdau) und Ostritz (Kr. Görlitz). Aber auch die platt geschlossenen Altarräume von Thekla, Burkhartshain, Großsteinberg, Beucha oder Tautenhain wirken wie sekundäre Anbauten. Die Kirche von Hohenlohe (Kr. Leipzig) erhielt im 13. Jahrhundert einen langgestreckten Chor mit einer Dreifenstergruppe. Die Erweiterung und Verlängerung von Ostpartien in Gestalt von lang-

Übersichtskarte der romanischen Dorfkirchen in Sachsen

16

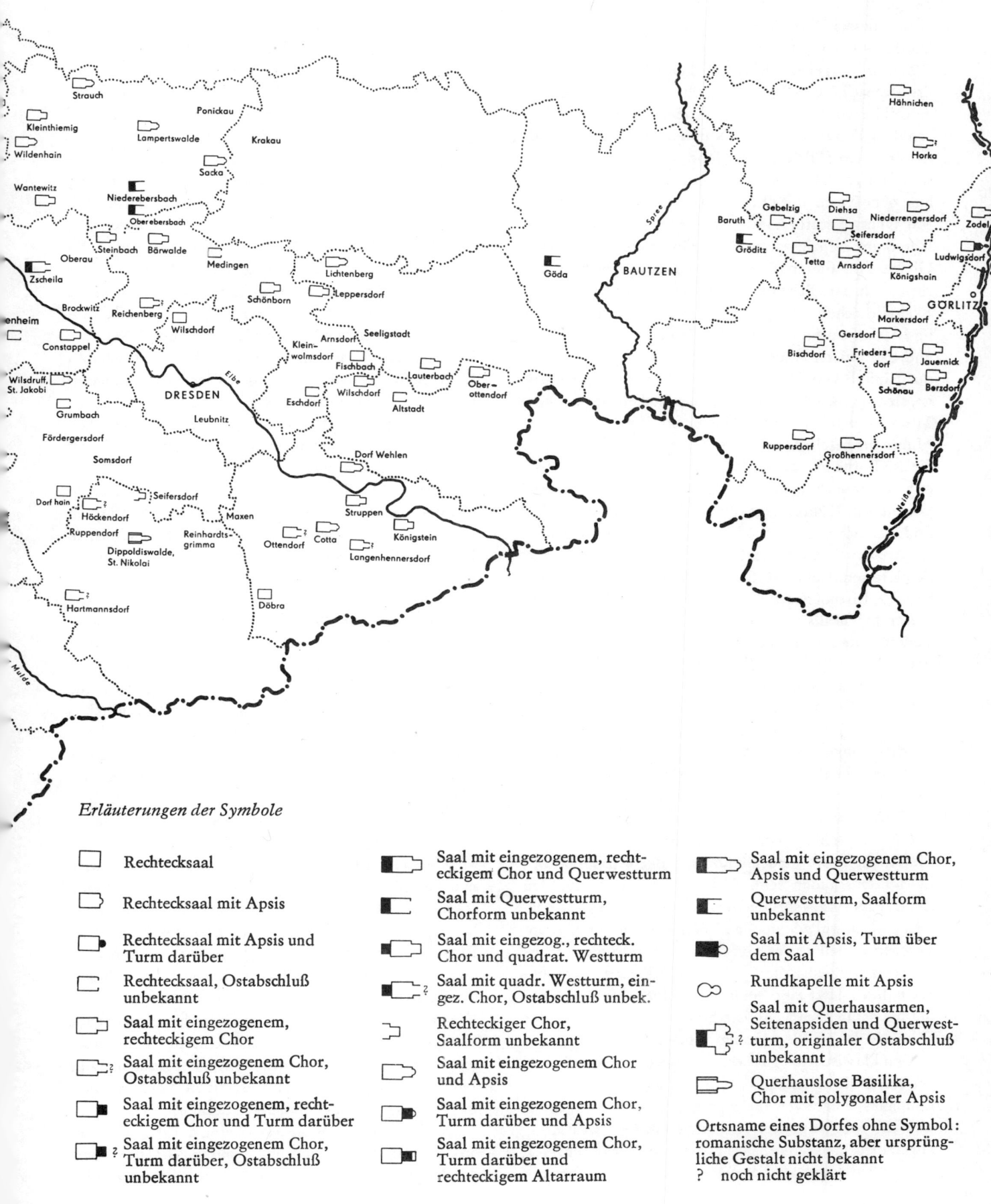

Strauch
Kleinthiemig
Wildenhain
Wantewitz
Niederebersbach
Oberebersbach
Steinbach   Bärwalde
Oberau   Medingen
Zscheila
Brockwitz   Lichtenberg
...enheim   Reichenberg   Schönborn   Leppersdorf
Constappel   Wilschdorf
    Kleinwolmsdorf
    Arnsdorf   Seeligstadt
Wilsdruff,   Fischbach
St. Jakobi   Eschdorf   Wilschdorf   Lauterbach   Ober-
Grumbach   Altstadt   ottendorf
Fördergersdorf   Leubnitz
Somsdorf   Dorf Wehlen
Dorf hain   Seifersdorf
Höckendorf   Maxen   Struppen
Ruppendorf   Reinhardts-   Cotta   Königstein
Dippoldiswalde,   grimma   Ottendorf   Langenhennersdorf
St. Nikolai
Hartmannsdorf   Döbra

Ponickau   Krakau
Sacka
Lampertswalde

DRESDEN

Elbe
Spree

Göda   BAUTZEN

Hähnichen
Horka
Gebelzig   Diehsa   Niederrengersdorf
Baruth   Seifersdorf   Zodel
Gröditz   Tetta   Arnsdorf   Ludwigsdorf
    Königshain
    GÖRLITZ
    Markersdorf
    Gersdorf
Bischdorf   Frieders-   Jauernick
    dorf   Schönau   Berzdorf
Ruppersdorf   Großhennersdorf

Mulde
Neiße

Erläuterungen der Symbole

Rechtecksaal

Rechtecksaal mit Apsis

Rechtecksaal mit Apsis und Turm darüber

Rechtecksaal, Ostabschluß unbekannt

Saal mit eingezogenem, rechteckigem Chor

Saal mit eingezogenem Chor, Ostabschluß unbekannt

Saal mit eingezogenem, rechteckigem Chor und Turm darüber

Saal mit eingezogenem Chor, Turm darüber, Ostabschluß unbekannt

Saal mit eingezogenem, rechteckigem Chor und Querwestturm

Saal mit Querwestturm, Chorform unbekannt

Saal mit eingezog., rechteck. Chor und quadrat. Westturm

Saal mit quadr. Westturm, eingez. Chor, Ostabschluß unbek.

Rechteckiger Chor, Saalform unbekannt

Saal mit eingezogenem Chor und Apsis

Saal mit eingezogenem Chor, Turm darüber und Apsis

Saal mit eingezogenem Chor, Turm darüber und rechteckigem Altarraum

Saal mit eingezogenem Chor, Apsis und Querwestturm

Querwestturm, Saalform unbekannt

Saal mit Apsis, Turm über dem Saal

Rundkapelle mit Apsis

Saal mit Querhausarmen, Seitenapsiden und Querwestturm, originaler Ostabschluß unbekannt

Querhauslose Basilika, Chor mit polygonaler Apsis

Ortsname eines Dorfes ohne Symbol: romanische Substanz, aber ursprüngliche Gestalt nicht bekannt
? noch nicht geklärt

gestreckten, manchmal auch gewölbten, platt geschlossenen Chören wird im Verlauf des späteren 13. und im 14. Jahrhundert fortgesetzt, wie etwa die Kirchen von Langenhessen (Kr. Werdau), Nenkersdorf (Kr. Geithain), Zscheila (Meißen), Horka (Kr. Niesky), Zodel (Kr. Görlitz) zeigen. Aber es scheint kurze, etwa quadratische Chöre doch auch gegeben zu haben, ehe die geschilderten frühgotisch-zisterziensischen Stiltendenzen dem Typus ein langes »Nachleben« sicherten. Auch in der ersten Hälfte des 13. Jahrhunderts – wenn nicht schon im 12. Jahrhundert – tritt er in drei Variationen auf: ohne Turm, mit Querwestturm und mit Chorturm. Mit Querwestturm kommt er nur bei kleinen Anlagen in und um Leipzig vor, und zwar in Sehlis und Mockau. Gleichzeitig finden sich hier aber auch Chorturmkirchen nach dem Schema dieses Typus, so in Lindenau, Kleinzschocher, Glasten, Collmen und Lüptitz. Auffällig ist, daß solche Chorturmkirchen auch im Zwickauer und Chemnitzer Raum mehrfach vorkommen. Hier ist der Einfluß von Thüringen, wo dieser Typus heimisch ist, siedlungsgeschichtlich besonders naheliegend. Ohne Turm ist er mit platt geschlossenem Chor westlich der Mulde sehr selten und nur bei kleinen Anlagen im Kreise Borna vertreten. Zwischen Mulde und Elbe tritt er häufiger auch in größeren Dörfern auf; am repräsentativsten in Kühren (Kr. Wurzen). Im Kreise Werdau findet er sich nur in unbedeutenden Dörfern; in größerer Anzahl aber im Vogtland und jenseits der Elbe in den Kreisen Riesa, Großenhain, Dresden-Land, Pirna, Sebnitz, Bischofswerda, Löbau, Görlitz und Niesky. In diesen jedenfalls erst im 13. Jahrhundert bäuerlich besiedelten Regionen, die bis zur Mitte des 13. Jahrhunderts ohne einen kulturellen Mittelpunkt geblieben waren, ist es sogar der vorherrschende romanische Kirchentyp. Eine Ausnahme bildet hier die Görlitzer Umgebung, wo wiederum die reicheren »vollständigen« Kirchenanlagen vorherrschen. Das zweckhaft Schlichte dieses Kirchentyps hat zu der Vermutung Anlaß gegeben, daß man mit dem Bau solcher Kirchen ähnlich gestaltet gewesene Vorgängerbauten aus Holz ersetzt hat. Mit Ausnahme von Kühren und Jauernick dürften die Kirchen sofort oder bald nach der Gründung der Dörfer entstanden sein. Abseits von den kulturellen Zentren des 12. Jahrhunderts bot sich der Typus vorwiegend für unbedeutende Dörfer an. Seit der Zeit um 1230/40 erhielt er im Gefolge des Eindringens frühgotisch-zisterziensischer Baugewohnheiten erhöhte Aktualität. Jetzt sind seine Hauptverbreitungsgebiete der bis dahin noch wenig erschlossene Raum östlich der Elbe wie das Muldenland um Wurzen–Grimma.

Den klassischen Typus der romanischen Dorfkirchen vertreten die sogenannten vollständigen Anlagen mit Langhaus, eingezogenem, niedrigerem Chor und Apsis. Dieser Typus ist in drei Varianten, mit Querwestturm, mit Chorturm und ohne Turm angewendet worden. Der Herkunft dieses zwischen Weser und Oder am weitesten verbreiteten romanischen Saalkirchentypus mit seiner Konzentration im mittleren Saale- und Elbegebiet kann hier nicht näher nachgegangen werden.[19] Die frühesten derartigen Anlagen in Sachsen – die vor 1150 errichtete Bartholomäuskirche in Altenburg und die in der 2. Hälfte des 12. Jh. errichtete Jakobikirche in Chemnitz – besaßen Querwesttürme. Einen Querwestturm gewiß hohen Alters weist die Marienkirche vor der Burg in Groitzsch und die Kirche der »Urpfarrei« Schkeitbar auf. Die spätestens um 1150 errichtete Saalkirche des benachbarten Dorfes Hohenlohe besitzt ebenfalls einen Querwestturm. Das spricht dafür, daß es schon vor dem Einsetzen der bäuerlichen Besiedlung Kirchen mit Querwesttürmen gegeben haben muß. So ist es wohl auch nicht von ungefähr, daß mehrere der »Urpfarrkirchen« in anderen Slawengauen ebenfalls Querwesttürme aufweisen wie Eula bei Borna, Mochau bei Döbeln und weiter östlich Leuben, Staucha, Zscheila, Brockwitz und Göda, wobei im Einzelfall freilich offenbleiben muß, wann diese Türme entstanden sind. Sicher dürfte aber sein, daß diese »Dorfkirchen« ranggleich mit den obengenannten Stadtkirchen zu sehen sind und einige von ihnen denselben weder an Alter noch Größe nachgestanden haben. Auch in der zweiten Hälfte des 12. und 13. Jahrhunderts zeugen Gruppen oder einzelne Beispiele von Querwesttürmen in den Kreisen Zwickau-Land, Döbeln, Hainichen, Freiberg, Brand-Erbisdorf, Großenhain und Bautzen von besonderen Repräsentationsabsichten. Mehrfach treten an solchen Bauten auch reichere architektonische Einzelformen auf. Westlich der Mulde besitzen auch oft recht kleine Bauten Türme, während östlich nur in größeren Dörfern Kirchen mit Türmen ausgestattet wurden. Im Raum von Leipzig–Grimma herrscht die Chorturmkirche gegenüber den Querwestturmkirchen leicht vor, bereits in den Kreisen Borna, Geithain, Glauchau und Werdau gibt es fast ausschließlich Chortürme. Nach dem Gebirge hin ist wiederum die Abnahme von Türmen festzustellen.

Da die Chorturmkirche als Kirchentyp in Franken und Thüringen üblich ist, die Kirche mit Querwestturm in Niedersachsen und im Magdeburger Raum, wird man für Obersachsen die auch sonst in der spätromanischen Architektur festgestellte Mischung der kunstlandschaftlichen Einflüsse konstatieren dürfen, ohne im Einzelfall auf spezielle »Siedlerströme« schließen zu müssen.[20] In dem Gefälle von Nordwest nach Südost drückt sich aber auch eine zeitliche Komponente aus. Die nach dem Gebirge und nach Osten hin zunehmende Unverbindlichkeit romanischer Idealtypen hängt auch damit zusammen, daß hier die Masse der Bauten einige Jahrzehnte später entstanden ist als in Nordwestsachsen und daß geübte Steinmetzen fehlten.

Das Tympanon aus Elstertrebnitz, auf dem Christus das Buch des Lebens hochhält und seitlich der Baum der Erkenntnis der Kreuzigung gegenübergestellt ist, gehört zu den archaischen Werken der Skulptur, die nach der Mitte des 12. Jahrhunderts schwer denkbar sind. Den Einfluß der Architektur des Harzraumes zeigen die Portale des Querhauses der Kirche zu Hohenlohe oder das Portal der Kirche in Knauthain und Schönerstädt, Werke des letzten Viertels des 12. Jahrhunderts.[21]) Die im Ausnahmefall in Backstein errichteten Dorfkirchen in Hain (Kr. Borna) und Zeschwitz (Kr. Döbeln) sind gewiß nicht ohne die bis 1172 als Ziegelbau errichtete Kirche des Augustiner-Chorherrenstiftes in Altenburg, die Kunigundenkirche in Borna und die Kirche St. Georg in Rötha denkbar.[22]) Eine Gruppe von Dorfkirchen zeigt durch die Verwendung des Rochlitzer Porphyrs an Gewänden und Eckverbänden, aber auch durch Portale und die Gliederung der Apsiden mit Halbsäulen und Rundbogenfriesen, daß an ihnen Bauleute tätig waren, die bei der Errichtung der Stiftskirche in Wechselburg (um 1160/80) mitgewirkt hatten.[23]) Portale im Stile der Wechselburger zeigen die Kirchen von Ebersbach, Niedersteinbach (Kr. Geithain), Rochsburg, Wiederau, Altpenig (Kr. Rochlitz) und Lichtenwalde (Kr. Flöha). Von der Wechselburger Apsisgliederung beeinflußt sind die Apsiden in Niedersteinbach, Obergräfenhain (Kr. Geithain), Rochsburg, Kaufungen (Kr. Glauchau) und Auerswalde (Kr. Karl-Marx-Stadt). Die Dorfkirchen zwischen Mulde und Zschopau bis in den Raum von Karl-Marx-Stadt hinein sind also im letzten Viertel des 12. Jahrhunderts kurz nach der Gründung der Dörfer von Bauleuten errichtet worden, die an dem wichtigsten Monumentalbau der Region, an der Wechselburger Stiftskirche, geschult waren.

Zwei andere große Bauunternehmungen, die Zisterzienser-Klosterkirche Altzella (um 1170/98) und die Marienkirche von Freiberg (um 1180–1200), haben sich auf den Dorfkirchenbau der Umgebung kaum ausgewirkt. Wahrscheinlich hatten die Dörfer zwischen Striegis und Freiberger Mulde, die nach 1150 vom Markgrafen von Meißen gegründet worden waren, ihre Kirchen bereits erhalten, ehe um 1170/80 die repräsentativen Bauunternehmungen in Altzella und Freiberg in Gang kamen. Der Bauschmuck der Kirchen östlich der Mulde – Hilbersdorf, Grumbach, Wilsdruff, Fördergersdorf, Tharandt, Höckendorf, Ruppendorf und Dippoldiswalde (nach 1200 entstanden) – zeigt dann allerdings den Einfluß von Freiberg und Altzella. Auffällig sind die Großräumigkeit und die steilen Proportionen der Kirchen in der Görlitzer Umgebung. Gab hier die Görlitzer Peterskirche das Vorbild ab?

Nur die »vollständigen« Anlagen sind gewöhnlich auch architektonisch reicher ausgeschmückt worden. Außer an Portalen und Apsiden findet man oft noch Bauschmuck an Giebelanfängen. Hier sind kauernde Figuren oder auch Arme angebracht, die den Giebel zu tragen haben, so in Grethen oder Gleisberg. Solche plastischen Ausgestaltungen sind auf Gegenden mit anste-

hendem Werkstein beschränkt. Wo als Baugestein nur Findlinge oder der schwer zu bearbeitende Quarzitsandstein zur Verfügung standen wie in Nordwestsachsen, konnte sich eine Baukultur nicht so reich entfalten wie in Gegenden mit gut zu verarbeitendem Bruchstein und Werkstein. Im Muldenland standen der Rochlitzer Porphyr, im Erzgebirgsvorland auch andere Porphyrarten, in der Gegend des Grillenburger Waldes der Grillenburger Sandstein, im Elbtal der Elbsandstein und in der Lausitz Granit zur Verfügung.

Oft werden die romanischen Dorfkirchen als Wehrkirchen angesehen, wozu ihre meist exponierte Lage verleitet. Die beschriebene bauliche Organisation ist aber zur Verteidigung wenig geeignet. Das gilt auch für die Türme, sowohl für die Querwesttürme als auch für die Chortürme. Die hervorgehobene Position versinnbildlicht gleichwohl die mehr symbolisch zu verstehende Schutzfunktion des Kirchenraumes, die das hier geltende Friedensrecht für die damalige Gesellschaft bedeutete. In Ernstfällen konnte die Kirche zur Zufluchtsstätte für die Dorfbevölkerung werden, im späteren Mittelalter sind zahlreiche Kirchhöfe und Kirchen als »Wehrgangkirchen« befestigt worden.

In einigen Fällen ist der Raum im Erdgeschoß des Querwestturmes nach dem Langhaus hin durch zwei Bögen geöffnet, so in Hohenlohe, Reinsdorf und Cavertitz. In Schkeitbar und Hohenlohe befindet sich darüber eine durch Bögen zum Langhaus hin geöffnete Empore, die man als Herrschaftsempore deuten könnte. Sonst aber fehlen Anhaltspunkte für eine Herrschaftsempore des Feudalherrn. Meist sind die Breitwesttürme völlig geschlossene Baublöcke.

Bei allen romanischen Kirchentypen ist das auf den Raum des Altars hin orientierte Langhaus Ort der Gemeinde. In einigen Fällen ist erwiesen, daß sich inmitten des Langhauses die zum Teil noch erhaltene große steinerne Taufe befand, Stätte der sakramentalen Eingliederung der Täuflinge in die Gemeinde. Die romanischen Taufen besitzen einen runden oder vieleckigen Fuß und ein kesselförmiges Taufbecken von einer Größe, daß man kleine Kinder in dem Taufwasser untertauchen konnte. Der Rand der Kuppa ist oft mit Rundbogenfriesen verziert. Eingänge in die Kirchen sind selten im Westen, sondern meist an der dem Dorf zugewandten Langseite angeordnet; manchmal liegen auch zwei einander gegenüber. Die rundbogigen Triumphbögen werden am Sockel und am Kämpfer mit Profilen oder Friesen geschmückt. Die mit einer »Kalotte«, einer Viertelkugel, überwölbte Apsis ist der Ort des Altars. Er besteht meist aus einem gemauerten und geputzten Stipes, den eine profilierte Mensaplatte deckt. Darin befinden sich oft Vertiefungen, sogenannte Sepulcren für Reliquien. Auch im Stipes können Nischen als Aufbewahrungsstätte für Reliquien benutzt worden sein. Mitunter ist auch der Stipes in Werkstein ausgeführt wie in Gleisberg und Jerisau und mit Ecksäulen oder Rundbogenfriesen geschmückt. Wenn ein Presbyterium an das Langhaus anschließt, wird damit der sakrale Bereich, der nur für die Geistlichkeit zugänglich ist, architektonisch hervorgehoben. Noch heute sind Reste von Chorschranken unter dem Triumphbogen am Eingang zum Presbyterium in Fremdiswalde und Crossen erhalten. Da in einem Dorf kaum mehr als ein Geistlicher amtierte, bedurfte es eigentlich eines derartigen, an Kloster- und Stadtkirchen liturgisch notwendigen Presbyteriumsbereiches nicht. Belegbare romanische Sakristeien an der einen Seite des Chores gibt es nur wenige; meist nehmen sie bereits auf eine Chorverlängerung Bezug. Vielfach findet sich bei den romanischen Kirchen ein eigener Eingang an der einen Seite des Presbyteriums. Anhaltspunkte für ehemals vorhandene Kanzeln lassen sich nirgends finden.

Nur in ganz wenigen Fällen erhielten sich in Sachsen Wandmalereien aus dem 13. Jahrhundert, so in Thossen und Wasewitz. Noch spärlicher ist der Bestand an liturgischen Geräten und an Skulpturen. Der ringsum reliefierte Stein des späten 12. Jahrhunderts in Großzschocher (Leipzig-Stadt) war vielleicht ein Osterleuchter. Dargestellt sind eine Verkündigung, ein Bischof sowie eine weitere Gestalt. Das Stück gehört zu den besonderen Kostbarkeiten romanischer Kunst. Nicht weniger bedeutend ist ein überlebensgroßer Kruzifixus in der Kirche zu Ringethal, der Einflüsse vom Wechselburger Triumphkreuz zeigt, aber in der expressiven Übersteigerung und Vergröberung wohl ein Beispiel für die Kunst um oder nach 1300 darstellt. Ob er für die kleine Dorfkirche geschaffen wurde, ist fraglich. An zwei Kirchen erhielten sich romanische, figürliche Rittergrabsteine: In Collmen (Kr. Grimma) beherrschen die ritterlichen Insignien und die wohl als Auferstehungssymbole zu verstehenden kerbschnittartigen Rosetten den Grabstein (Abb. S. 29). Dagegen ist auf dem Grabstein von Döben das Greifen nach dem Schwert – hier ist ein Burggraf dargestellt – wirklichkeitsbezogen gemeint. Das Stück muß am Ende des 12. Jahrhunderts entstanden sein. Teile von dem seit dem 19. Jahrhundert museal verwahrten kirchlichen Gerät sind 1945 im Altertumsmuseum in Dresden verbrannt. Erhalten blieben einige Einbaumtruhen, ein eisenbeschlagener Sakristeischrank des 13. Jahrhunderts in Großbothen (Abb. S. 29) und wenige mit Eisen kunstvoll beschlagene Türen wie die in Waldkirchen (Kr. Reichenbach) und Hirschfeld (Kr. Zwickau) (Abb. S. 29).

Dorfkirchen im Zeitalter der Gotik (1250–1450)

Die Welle der Bautätigkeit ebbt um 1250 ab. Bei den danach entstehenden Kirchen sind die platt geschlossenen Chöre meist gewölbt, manchmal – aber auch nicht durchgängig – mit Kreuzrippen. Lange hält man an dem quadratischen Grundriß für die Gewölbejoche fest, so etwa in Zscheila (Meißen), Langenreinsdorf (Kr. Werdau) oder Thierfeld (Kr. Zwickau). Auch die frühgotische Leitform der spitzbogigen Dreifenstergruppen wird häufig angewendet. Gelegentlich hat man noch immer im Geist der Romanik Chortürme errichtet wie in Tautenhain (Kr. Geithain), Nerchau (Kr. Grimma) oder Wiederau (Kr. Rochlitz).

In der Nähe künstlerischer Zentren wie in Zscheila (Meißen) findet man allerdings schon um 1250 frühgotisch-zisterziensische Formen mit konsolartigen Knollenkapitellen, über denen Schild- und Gurtbogen des Gewölbes ansetzen. Die zierhafte Verwendung des Backsteins macht die Verbindung zur Tradition der obersächsischen Zisterzienserarchitektur einerseits und die Nachbarschaft zur gleichzeitigen Bettelordensbaukunst andererseits deutlich.[24] Aber Zscheila war nicht nur dörfliche Pfarrkirche, sondern gleichzeitig Kirche eines um 1240 nach hier verlegten Kollegiatstifts, dem der Neubau des Chores zu verdanken sein wird.

Die Wölbung langgestreckter, platt geschlossener Chöre über queroblongen Jochen findet sich dann gegen Ende des 13. Jahrhunderts bei Dorfkirchen ebenfalls, zum Beispiel in Horka (Kr. Niesky) und Zodel (Kr. Görlitz), aber auch in dem viel bescheideneren Chor von Langenhessen (Kr. Werdau). Die Datierung ist hier wie auch bei anderen, so gut wie »architekturlosen«, platt geschlossenen Langchören – z. B. in Reinsdorf (Kr. Döbeln), Tanneberg (Kr. Hainichen), Ablaß (Kr. Oschatz), Nenkersdorf (Kr. Geithain) und Hohenlohe (Kr. Leipzig) – nicht näher zu bestimmen. Auch Nenkersdorf war nicht nur eine Dorfkirche, sondern seit Anfang des 14. Jahrhunderts Sitz eines Benediktinerpriorats des Klosters Chemnitz. Zur Vervollkommnung des Altardienstes, der dieser Zeit besonders angelegen gewesen sein muß, gehörte es, wenn den älteren romanischen Kirchen häufig tonnengewölbte Sakristeien angefügt wurden. In einem einzigen Falle – in Langhennersdorf (Kr. Freiberg) – ist ein solcher Anbau über Diensten mit zwei Jochen kreuzrippengewölbt. Die Laubkapitelle und Maßwerke dieses Raumes, der der historischen Tradition zufolge eine von Kloster Altzella geförderte Wallfahrtskapelle zu einer Reliquie des heiligen Wendelin oder der Walpurgis gewesen sein soll[25], zeigen im Dorfkirchenbau den Einfluß der Meißner Dombauhütte am Ende des 13. Jahrhunderts. Ein frühgotisches Portal aus Backstein mit in die Stufungen der Gewände eingelegten Rundstäben findet sich an der Südseite des Chores der Kirche zu Wahren (Leipzig-Stadt). Es scheint so, daß bei der Erweiterung von Chören bis über die Mitte des 14. Jahrhunderts hinaus an dem platten Schluß festgehalten worden ist. Die Stagnation des Kirchenbaus in der ersten Hälfte des 14. Jahrhunderts kann mit den andauernden Kriegen, Seuchen und der sich hier besonders hart und länger auswirkenden Agrarkrise hinreichend erklärt werden.

Seit der zweiten Hälfte des 14. Jahrhunderts ist es die böhmische Architektur, die meist über die Vermittlung städtischer Bauhütten sich auch im Dorfkirchenbau auswirkt. Der intensivste Kontakt ist in der als »Nebenland« bezeichneten, zum Königreich Böhmen gehörigen Lausitz vorhanden gewesen. Der langgestreckte, polygonal geschlossene, mit sechsteiligen Rippengewölben versehene Chor und das etwas jüngere zweischiffige Langhaus der Kirche von Hirschfelde sind von der böhmischen Architektur abhängig. Eine Bautruppe, die um 1420 am Südseitenschiff der Peterskirche in Görlitz tätig war, errichtete die großartige Hallenkirche in Ebersbach (Kr. Görlitz) – einen Einstützenraum – mit platt geschlossenem Langchor.[26] Die eindrucksvollen wirklichkeitsnahen Kopfkonsolen stammen sicher von gleichen Bildhauern wie die in dem genannten Beispiel der Görlitzer Peterskirche. Die reichen Maßwerke des wohl am Ende des 14. Jahrhunderts entstandenen Chorneubaus in Ottendorf (Kr. Pirna) zeigen den Einfluß der Kunstlandschaft Böhmens. Bescheidener sind die etwa gleichzeitig entstandenen Chorneubauten mit polygonalen Ostschlüssen in Altmörbitz, Breitenborn (Kr. Geithain), Altpenig (Kr. Rochlitz) sowie Dennheritz (Kr. Glauchau). Aus dem 15. Jahrhundert stammen die Chöre in Langhennersdorf (Kr. Freiberg) und in Großolbersdorf (Kr. Zschopau). In beiden Fällen ist das in Prag von Peter Parler »erfundene« Wölbesystem des Gabelkreuzes angewendet. In Großolbersdorf ist die zugehörige Ausmalung mit marmorierten Rippen und Quadern an den Rippenanfängen restauriert worden.

Im Erzgebirge ist es in der ersten Hälfte des 15. Jahrhunderts in der Zeit der Bedrohung durch die Hussiten zum Bau rechteckiger Kirchen gekommen, über deren Mauerkronen auskragende hölzerne Wehrgänge angelegt wurden. In Großrückerswalde (Kr. Marienberg) ist diese Urform der Wehrkirche erhalten. In Lauterbach, Dörnthal (Kr. Marienberg), Mittelsayda (Kr. Brand-Erbisdorf) wurden später polygonal geschlossene Chöre angefügt; über dieselben kragt ein Wehrgang aus. Anderswo baute man Kirchhofbefestigungen mit Mauern und Wehrtürmen wie in Ebersdorf (Karl-Marx-Stadt) und Lugau (Kr. Stollberg).

Mehrere Dorfkirchen Sachsens wurden in der ersten Hälfte des 15. Jahrhunderts durch Scharen von Wallfahrern aufgesucht. Das war der Anlaß zu weitgehendem Umbau romanischer Vorgängerkirchen. Am Chor der Kirche zu Wickershain (Kr. Geithain) waren Bauleute tätig, die seit 1434 unter Leitung des Hans Wolfhart aus Königsberg in Franken den Chor der Bornaer Stadtkirche einwölbten. Bauformen und Bauplastik vertreten den »Weichen Stil«. In zwei Etappen errichteten Bauleute, die am Chor der Chemnitzer Stadtkirche St. Jakobi gearbeitet hatten, die »Stiftskirche« zu

Ebersdorf um 1420.[27] Zuerst wurde der Chor erweitert, sodann ein breites Langhaus mit einem quadratischen Turm an der Südwestecke errichtet. Das Schiff wurde asymmetrisch zweischiffig aufgeteilt und gewölbt. Das Gewölbe des Chors folgt dem Figurationsschema des Gabelkreuzes mit Scheitelmaschen. Eigenartig ist die an den Pfeilern und Bögen in Abschnitten wechselnde Polychromie. Sie wurde 1981 freigelegt und restauriert. Die dritte Wallfahrtskirche war Burkhardswalde (Kr. Meißen), wo man um 1450 baute, aber nur zur Wölbung des Chores kam, während das dreischiffig konzipierte Langhaus eine flache Holzdecke erhielt.

Die Kunstgattung, die zwischen 1250 und 1450 am deutlichsten Spuren hinterlassen hat, ist die Wandmalerei.[28] Von hoher Schönheit, aber leider im wesentlichen nur in der Vorzeichnung erhalten, ist die Ausmalung der Apsis der Kirche von Fremdiswalde (Kr. Grimma). Auf einer Thronbank sitzen Christus und Maria, die ihr gekröntes Haupt neigt. Die Darstellung der Marienkrönung ist von den Symbolen der vier Evangelisten umgeben, seitlich stehen zwei Heilige; darunter befand sich eine nur teilweise erhaltene Reihe von Aposteln. Diese hochgotisch wirkenden Malereien stammen noch aus dem 13. Jahrhundert. Auch in Zscheila sind die feierlichen, zum Gericht blasenden Engel und der Zug der Seligen an der Nordwand Gestalten aus der Zeit der hohen Gotik.

Trotz des stark restaurierten Zustands faszinieren die Malereien im Chor der Thierfelder Kirche aus der Zeit um 1300, wo im Gewölbescheitel das Gotteslamm mit den vier Evangelistensymbolen, an der Ostwand Könige und Königinnen, an den Seitenwänden Apostel und weitere Könige erscheinen. Neue Impulse empfing die Wandmalerei in Sachsen in der zweiten Hälfte des 14. Jahrhunderts von der böhmischen Kunst, die zur Zeit Kaiser Karls IV. eine hohe Blüte erlebte. Am eindrucksvollsten zeigt sich das in der Kirche zu Zodel (Kr. Görlitz). Hier sind Apostel in Scheinarchitekturen dargestellt. Eine Folge von Aposteln im Chor der Kirche zu Ottendorf (Kr. Pirna) stammt aus dem späten 14. Jahrhundert. Von besonders hoher Qualität ist die ebenfalls böhmisch beeinflußte »Große Deesis«, die Fürbitte vor dem erhöhten Herrn, mit Petrus und Paulus in der Apsis der Kirche zu Baalsdorf (Kr. Leipzig) aus der Zeit um 1420. Nur wenig jünger sind die Wandmalereien in Wilschdorf (Dresden-Stadt). Auch Altarfiguren aus der Zeit zwischen 1250 und 1450 sind nicht so selten. Allerdings sind viele Figuren aus dieser Zeit beim anglo-amerikanischen Bombenangriff 1945 im Palais im Großen Garten in Dresden verbrannt.[29] Das zufällig in Dorfkirchen erhaltene Kunstgut vermittelt kein auch nur annähernd anschauliches Bild von der offenbar doch auch in heimischen Werkstätten geschaffenen Skulpturen. Am ehesten kann man noch in der Stiftskirche in Ebersdorf (Karl-Marx-Stadt) einen Eindruck von der Qualität und Vielfalt dieser Kunstgattung gewinnen. Einer hieratisch aufgefaßten Sitzmadonna aus der Zeit um 1320 folgt der um 1425 entstandene ehemalige Hauptaltar, ein Epitaphaltar, auf dem sich das kniende Fürstenpaar, Kurfürst Friedrich der Streitbare und seine Gemahlin, der in der Mitte stehenden Muttergottes von Ebersdorf empfiehlt. Ihrem Beistand wurde auch die Rettung der von Kunz von Kaufungen geraubten Prinzen im Jahre 1455 zugeschrieben. Nicht nur die »Prinzenkleider« werden in der ehemaligen Wallfahrtskirche aufbewahrt, eine Votivgabe ist auch ein aus der Zeit um 1400 stammendes Schiffsmodell, das einen sonst nicht mehr bekannten Typus von Schiffsbau vertritt, und eine Krücke. Aus Burgund stammt das um 1420/30 entstandene, ebenfalls in Ebersdorf verwahrte Marmorrelief des heiligen Hieronymus. Dem Typus der »Schönen Madonna« aus der Zeit um 1420 folgt ein qualitätvolles Stück mit originaler Fassung in Tanneberg (Kr. Hainichen), das sehr wahrscheinlich aus Kloster Altzella stammt. Wie vielfältig diese Gestaltungen sein können, zeigen die schlankeren »Schönen Madonnen« von Goldbach (Kr. Bischofswerda), Radibor (Kr. Bautzen), Tragnitz (Kr. Döbeln), Kitzscher (Kr. Borna), Meinersdorf (Kr. Stollberg), Neichen (Kr. Grimma), Röhrsdorf (Kr. Karl-Marx-Stadt-Land) und Ziegelheim (Kr. Altenburg). Ein Vesperbild der Zeit um 1400 wurde in den spätgotischen Altar von Langenstriegis (Kr. Hainichen) aufgenommen, ein weiteres von etwa 1420 befindet sich in Ebersdorf. Altarplastiken aus dieser Zeit haben sich in Großröhrsdorf (Kr. Bischofswerda), Luppa (Kr. Oschatz), Hohendorf (Kr. Borna), Auerbach (Kr. Stollberg), Forchheim (Kr. Marienberg), Frankenhain (Kr. Geithain) und Cunewalde (Kr. Löbau) erhalten. Gotische Kreuze finden sich z. B. in Gesau (Glauchau), Leubnitz (Kr. Plauen), Coswig (Kr. Meißen) und Gleisberg (Kr. Döbeln).

In vielen Zügen stimmt die Skulptur dieser Zeit in Obersachsen mit der böhmischen und schlesischen Kunst überein, wirkt aber im ganzen volkstümlicher und derber. Spärlich sind die Reste an Tafelmalereien, wofür es Zeugnisse in Ebersdorf und Hohendorf gibt. Die Hohendorfer Tafeln mit der liebenswürdigen Darstellung der Verkündigung und der Anbetung der Könige vertreten in charakteristischer Weise die regional-mitteldeutsche Variante des »Schönen Stils«.

Von der besonderen Verehrung der Eucharistie zeugen zahlreiche Sakramentsnischen aus der Zeit um 1400. Um die Jahrhundertmitte entwickeln sie sich zu zierlichen, von der Wand gelösten Kleinarchitekturen. Ungenügend bekannt und bewertet ist die noch immer stattliche Anzahl von meist silbernen und vergoldeten Kelchen aus dem 14. und 15. Jahrhundert, wofür als Beispiele Stücke in Hohenkirchen (Kr. Rochlitz), Altmügeln (Kr. Oschatz), Rochsburg (Kr. Rochlitz), Hilbersdorf (Karl-Marx-Stadt) und Kürbitz (Kr. Plauen) genannt seien.

Dorfkirchen zur Zeit der Spätgotik (1450–1540)

Der wirtschaftliche Aufschwung Obersachsens an der Wende vom Mittelalter zur Neuzeit war insbesondere in den neuen Abbaumethoden des Silbererzes und in der Entwicklung frühkapitalistischer Wirtschaftsformen begründet.[30]) Im oberen Erzgebirge entstand eine größere Anzahl neuer »Bergstädte«. Auch die älteren Bergstädte – insbesondere Freiberg – und die Handelsmetropole Leipzig, nicht zuletzt aber auch die wettinischen Residenzen Dresden, Torgau und Wittenberg profitierten von der neuen wirtschaftlichen Kraft des Landes. Die Kultur Obersachsens wurde eine vorwiegend bürgerliche, eine städtische Kultur.[31]) Während in den Jahrzehnten zwischen 1450 und 1540 fast alle Stadtkirchen grundlegend neugestaltet, meist sogar nach einheitlichem Konzept völlig neu errichtet wurden, sind im gleichen Zeitraum nur wenige Dorfkirchen neu konzipiert und noch seltener auch nach einem einheitlichen Plan vollendet worden. Nicht viel mehr als 100 Dorfkirchen zeigen architektonische Merkmale der Spätgotik. Wie schon in den vorhergehenden Jahrhunderten arbeitete man auch in dieser Zeit meist in Bauabschnitten, errichtete zuerst in Breite des bestehenden – meist romanischen – Langhauses einen neuen polygonal gebrochenen Chor und versah denselben mit einem Stern- oder Netzgewölbe. Im Anschluß daran wurde auch das Langhaus erhöht, selten kam es aber zur Einwölbung auch dieses Bauteils.

Nach Möglichkeit ließ man Langhaus und Chor – nur durch einen weiten Triumphbogen markiert – räumlich weitgehend miteinander verschmelzen. Auch in der Außenarchitektur war man bemüht, durch Strebepfeiler und durch umlaufende Gesimse ein einheitliches Ganzes zu gestalten. Wenn ältere Chortürme vorhanden waren, behalf man sich mit Vergrößerungen der romanischen Triumphbögen. Hatten bis dahin Türme überhaupt gefehlt, gehörte nun ein meist quadratischer Westturm zum Baukonzept.

Beim Bau von Kapellen und kleinen Dorfkirchen verwendete man nun nicht mehr den Rechteckraum wie noch im 14. oder frühen 15. Jahrhundert, sondern den Saal mit polygonalem Schluß. Als Beispiel seien die alte, 1497 erbaute Kirche in Coswig (Kr. Meißen) und die ähnliche, aber größer disponierte Kaditzer Kirche (Dresden-Stadt) genannt. Letztere besaß zwar seit ihrer Entstehung um 1500 Strebepfeiler, aber kein Gewölbe. Auch Niederbobritzsch (Kr. Freiberg), Niederfrohna (Kr. Karl-Marx-Stadt) und Tannenberg (Kr. Annaberg) sind ähnliche, nach 1510/20 völlig neu errichtete ungewölbte Anlagen. Oft reichte die Kraft nur dazu aus, einen neuen großen Chor zu bauen, dessen Baumasse die älteren romanischen Teile weit überragt. Wenn sich dann ein älterer Chorturm in der Mitte des

Baus erhebt wie in Neichen (Kr. Grimma), Niedergräfenhain oder Frankenhain (Kr. Geithain), ergibt sich eine malerisch-unregelmäßige Gruppierung. Im allgemeinen hat man sich aber bemüht, das Langhaus der Höhe des neuen Chores anzugleichen, auch wenn eine Wölbung nur hier, nicht im Langhaus zustande kam. Zahlreiche spätgotische Chöre blieben aber auch ungewölbt. Solche im Ansatz steckengebliebenen spätgotischen Anlagen finden sich westlich der Elbe fast in allen Kreisen, zum Beispiel in Hopfgarten, Altmörbitz, Benndorf und Jahnshain (Kr. Geithain), Erlau (Kr. Rochlitz), Hirschfeld und Weißbach (Kr. Zwickau), Tragnitz (Leisnig, Kr. Döbeln), Dittmannsdorf und Kleinhartmannsdorf (Kr. Flöha), Lauterbach (Kr. Marienberg), Mittelsaida (Kr. Brand-Erbisdorf) und Reichenberg (Kr. Dresden). In der Lausitz sind spätgotische Chöre an Dorfkirchen selten; ungewölbt blieb der Chor in Radibor (Kr. Bautzen).

Im allgemeinen aber war man bestrebt, wenigstens den neuen Chor mit einem neuen Gewölbe zu versehen und damit dem Gottesdienst, der Meßfeier am Hochaltar, erhöhte Würde zu verleihen. Man bevorzugte Netzgewölbe, in anderen Fällen Sterngewölbe, die die Räume einheitlich überspannen. Am häufigsten sind solche spätgotischen Chöre im Muldenland zwischen Eilenburg und Zwickau in den Kreisen Borna und Döbeln (Breunsdorf, Eula, Görnitz, Hohendorf, Kahnsdorf, Lobstädt, Wyhra, Zedtlitz), Wurzen (Altenbach-Leulitz, Machern, Nemt, Röcknitz, Thallwitz, Thammenhain, Pausitz), Grimma (Döben, Großbardau) und Geithain (Eschefeld, Frankenhain, Frauendorf, Ossa) anzutreffen. Nach Süden ist der Typus nur im Kreis Rochlitz (Wiederau), im Kreis Werdau (Beiersdorf), im Kreis Zwickau (Crossen) vertreten. Im Vogtland sind wenige spätgotische Chöre anzutreffen, z. B. in Neumark (Kr. Reichenbach), Schwand (Kr. Plauen), Wohlbach (Kr. Oelsnitz). Auch im Erzgebirgsvorland und im Erzgebirge sind spätgotische Chöre selten eingewölbt. Im Altsiedelland zwischen Mulde und Elbe und in der Oschatzer Gegend fehlen solche spätgotischen gewölbten Chöre fast ganz und treten nur im Meißen–Dresdner Raum wieder häufiger auf. In der Lausitz gibt es fast keine derartigen gewölbten Chöre.

Sechs von den neun durchweg gewölbten Saalkirchen liegen westlich der Mulde: Eutritzsch (Leipzig-Stadt), Podelwitz (Kr. Leipzig), Gnandstein und Niedergräfenhain (Kr. Geithain), Ziegelheim (Kr. Altenburg) und Ruppertsgrün (Kr. Werdau), zwischen Mulde und Elbe nur Schrebitz (Kr. Döbeln), Langhennersdorf (Kr. Freiberg) und Leuben (Kr. Meißen). Bei allen diesen Kirchen sind die »Schulzusammenhänge« mit benachbarten städtischen Großbauten eindeutig nachzuweisen. In Eutritzsch und Podelwitz – beide Kirchen um 1500/20 errichtet – ist der Chor durch einen weitgespannten Triumphbogen und durch eine andersartige Netzfiguration des Gewölbes gegenüber dem Langhaus abge-

setzt. Das Netzgewölbe von Eutritzsch folgt in vereinfachter Weise dem des Mittelschiffs der Leipziger Thomaskirche, das Sternnetzgewölbe des Langhauses in Podelwitz ähnelt dem der Nikolaikirche in Leipzig. Wie an den Leipziger Stadtkirchen ist hier auch der Rochlitzer Porphyr als Werkstein verwendet. Die Ausmalung des Raumes mit roten Architekturgliedern und farbigen Ranken, Flammen und Strahlen folgt gleichfalls der in Leipzig üblichen.[32] Dem Bautypus von Podelwitz verwandt ist die langgestreckte, mit einem Netzgewölbe versehene Pfarrkirche zu Gnandstein, vollendet 1518, ein Bau der Rochlitzer Schule. Die romanische Chorturmkirche von Niedergräfenhain (Kr. Geithain) erfuhr eine Umgestaltung. Die unterschiedlichen Raumteile wurden durchgängig mit Netz- und Sterngewölbe versehen.

Der Meister der stattlichen Dorf- und Wallfahrtskirche zu Ziegelheim (Kr. Altenburg) ist bekannt. Der Bau wurde im Jahre 1507 an den Rochlitzer Steinmetzen und Maurer Paul Pausche vergeben und 1518 vollendet. An einen mächtigen quadratischen Turm schließen ein kurzes querrechteckiges Langhaus und ein langer Chor an. Hier ist die sorgfältige Durchbildung der Architektur von den Rochlitzer Kirchenbauten beeinflußt; in der komplizierten Rippenfiguration greift der Meister auf Meißner Anregungen zurück. Ein Wappenschild weist auf die historische Tatsache hin, daß Ziegelheim Witwensitz der Herrin von Schönburg war. Auch der 1513 begonnene Bau der Kirche zu Ruppertsgrün (Kr. Werdau) ist einem Adligen zu verdanken, Heinrich von Schönfels. In den Saalraum mit dreiseitigem Ostschluß ist eine umlaufende steinerne Emporenarchitektur, auf Rundpfeilern, eingestellt. Nur das mittlere achteckige Pfeilerpaar gliedert den Raum oberhalb der Empore und dient als Auflager für das achtteilige Sterngewölbe, das in zwei Jochen den Raum überzieht. Der Altar steht vor der umlaufenden Empore, die steinerne Kanzel seitlich vor dem mittleren Pfeiler. Die Innenarchitektur zeigt schon Einzelformen der Renaissance, könnte also aus der Zeit um 1520/30 stammen. Typologisch ist der Bau aber nicht von den städtischen Wandpfeilerkirchen wie der Marienkirche in Zwickau oder der Wolfgangkirche in Schneeberg abzuleiten, sondern von den mitteldeutschen Schloßkapellen Konrad Pflügers. Als Schloßkirche ist dieser vielleicht auf Hans Meltwitz zurückgehende interessante kleine Raum auch zu verstehen.

Der Schule Arnolds von Westfalen aus den siebziger oder achtziger Jahren des 15. Jahrhunderts ist Chor und Gesamteinwölbung der Kirche zu Leuben (Kr. Meißen) zuzurechnen. Dafür sprechen die aus »zweigeschossigen«, polygonalen Sockeln herauswachsenden Runddienste und die komplizierte Rippennetz-Figuration mit einer gegenläufig-asymmetrischen Durchdringung von »Gabelkreuzen« und Rippendreistrahlen. Auch die Architektur des Freiberger Doms spiegelt sich in einer

Dorfkirche wider, nämlich im Langhaus der Dorfkirche zu Langhennersdorf (Kr. Freiberg); die Einziehung der Strebepfeiler und das Rippennetz sind in Anlehnung an Freiberg ausgebildet.

Wo anstelle älterer Kirchen spätgotische Neubauten begonnen oder auch vollendet worden sind, ist also entweder die Patronatsherrschaft ausschlaggebend gewesen, oder die Bedeutung als Pfarrkirche einer Großpfarrei wie in Leuben legte eine Erweiterung nahe. Die hochgelegene Wallfahrts- und Pfarrkirche der Urpfarrei Seelitz bei Rochlitz sollte sogar eine breit gelagerte Halle werden, hier wurde nur der schmale Chor mit einem Netzgewölbe versehen. Die Wallfahrtskirche in Wickershain (Kr. Geithain) erhielt 1475 ein neues breites Langhaus, das nie gewölbt wurde. In Dölzig (Kr. Leipzig) bestand eine Propstei des Bistums Merseburg. In den Kirchenneubau wurde nur der romanische Westturm übernommen. Der Chor ist – in stilistischer Abhängigkeit vom Merseburger Dom – mit einem Sternnetzgewölbe versehen. Die Kirche zu Altmügeln verdankt ihre stattliche Neuanlage im ersten Drittel des 16. Jahrhunderts – vorgesehen war eine dreischiffige Halle von vier Jochen – wohl der Initiative des Meißner Bischofs Johann VI. von Saalhausen. Auch hier blieb der in den Umfassungsmauern aus Rochlitzer Porphyr errichtete Bau mit Ausnahme des Chors ungewölbt. Alte Traditionen verbanden auch die Lausitzer Pfarrkirche Göda mit dem Meißner Bischof. Im Unterschied zu allen anderen Dorfkirchen in der Lausitz zeigt der um 1505/15 entstandene Neubau – ein Chor und eine dreischiffige Halle von drei Jochen – meißnische Züge. Mit der jüngst freigelegten renaissancehaften Blumenmalerei an den Kreuzungspunkten der Rippen traten – den Wappen am Ringschlußstein zugeordnet – auch die Namensinschriften der Feudalherren zutage, die den Bau gefördert haben, sowie das Meisterzeichen und der Name des Baumeisters Wolff Hrabisch. Vielleicht hatte dieser Werkmeister vorher die Michaeliskirche in Bautzen eingewölbt. Die breit gelagerten Proportionen des mit einem komplizierten Netzgewölbe überspannten Raumes zeigen jedenfalls meißnisch-obersächsische Merkmale.

Manchmal schufen sich Adlige schon eigene Grablegen. So ist es wahrscheinlich, daß die doppelgeschossige Nordkapelle der Ebersdorfer Stiftskirche mit ihrem feinen Maßwerkgewölbe und den Engelfiguren, die die »arma Christi« vorweisen, mit einer Altarstiftung des Hugold von Schleinitz von 1465 in Zusammenhang steht. Aber auch die ersten Grabsteine derer von Einsiedel in Gnandstein, derer von Ziegler in Gauernitz-Constappel oder das Grabmal des Dietrich von Harras (gest. 1499) in Ebersdorf, eines Herrn von Kitzscher (gest. 1495) in Kitzscher bilden den Auftakt der allerdings erst in den dreißiger Jahren des 16. Jahrhunderts voll einsetzenden Selbstdarstellung des Adels in hervorragenden Bildnisgrabsteinen. Immerhin ist es bemerkenswert, daß zu diesen frühen Renaissancegrabsteinen auch der eines bäuerlichen Ehepaars, des Paul Wagner und seiner Frau, von 1536 in der Kirche zu Altmügeln, für deren Wiederaufbau der Bauer »hundert dicke Groschen« gegeben hat, gehört. Immer wieder begegnen Adelswappen an Schlußsteinen oder gemalt am Gewölbe. Die unregelmäßige Verteilung, die Konzentration von spätgotischen Bauten im Muldenland und im Elberaum, das dichtere Vorkommen von Bauten im Bereich größerer Städte, läßt aber auch auf das Vorhandensein von geeignetem Baugestein und den Einsatz zunftmäßig organisierter Handwerker – Steinmetzen und Maurer – in den Städten schließen. Es ist die Zeit der weiten Verbreitung des roten Rochlitzer Porphyrgesteins, des Elbsandsteins und des Hilbersdorfer Porphyrtuffs. Diese Materialien decken sich in etwa mit den von der gegenwärtigen Denkmalpflege festgestellten Farbsystemen der späten Gotik. Seit 1470 wird es im Muldenland und in der Leipziger Umgebung zur Gewohnheit, die Architekturgliederungen rot zu bemalen, während im Elberaum die ockergelbe oder graue Bemalung im Kontrast zu den weißen Wand- und Gewölbeflächen bevorzugt wird.

Die meißnische Schulung fällt besonders bei den zellengewölbten Chören von Dorfkirchen um Meißen und Wurzen ins Auge. Diese von Arnold von Westfalen an der Meißner Albrechtsburg »erfundene« Gewölbeart wurde von Bauhandwerkern, die für Bischof Johann von Saalhausen am Bischofsschloß in Wurzen und am Westchor des dortigen Domes tätig waren, in die Wurzener Gegend übertragen.[33] Auch die »Rochlitzer Hütte« war meißnisch beeinflußt. Und doch trägt ein Bau wie Ziegelheim Züge, die charakteristisch für die Rochlitzer Bauten sind, während Kirchen wie Podelwitz oder Eutritzsch das künstlerische Klima Leipzigs um 1500/20 widerspiegeln.

Eine gesteigerte sakramentale Frömmigkeit führte dazu, daß nun nicht mehr nur Nischen zur Verwahrung des Allerheiligsten genügen, sondern dafür vor die Wand vortretende, reiche Sakramentshäuser geschaffen werden, wofür Beispiele in Ballendorf, Burkhardswalde und Thierfeld zu nennen sind. Für die Ausstattung der Kirchen mit wertvollem, meist silbernem und vergoldetem Altargerät wurden auch zur Zeit der Spätgotik große Opfer gebracht. Einzelstücke wie die Kelche von Härtensdorf (Kr. Zwickau), Hohenkirchen und Erlau (Kr. Rochlitz) sind besonders zu nennen. Die vieleckige Kuppa der Taufsteine ist meist mit Maßwerk geziert. Manchmal ist die Taufe in Form eines Kelches gebildet wie in Langenbernsdorf oder auch mit gotischem Astwerk verziert wie in Colmnitz. In einigen Fällen erhalten nun auch die Dorfkirchen ornamental ausgezeichnete Kanzeln, so in Dörnthal, Göda (1514) und Gnandstein (1518).

Wandmalerei-Zyklen – meist die Passion Christi, Szenen aus dem Marienleben und Heilige darstellend –

Markersbach, Kr. Schwarzenberg
Darstellung der Dorflage mit
der Grenze zwischen Stift
Grünhain und der Herrschaft
Schönburg.
Federzeichnung (Ausschnitt)
im Staatsarchiv Dresden

Elblandschaft mit Dorfkirche
Briesnitz, Stkr. Dresden
Kol. Kupferstich (Ausschnitt)
von Adrian Zingg 1790,
Sammlung Bienert (Inst. f.
Denkmalpflege Dresden)

Leubnitz, Stkr. Dresden
Lav. Pinselzeichnung von Johann
Gottfried Jentzsch, um 1790.
Sammlung Bienert (Inst. f.
Denkmalpflege Dresden)

Plauen, Stkr. Dresden, Friedhofseingang und Kirche
Lav. Pinselzeichnung von Adrian Zingg, um 1790.
Kupferstichkabinett der Staatl. Kunstsammlungen
Dresden

Kaditz, Stkr. Dresden
Kirche und Ruine des Pfarrhauses
Sepiazeichnung von G. Taubert, um 1800.
Sammlung Bienert (Inst. für Denkmalpflege
Dresden)

Maxen, Kr. Pirna
Dorfstraße mit Kirche und Schloß,
1820. Aquarell von Caspar
David Friedrich.
Sammlung Schloß Harburg

Briesnitz, Stkr. Dresden
»Der Kirchhof«, Gemälde
von Caspar David Friedrich
Öl auf Leinwand,
um 1825–30,
Bremen, Kunsthalle

Wolkenburg, Kr. Glauchau
Schloß und neue Kirche
in der Muldenlandschaft.
Radierung, um 1800.
Kupferstichkabinett der
Staatl. Kunstsammlungen
Dresden

Mohorn, Kr. Freital
Luftbild des Waldhufen-
dorfes mit Ortsflur

Baalsdorf, Kr. Leipzig
Luftbild vom Straßen-
angerdorf mit Kirche

Collmen, Kr. Döbeln
Romanischer Rittergrabstein

Hirschfeld, Kr. Zwickau
Romanisches Portal

Großbothen, Kr. Grimma
Sakristeischrank aus dem 13. Jh.

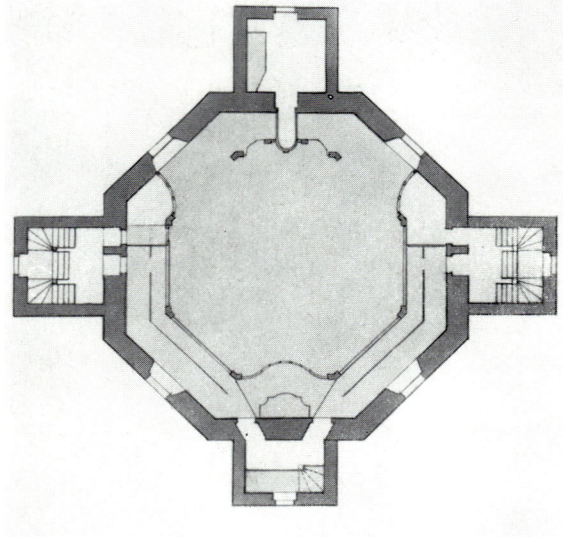

Stötteritz, Stkr. Leipzig
Kanzelaltar nach einem Kupferstich aus
J. Chr. Senckeisens »Leipziger Architectur-
Kunst- und Seulenbuch« (1707 ?)

Seiffen, Kr. Marienberg
Grundriß in Höhe der Kanzel von
Chr. Gotthelf Reuther
Pfarrhaus Neuhausen

Röhrsdorf, Kr. Meißen, Taufengel,
Entwurf von Benjamin Thomae, 1738

Kleinzschocher, Stkr. Leipzig
Alte und neue Kirche,
Gemälde von M. Roßbach, 1901

Ablaß, Kr. Grimma, Dorfkirche,
Sakramentshaus, Mitte 15. Jh.

Oberpfannenstiel, Kr. Aue
Dorfkirche

finden sich in Fördergersdorf (Kr. Freital), Hartmannsdorf (Kr. Dippoldiswalde), Markersbach (Kr. Schwarzenberg) oder Wasewitz (Kr. Wurzen). Noch vor der Einführung der Reformation – 1525 – wurden in Hartmannsdorf an die Emporenbrüstungen Bilder – ein Passionszyklus – gemalt, ein frühes Beispiel für die später übliche lehrhafte Darstellung biblischer Szenen. Farbige Glasfenster sind nur hin und wieder in Resten erhalten, so Scheiben von 1513 in Ebersdorf (Karl-Marx-Stadt), Briesnitz (Dresden-Stadt), Jahna (Kr. Döbeln) und Neumark (Kr. Reichenbach), hier datiert 1498. Holzdecke und Emporenbrüstungen sind in der Zeit der Spätgotik häufig mit schablonierten Ornament-Malereien versehen worden, wofür sich Beispiele in Hartmannsdorf, Dörnthal und Etzoldshain erhielten. Groß ist auch der Bestand an spätgotischen Glocken. Einige zeigen außer den üblichen Umschriften auch aufgesetzte Model mit Heiligendarstellungen oder Ritzzeichnungen wie die von 1459 in Panitzsch (Kr. Leipzig).

Am eindringlichsten aber wird die spätmittelalterliche Frömmigkeit von den spätgotischen Flügelaltären und Holzskulpturen repräsentiert. An 112 Beispielen von mehr oder weniger gut erhaltenen Flügelaltären, die für damalige Dorfkirchen in Sachsen geschaffen wurden, sind die wesentlichen Gestaltungsmerkmale dieser künstlerischen Aufgabe noch abzulesen. Etwa 30 derartige, mit Figuren angefüllte, geschnitzte und farbig gefaßte und vergoldete Schreine und eine Vielzahl von Einzelskulpturen verbrannten am 13. Februar 1945 im Palais im Großen Garten in Dresden, wo sich die Sammlung des »Sächsischen Altertumsvereins« befand, der sich seit 1825 um die Erhaltung der Altäre verdienstvoll bemüht hatte. Einige gerettete Werke – insbesondere Einzelplastiken – werden in der Albrechtsburg in Meißen aufbewahrt.

Zwischen den Jahren 1500 und 1520 sind die meisten sächsischen Kirchen mit neuen Altären ausgestattet worden. Auch in manchen Dorfkirchen hat es bis dahin mehrere Altäre gegeben, namentlich in größeren, die auch als Wallfahrtskirchen dienten; in der Stiftskirche in Ebersdorf befanden sich sogar sieben. So lebensvoll viele dieser spätgotischen Figuren im einzelnen zu uns sprechen, ihre religiöse und künstlerische Strahlkraft besitzen sie nur in der Sphäre der stets reich geschmückten, polychromierten und vergoldeten Schreinarchitektur. Obersachsen war bis um 1500 an der Entwicklung dieser niederländisch-deutschen Altarkunst nicht wesentlich beteiligt gewesen. Hervorgegangen aus Reliquiendepositorien, die man zeitweise und schließlich immer den Gläubigen auf dem Altar zur Schau und Andacht »ausstellte«, vertraten schon im 14. Jahrhundert plastische Darstellungen der Heiligen deren Gegenwart in der Gemeinschaft der Gläubigen. Sie gehörten schon der Welt der himmlischen Verherrlichung an, waren aber in ihrem überwundenen Martyrium gleichzeitig auch Leidensgenossen der Christen auf Erden.

Den wesentlichen Beitrag für die Gestaltung des Flügelaltars als eines architektonischen Bildrahmens, in dem die heiligen Gestalten – auch wenn sie nicht szenisch agieren – doch in wunderbarer Gelöstheit sich bewegen, leisteten Künstler in Oberdeutschland, Hans Multscher, Niclas Gerhart, Veit Stoß, Gregor Erhart und schließlich Tilman Riemenschneider. Die obersächsischen Altarwerkstätten machten sich diese künstlerische Entwicklung in Oberdeutschland zunutze. Mit einigen Altarwerken, besonders von Hans Witten in Ehrenfriedersdorf und Borna, wurden nun auch in Obersachsen künstlerische Leistungen vollbracht, die zu den schönsten dieser Kunstgattung überhaupt zählen.

Der Flügelaltar in Obersachsen besteht aus einem Mittelschrein, in dem normalerweise drei, manchmal aber auch fünf, vier oder zwei Figuren stehen – nur bei ganz kleinen Schreinen beschränkt man sich auf eine Figur –, und Seitenflügeln, die in Sachsen im allgemeinen geschnitzte, aber flachere Figuren aufweisen. Im Freiberger Gebiet kann die Mittelfigur eine Sitzfigur sein wie in Dörnthal oder Oberbobritzsch, die Seitenflügel weisen meist nur je eine Figur auf. Oft ist die Mittelfigur die Muttergottes mit dem Christkind. Nur selten ist Christus als Gekreuzigter, als Salvator mundi oder Maria als apokalyptisches Weib dargestellt, öfter ein »Vesperbild« (Maria mit dem toten Sohn im Schoß), Anna Selbdritt, die heilige Sippe, oder der Patronatsheilige der Kirche. Am häufigsten erscheinen der heilige Nikolaus, Martin, die heilige Magdalena, Katharina und Barbara. Die Beifiguren repräsentieren meist bestimmte »Stände« von Heiligen, Jungfrauen, Apostel, Bischöfe, Diakone, Soldatenheilige, seltener heilige Mönche und Einsiedler. Das Programm eines Altars wird wesentlich von dieser seiner Festtagsseite her bestimmt. Nicht selten erscheinen auf den Seitenflügeln – in Gruppen geordnet – die im Spätmittelalter hoch verehrten Vierzehn Nothelfer. Im westsächsischen Gebiet – im Bereich der Altenburger, Zeitzer, aber auch der Zwickauer Schule – zeigen die Flügel zwei Geschosse mit kleinen Heiligenfiguren oder geschnitzten Szenen. Der Mittelschrein erhebt sich nicht unmittelbar auf der Mensaplatte des Altars, er wird von einer seitlich auskragenden Predella getragen, die meist ein Bildwerk und im westsächsischen Gebiet seitlich oft auch gemalte Bilder aufweist. Als Themen für die Predella werden das Abendmahl, die Gregormesse, die Grablegung Christi, das Schweißtuch der Veronika bevorzugt; es kann aber auch hier der Patronatsheilige abgebildet sein. Über dem Hauptgeschoß erhebt sich – selten erhalten – der »Auszug«, oder auch das »Gesprenge« genannt, ein durchbrochen geschnitzter Architekturaufbau, der weitere Figuren enthält. Auch hier kann der Patronatsheilige, Maria als apokalyptisches Weib, der Gekreuzigte, Christus als Schmerzensmann oder als Salvator mundi mit Beifiguren erscheinen. »Gewandelt« wird meist nur das Hauptgeschoß. Die geschnitzten

Bildwerke sind nur an Festtagen zu sehen. In einer ersten Wandlung werden die Seitenflügel vor den Mittelschrein geklappt. Nur einige große Stadtkirchenaltäre enthalten dann flach geschnitzte Szenen. Meist sind hier Ereignisse aus der Passion Christi oder aus dem Marienleben, aber auch aus der Geschichte des Patronatsheiligen als Gemälde dargestellt. Bei kleinen Altären endet schon mit der ersten Wandlung das Programm. Dann sind auf den Flügeln nur zwei Figuren gemalt, etwa die Verkündigung an Maria oder Schmerzensmutter und Schmerzensmann. Bei größeren Altären sind auch die Rückseiten des zweiten Flügelpaares wandelbar und dann meist ganzfigurig bemalt. Zugeklappt werden, oft mit Bildern versehen, »Standflügel« sichtbar. Sogar die Rückseiten der Standflügel und des Mittelschreins können bemalt sein. Unerschöpflich reich kann ein Flügelaltar geschmückt werden. Wappen an den Auskragungen der Predella in Altoschatz (Oschatz) oder im Auszug in Schlunzig (Kr. Glauchau) weisen auf die Patronatsherrschaft als Stifter der Altäre hin.

Jeder »Schule« ist ein bestimmtes Dekorationssystem eigen. Die Freiberger Figuren stehen zum Beispiel vor halbhohen Vorhängen, über denen rhomboid gemusterte goldene Hintergründe aufscheinen. In Westsachsen sind reich gemusterte goldene Gründe beliebt. Die goldenen Rankenschleier stehen oft auf blauen Gründen, die den Schreinen ihre Tiefe verleihen. Die Figuren des Mittelschreins umschließen laubenartig reich geschnitzte Maßwerke. Im Freiberger Gebiet algenartig karg, können diese Rankengehäuse vegetabilisch aufs reichste ausgeschmückt werden, in Sachsen wohl am schönsten am Ebersdorfer Hochaltar mit Blüten, Früchten und Mohnkapseln. Die Farbfassung der Figuren ist ein integrierender künstlerischer Bestandteil des Flügelaltars. Die Inkarnate erscheinen oft porzellanhaft – leuchtend und glatt. Die Inkarnate der Männer sind deutlich von denen der Frauen unterschieden. Die Mäntel der Heiligen schimmern meist golden, das Innenfutter ist gewöhnlich blau. Untergewänder weisen oft in den Kreidegrund geschnittene Brokatmuster auf. Farbaufstriche auf Gold und Silber – sogenannte Lüsterungen – verleihen den Farben besondere Leuchtkraft.

Die Dorfkirchenaltäre gehören nur selten zu den großen Leistungen dieser Kunstgattung, sie veranschaulichen vielmehr die durchschnittliche Qualität. Hergestellt wurden die Altäre fast ausschließlich in den Städten, wo sich eben zu dieser Zeit die Maler zu Zünften organisierten und spezialisierten, um den hohen Bedarf an Werken zu decken. Eine kontinuierliche Tradition hat die Bildschnitzerei im 15. Jahrhundert nur in einer Stadt in Sachsen besessen, in Freiberg.[34] Schon in der ersten Hälfte des 15. Jahrhunderts waren hier Bildschnitzer tätig, deren Werke monumental aufgefaßt sind und einen herben, düsteren Charakter aufweisen. Alle Altäre, die nach 1500 in Freiberg und seiner Um-

gebung entstanden, weisen den großartigen, ernsten Grundzug des Meisters der Freiberger Domapostel, Philipp Koch, auf, wiewohl durch seine Schüler in verschiedenster Weise abgewandelt. Gewiß freibergisch geschult war der eigenständige Meister des Döbelner Hochaltars. Der Einflußbereich der Freiberger Werkstätten umfaßt das östliche Erzgebirge, während ihn nach Norden die Freiberger Mulde ungefähr begrenzte; westlich reicht er nur bis etwa an die Flöha. Eine eigene, von Freiberg beeinflußte Werkstatt hat vielleicht in Dippoldiswalde bestanden; sie versorgte die Dörfer am Tharandter Wald. Innerhalb dieser Region zeichnen sich aber auch Entwicklungslinien und Schwerpunkte ab: Der Burkersdorfer Altar (Kr. Brand-Erbisdorf) zeigt noch die allgemeinen, unpersönlichen Züge des älteren Freiberger Stils, während schon der Großhartmannsdorfer – jetzt in Dörnthal (Kr. Marienberg) – die herben charaktervollen Männergestalten der Freiberger Kunst aufweist, denen gegenüber die heiligen Frauen weniger bestimmt und oft ein wenig unbeholfen erscheinen. Im zweiten Jahrzehnt des 16. Jahrhunderts wirken die Figuren der Freiberger »Schule« mehr verinnerlicht. Eine lyrische Stimmung ist den Altären von Höckendorf und Hennersdorf (Kr. Dippoldiswalde) und ein wenig modifiziert dem Altar von Seifersdorf (Kr. Dippoldiswalde) eigen. An diesen Altären und in Dippoldiswalde war ein bedeutender oberdeutsch geschulter Maler tätig. Die künstlerischen Zusammenhänge der Malereien auf den Altären, die im Raum zwischen Freiberg und Dippoldiswalde eine hohe Qualität aufweisen, sind noch wenig erforscht. Der bedeutendste Flügelaltar der Freiberger Schule in einer Dorfkirche ist der von Oberbobritzsch (Kr. Freiberg), 1521 geschaffen, besonders seiner Malereien, Szenen aus der Nikolauslegende und Heiligenmartyrien, wegen. Diese Bilder zeigen Zusammenhänge mit anderen bedeutenden Altarbildern, mit dem Döbelner Hochaltar und dem Altar der Nikolaikirche in Grimma.[35] Der Schnitzer des Altars war ein Freiberger Meister, der an der Herstellung des Jungfrauenzyklus im Dom beteiligt gewesen war.

Ein Andachtsbild scheint besonders in der Freiberger Gegend als Bildwerk verbreitet gewesen zu sein, die Sitzfigur des leidenden »Christus in der Rast«.

Im Raum um Döbeln arbeitete der Meister des Hochaltars der Nikolaikirche. Seiner reichen Schreingestaltung und dem Stil seiner Figuren entspricht der Altar von Gleisberg, aber auch die Altäre von Langenstriegis, Rossau (Kr. Hainichen) und wohl auch Boritz (Kr. Riesa) haben Gestaltungsmerkmale seiner Hand. Die historisch überlieferte Werkstatt des Pankratius Grueber in Großenhain ist ebenfalls freibergisch beeinflußt.[36] Vielleicht geht das Vesperbild von Bloßwitz auf diesen Meister zurück. Weniger fügt sich der übersteigerte Stil des Altars von Ponickau ins Bild seines Schaffens ein. Eine Pirnaer Werkstatt war ebenfalls von Freiberg abhängig, während die Dresdner und Meißner Werkstätten einem eigenen Ausdruckswillen folgten. In Dresden, wo wahrscheinlich der »Weiche Stil« Spuren hinterlassen hatte, blieb man auch nach 1500 bei einer freundlichen Grundhaltung; gut vertreten etwa von dem Briesnitzer Altar oder der Tharandter Kreuzigungsgruppe. Mehr im dekorativ Äußerlichen befangen bleibt der Meister des Meißner Frauenkirchen-Altars, der Altäre sowohl für die Gegend östlich der Elbe – wie Ebersbach (Kr. Großenhain) – als auch für den Bereich des alten Daleminze-Gaus – z. B. Neckanitz (Kr. Meißen) und Zschoppach (Kr. Grimma) – schuf.[37] Die Dorfkirchen der Oberlausitz haben heute fast keine spätgotischen Altäre mehr.[38] Beispiele in Petershain (Kr. Niesky) und Berzdorf (Kr. Görlitz) können nur allgemein als lausitzisch angesprochen werden. Zahlreiche Altäre befanden sich einst in Görlitz, heute sind noch viele in Kamenz vorhanden. Sie geben Anlaß zur Vermutung, daß in der Oberlausitz im Laufe der Zeit besonders viel zerstört worden ist.

Der westlich an die Freiberger Gegend anschließende Bereich um Flöha und Chemnitz zeigt unterschiedliche Einflüsse. Der Zwickauer Künstler Peter Breuer lieferte den Altar von Kleinolbersdorf, der ebenfalls in Zwickau ansässige Hans Hesse den Dittmannsdorfer Altar (Kr. Flöha), später 1513 die Gemälde des Ebersdorfer Hochaltars. In seinem Schnitzwerk weist der Ebersdorfer Hochaltar allerdings auch wesentliche freibergische Elemente auf. Eine ähnliche, aber andersartige Mischung unterschiedlicher Merkmale zeigt auch der qualitätvolle Altar von Flöha. Wahrscheinlich haben sich nach 1500 neben Hans Witten in Chemnitz noch andere Meister betätigt.[39] Noch ein späteres Werk wie der Bräunsdorfer Altar (Kr. Karl-Marx-Stadt) von 1517 zeigt sich von Zwickau wie von Freiberg her bestimmt, wozu noch Züge Hans Wittens treten, dessen Werkstatt auch Altäre für Dorfkirchen herstellte. Erhalten sind sie in Glösa (Karl-Marx-Stadt), Mittelbach (Kr. Karl-Marx-Stadt) und Wüstenbrand (Kr. Hohenstein-Ernstthal). Für Ebersdorf schuf Hans Witten selbst die kraftvolle Grabplatte Dietrichs von Harras und ein ausdrucksstarkes Kruzifix. Zu den Höhepunkten seiner Menschendarstellungen gehören die Ebersdorfer Pulthalter-Figuren: Dem leidensvoll verschlossenen, seinen Dienst versehenden Diakon ist der hingebungsvoll singende Engel gegenübergestellt.

Nach Annaberg hat Freiberg ebenfalls künstlerische Kräfte abgegeben, so Franz Maidburg.[40] Aber auch in diese Region lieferte Peter Breuer seine Altäre, ehe Christoph Walter I von Annaberg aus 1521 den schönen Tannenberger Altar schon im Geiste der Renaissance schnitzte. Der Maler dieses Altars schuf auch die Gemälde des Annaberger Münzeraltars und die Tafeln von Mittelfrohna.

Die Zwickauer Altarwerkstätten sind unmittelbar von Franken und Schwaben her beeinflußt.[41] Die Werkstatt Peter Breuers hinterließ eine große Anzahl von Altären; noch heute sind fünfzig Werke ganz oder teilweise erhalten. Insbesondere in den Dorfkirchen des Zwickauer Umlandes und im Erzgebirge finden sich Peter-Breuer-Altäre. Einzelwerke wurden aber auch ins Vogtland, nach Steinsdorf, in die Döbeln–Nauhainer, Gersdorfer und Bornaer Gegend sowie nach Elbisbach geliefert. Beeindruckt von der Kunst Tilman Riemenschneiders und Gregor Erharts, fand Breuer in Zwickau zu einem milden, innigen Figurenstil, der mit der Zeit allerdings manchmal ins Manirierte abgleitet. Werke wie der lebensvoll frische Anna-Selbdritt-Altar in Härtensdorf (Kr. Zwickau), die großartig ernsten Kruzifixe von Neumark (Kr. Reichenbach), Lugau (Kr. Stollberg), Bernsdorf (Kr. Hohenstein-Ernstthal) und Gersdorf (Kr. Döbeln) und der feierlich-prächtige Altar der Spätzeit in Weißbach (Kr. Zwickau) gehören zu dem Eindrucksvollsten, was an spätgotischer Plastik in Sachsen vorhanden ist. Breuers Einfluß macht sich auch an Werken anderer Meister, vor allem im Erzgebirge, etwa in Meinersdorf und Grünstädtel, bemerkbar. Neben ihm wirkt in Zwickau Leonhard Herrgott, dessen Werkstatt weniger sensible, derbere Werke wie die Altäre von Langenhessen (Kr. Werdau), Oberlungwitz (Kr. Hohenstein-Ernstthal) und Crossen (Kr. Zwickau) entstammen. Auch Herrgott hat Nachahmer und Schüler gehabt, die die Werdauer Gegend mit Altären versorgten, aber auch die mittelsächsische Landschaft beeinflußten, wofür der Börtewitzer Altar genannt werden kann.[42]

Ins Vogtland hinein wirkte eine Hofer Werkstatt, der die kraftvollen Altäre von Theuma und Thossen entstammen.[43]

Schon unmittelbar nördlich der Linie Glauchau–Lichtenstein–Chemnitz endet im allgemeinen die Zwikkauer Kunstregion, die seit 1510 einen gewissen Standardtyp des Flügelaltars ausgebildet hat, ein Mittelmaß an Eleganz, Großzügigkeit und Empfindung, ohne daß je die Tiefe und Menschlichkeit der Freiberger Figuren erreicht worden wäre. Von Westen her schieben sich wie ein Keil thüringische Werkstattarbeiten aus Altenburg ins Erzgebirgsvorland hinein. An den kurzbeinig-freundlichen Heiligen, der reichen Dekoration, an den doppelten Reihen von Figuren in den Seitenflügeln sind die Altäre der Werkstatt Jakob Naumanns sofort erkennbar.[44] Während sie im Herzogtum Sachsen-Altenburg fast alle vernichtet sind, erhielten sich in Sachsen noch mehrere, in Meerane, in Langenchursdorf gleich zwei, in Langenberg (Kr. Hohenstein-Ernstthal), Mühlau, Auerswalde (Kr. Karl-Marx-Stadt) und Ebersbach (Kr. Geithain) sowie vielleicht in Wyhra (Kr. Borna). Auffällig ist die Sorgfalt, die man in den Altenburger Werkstätten auf die Gemälde gelegt hat, während es damit in Zwickau nach dem Weggang Hans Hesses nicht zum besten stand. Großzügiger als die Werke der Naumanns zeigt sich die Werkstatt Franz

Geringswalds mit seinen Altären in Rathendorf (Kr. Geithain) und Göhren (Kr. Rochlitz). Zu den an spätgotischen Altären reichsten Gegenden Sachsens zählen die Kreise Rochlitz, Geithain, Borna und Grimma. Hier findet sich eine Gruppe der schönsten sächsischen Flügelaltäre, deren kunstgeschichtliche Zusammenhänge noch ungeklärt sind. Dazu gehören der kürzlich restaurierte Topfseifersdorfer Altar und der Erlauer Altar (Kr. Rochlitz) mit guten, oberrheinisch beeinflußten Gemälden. 1519 ist der Altar von Nenkersdorf (Kr. Geithain) datiert, der mit den an Gregor Erharts Blaubeurener Altar orientierten großartigen Figuren und guten Malereien wohl nicht aus den bekannten Altenburger Werkstätten stammen kann. Der nicht weniger prachtvolle Altar von Eschefeld (Kr. Geithain) weist in den Figuren Einflüsse Hans Wittens auf; die ernsten Heiligen der Flügelbilder, die Einflüsse des »Donaustils« zeigen, lassen sich am besten mit den Gemälden des Podelwitzer Altars (Kr. Leipzig) vergleichen. Auch ein Altar wie der von Hopfgarten (Kr. Geithain) weist eher auf Chemnitz als Entstehungsort, während andere Altäre der Borna–Pegauer Landschaft vielleicht auf Mathias Planer in Zeitz zurückgehen, wenn Hentschels Zuschreibung des verbrannten Eulaer Altars richtig ist.[45]) Die Altäre von Görnitz, Neukirchen und Großstorkwitz könnten von dort stammen. Die gleiche Unsicherheit an Zuschreibungen besteht im Grimma–Wurzener Raum, wo vielleicht doch eigene Werkstätten existiert haben. Altäre wie die von Röcknitz und Leulitz lassen sich bisher keiner der bekannten »Schulen« zuordnen. Auch der Threnaer Altar ist nicht »sächsisch«, er weist Züge auf, die aus dem bayrischen Raum kommen könnten.

Offenbar ist Leipzig zu dieser Zeit ein Schmelztiegel von Kräften gewesen, die aus verschiedenen Kunstlandschaften zusammenströmten, wobei seit 1500 ebenfalls nicht nur das oberdeutsche Element dominierte, sondern sich auch eine obersächsische Haltung herauszubilden begann.[46]) Vieles von diesen Werken ist verloren, so der Knauthainer und Eutritzscher Altar. Dem Stil des letzteren entspricht etwa der Leutzscher Altar. Die Dölziger (Kr. Leipzig) Figuren, die vielleicht in Merseburg hergestellt worden sind, verraten die Kenntnis der Werke Hans Wittens und des Ebersdorfer Hochaltars. Der 1520 datierte Podelwitzer Hochaltar (Kr. Leipzig), wohl von Stefan Hermsdorf, zieht die Summe der obersächsischen Altarkunst.[47]) Die Beseeltheit Wittens, die Herbheit der Freiberger Schule, die Eleganz der Zwickauer, die Noblesse der Zeitzer Ritterheiligen sind in diesem reifen Werk gegenwärtig.

Das Thema des »Dörflichen« stellt sich bei den Schnitzaltären der Spätgotik in besonderer Schärfe. Es bleibt festzustellen, daß wohl alle diese Kunstwerke in städtischen Werkstätten entstanden sind. Meist waren es offenbar die adligen Grundherren, die den Altar stifteten. Bei der Restaurierung des Röcknitzer Altars wurde unter der Predella ein auf Papier geschriebenes Schriftstück aufgefunden, das als ein aufschlußreiches Zeitdokument gelten kann. Hier wird beurkundet, daß der Altar für das Seelenheil der Familie Zschorna und ihrer Diener gestiftet worden ist. Von diesem Eifer für das Seelenheil waren in den Jahren vor der Reformation alle Stände beseelt. Ihnen allen standen in den Altären die heiligen Gestalten und deren Geschichte zur unmittelbaren geistigen Teilhabe vor Augen. Es handelt sich hier also um Kunstwerke, die auch von der dörflichen Bevölkerung verstanden und geliebt werden konnten. Die bildende Kunst ist in ihrer Geschichte den Menschen selten so nahe gekommen.

Dorfkirchen in der Zeit nach der Reformation (1540–1660)

Mit der Reformation beginnt eine neue Etappe der sächsischen Kirchengeschichte. Es entsteht eine lutherische Landeskirche. Die bischöfliche Kirchenverfassung wird durch das landesherrliche Kirchenregiment abgelöst. Die heutigen Grenzen der Evangelisch-Lutherischen Landeskirche Sachsens und der Evangelischen Kirche des Görlitzer Kirchengebietes gehen im wesentlichen auf das Jahr 1815 zurück. In diesen Kirchengebieten vollzog sich die Annahme der Reformation etappenweise: bis 1529 in den ernestinischen Ämtern Grimma, Colditz, Leisnig, Borna, Zwickau und Grünhain, seit 1537 im albertinischen Sachsen, zuerst durch Herzog Heinrich den Frommen in seiner Herrschaft Freiberg und durch Herzog Georgs Schwiegertochter Elisabeth in ihrem Witwensitz Rochlitz. Nach dem Tode des streng altgläubigen Herzogs Georg (1539) führte sein Bruder und Nachfolger Heinrich die Reformation im ganzen albertinischen Sachsen ein. Die sächsischen Dorfpfarrer wurden in vier Artikeln dazu verpflichtet, keine papistischen Messen mehr zu lesen, das Abendmahl unter beiderlei Gestalt zu reichen, in der Predigt gegen Klostergelübde und für den Ehestand einzutreten.

In der Oberlausitz setzte sich die Reformation, getragen von den Ständen, seit etwa 1520 in einem längeren Zeitraum weitgehend durch. Nur im Bereich der Grundherrschaften des Domstifts Bautzen und der Klöster Marienstern und Marienthal blieben einige Dorfgemeinden bis heute katholisch: Crostwitz und Nebelschütz im Kreis Kamenz, Radibor im Kreis Bautzen und Jauernick im Kreis Görlitz. Doch gab es auch eine Reihe Gemeinden, die trotz klösterlicher Grundherrschaft evangelisch wurden, wobei das katholische Patronatsrecht fortbestand, so z. B. Oberseifersdorf (Kr. Zittau). Zu den Gebieten, die 1815 an Preußen abgetreten werden mußten, gehörte auch der Görlitzer Kreis der Oberlausitz.

Die Einführung der Reformation hob die geschichtliche Kontinuität der Dorfgemeinde nicht auf. Sofern der Pfarrer die Bedingungen der Visitatoren anerkannte, konnte er am angestammten Altar, oft noch angetan mit dem überkommenen Meßgewand, Gottesdienst feiern. Die Messe bestand in einer vom Opfergedanken gereinigten Form fort. Nur der Kommunikantenmangel ließ sie in der Folgezeit vielfach zum reinen Wortgottesdienst zusammenschrumpfen. Große Tragweite für die Gestaltung des kirchlichen Lebens erlangte die Kirchenordnung Kurfürst Augusts von 1580.

Die Neuordnung des Kirchenwesens, die reformatorische Verkündigung, Luthers Bibelübersetzung, Katechismus und Gemeindelieder haben miteinander eine neue Frömmigkeit entstehen lassen, die seit 1540 die Ausstattung und die Bildauswahl in den Dorfkirchen geprägt hat. Stilistisch gehört die lutherische Kirchenkunst zur deutschen Renaissance, wie sie in Sachsen vor allem durch die Malerfamilie Cranach in Wittenberg und die Bildhauerfamilie Walther in Dresden verbreitet wurde.

Zwischen 1540 und 1660 sind rund 50 Kirchen neu bzw. unter Verwendung alter Teile fast neu erbaut worden. Oft sind es schlichte, im Osten meist dreiseitig geschlossene Saalkirchen. Genannt seien: Reinersdorf (Kr. Großenhain) um 1550, Gelenau (Kr. Zschopau) 1581, Schellerhau (Kr. Dippoldiswalde) 1591, Crottendorf (Kr. Annaberg) 1594, Borna (Kr. Oschatz) 1606. Neben diesen architektonisch schlichten, flachgedeckten Saalkirchen setzen andere bis um 1600 die spätgotische Tradition fort. Mehr oder weniger deutlich ist der Chor vom Kirchenschiff abgehoben. Dieser oder der gesamte Kirchenraum wird von einem Netzrippengewölbe überspannt. Erwähnt seien die Kirchen in Hirschfeld (Kr. Freiberg) 1582, Naustadt (Ortsteil von Scharfenberg, Kr. Meißen) 1598, Glaubitz (Kr. Riesa) um 1590. Die architektonisch anspruchsvollsten Kirchen wurden in Straßberg 1576 und Kürbitz 1624/26, beide Kreis Plauen, erbaut. Als massiv gewölbte Emporenräume sind sie den evangelischen Schloßkapellen der Renaissance verwandt.

Der Stil der Renaissance hat sich vornehmlich bei den Innenausstattungen durchgesetzt. Manchmal sind es nur Einzelstücke wie Altäre, Kanzeln, Taufsteine, Epitaphe und Grabmäler, die seit der Mitte des 16. Jahrhunderts neu aufgestellt wurden. Oft entstand, vorzüglich durch die Gunst des Patrons, ein Ensemble neuer liturgischer Ausstattungsstücke. Der Kirchenraum gewann außerdem auch dadurch ein neues Gesicht, daß er mit festem Gestühl zu ebener Erde und auf den Emporen eingerichtet wurde. So konnte die Gemeinde, gegliedert nach Stand, Alter und Geschlecht, am Gottesdienst sitzend teilnehmen. Als dessen wichtigster Teil wurde die Predigt angesehen. Emporenbrüstungen und Deckenfelder bemalte man mit

biblischen Szenen und Personen. So kam es besonders seit 1580 zu jenen malerischen Innenräumen, die mitunter noch bis ins 18. Jahrhundert vervollständigt wurden. Hervorragende Beispiele für dieses Anwachsen nachreformatorischer Kirchenausstattung bieten die romanischen Kirchen in Ćavertitz (Kr. Oschatz) und Pomßen (Kr. Grimma), die spätgotischen Kirchen in Taubenheim und Coswig (alte Kirche), beide Kr. Meißen, und die erst 1581 bzw. 1604/05 erbauten Kirchen in Gelenau (Kr. Zschopau) und Seifersdorf (Kr. Dresden).

Von den einzelnen liturgischen Ausstattungsstücken verdienen an erster Stelle die neuen Altäre bzw. Altaraufsätze Beachtung. Aus der Zeit zwischen 1540 und 1660 sind rund 70 Altäre erhalten, meistens noch am ursprünglichen Standort. Sie sind in der Regel Stiftungen. Errichtet wurden die neuen Altäre zur Ehre Gottes, zur Erbauung und Belehrung der Gemeinde, ferner zum Gedächtnis an einen verstorbenen Kirchenpatron und seine Familie.

Gerade auf dem Lande hat die Feudalordnung und das auf ihr beruhende Patronatsrecht des Grundherrn im Einklang mit dem in der Renaissance gesteigerten Persönlichkeitsbewußtsein zu einer oft starken Ausprägung des Epitaphaltars geführt. Die künstlerische Qualität der Altäre ist keineswegs geringer als in den Stadtkirchen, zumal die Bildhauerwerkstätten der Städte auch die Kirchen auf dem Lande weiterhin mit hervorragenden Werken der Stein- und Holzbildhauerkunst versorgten. Mit künstlerisch bedeutenden Werken sind die Bildhauerfamilien Schröter in Torgau, Walther in Dresden, Lorenz und Ditterich in Freiberg, Kunze und Köhler in Meißen, Schwenke und Hornung in Pirna, Hegewald in Chemnitz und Dresden vertreten. Der Einfluß der italienischen Renaissance wurde durch Giovanni Maria Nosseni in Dresden vermittelt. Ein Beispiel hierfür ist der Altar in Borna (Kr. Oschatz) 1606, ein streng architektonischer Aufbau, bei dem außer Sandstein auch roter und schwarzer Marmor sowie Serpentin und Alabaster aus einheimischen Brüchen verwendet wurden. Geschick im Umgang mit farbigem Marmor bewies seit etwa 1640 auch die in Schneeberg ansässige Bildhauerfamilie Böhme: so schuf um 1645 Johann Böhme z. B. den schönen Altar in Großolbersdorf (Kr. Zschopau). Mit Johann Böhme stehen wir allerdings bereits am Anfang des Frühbarocks. Gleiches gilt von dem Bildschnitzer Valentin Otto in Meißen. Er schuf die Altäre in Zschaitz (Kr. Döbeln) 1655, Zscheila (Ortsteil von Meißen) 1655 und in Tragnitz (Ortsteil von Leisnig) 1659. Zur Plastik traten hier die Gemälde Gottfried Richters aus Meißen hinzu.

Solche aus mittelalterlichen Wurzeln hervorgegangene Zusammenarbeit zwischen Bildhauer und Maler kommt beispielhaft in dem Altar in Hof (Kr. Oschatz) von 1624 zur Geltung.

Es entstanden darüber hinaus zahlreiche Altäre, bei denen die Malerei dominierte. Hier hat sich bis ins frühe 17. Jahrhundert hinein auch der formale Ausgangspunkt für den lutherischen Altar, der Flügelaltar, am reinsten erhalten. Der Cranach-Werkstatt entstammt der nach 1945 wieder in die originale Anordnung zurückversetzte Flügelaltar in Klitten (Kr. Niesky) von 1587. Flügelaltäre finden sich in Zuschendorf (Ortsteil von Pirna) 1628 und in Lohmen (Kr. Sebnitz), beide von Heinrich Göding in Dresden, von namentlich unbekannten Künstlern in Stürza (Kr. Sebnitz) und in Gelenau (Kr. Zschopau), hier zu einem Barockretabel umgearbeitet. Die Form des dreiteiligen Flügelaltars mit Predella und Gesprenge klingt allerdings noch in zahlreichen Altären nach, die sich der Architekturformen der Renaissance bedienen: Planitz (Ortsteil von Zwickau), Taubenheim (Kr. Meißen), Pillnitz (Ortsteil von Dresden), Pomßen (Kr. Grimma), Prießnitz (Kr. Geithain), ganz gleich, ob die bildlichen Darstellungen gemalt oder als Reliefs ausgeführt sind. Das entwicklungsgeschichtlich Neue zeigt sich freilich im Säulenaufbau, der das Altarbild rahmt. Dafür ist Maxen (Kr. Pirna), 1558 aus der Dresdner Walther-Schule, ein frühes Beispiel.

Zwei Themen stehen in der Regel im Zentrum des Bildaufbaus: die Kreuzigung und das Abendmahl. Ihnen sind oft mehrere andere Themen aus dem Leben Jesu von der Ankündigung der Geburt bis zur Himmelfahrt zugeordnet, manchmal auch die Vorbilder aus dem Alten Testament. Fast immer erscheint das heilige Abendmahl als Thema, wenn nicht im Hauptfeld, dann in der Sockelzone oder Predella. Das bedeutet: an diesem Ort wird das letzte Mahl Jesu, seinem Testament entsprechend, fortgesetzt, indem unter Brot und Wein als den Trägern von Leib und Blut Christi Sündenvergebung geschieht. In einigen Fällen ist diese bildhafte Verkündigung in besonderer Weise vom Bekenntnis der Auftraggeber inspiriert. Auf dem Hauptbild des Altars in Klitten sitzen im Abendmahlsaal neben Jesus Luther und Melanchthon als Apostel. Im Epitaphaltar von Zuschendorf dient Hans von Carlowitz zu Tische. In Prießnitz (1616) sitzt Pastor Thryllitzsch unter den Jüngern am Tisch des Herrn. Die Seitenteile des Untergeschosses des Altars in Pomßen, Ende 16. Jahrhundert, zeigen, anklingend an das byzantinische Thema der Apostelkommunion, wie Christus selbst Brot und Wein an die Kommunikanten, vermutlich die Stifter, austeilt. In der Kirche zu Burkersdorf (Ortsteil von Schlegel, Kr. Zittau) hat der Maler auf dem vom beginnenden 17. Jahrhundert erhaltenen Altar neben dem Abendmahl Jesu eine lutherische Abendmahlsfeier dargestellt. Getragen von der lutherischen Rechtfertigungspredigt und beeinflußt von den neuen Bildfindungen der Cranach-Werkstatt, dokumentieren alle diese Altäre die feste Zuversicht auf die in Christus geschenkte Barmherzigkeit Gottes.

Groß ist auch die Zahl der Kanzeln (zwischen 60 und 70), die aus dieser Zeit stammen, in mehreren Fällen im 18. Jahrhundert mit dem Altar zu einem Kanzelaltar vereinigt, so z. B. in Zschaitz (Kr. Döbeln) und in Königswartha (Kr. Bautzen). In der Regel fand die Kanzel bei ihrer Aufstellung einen Platz am Chorbogen, überwiegend auf der südlichen Seite. Die Künstler waren die gleichen wie bei Altären, Taufsteinen, Epitaphen und Grabsteinen. Sie fertigten die Kanzeln aus Holz, Sandstein, selten aus Rochlitzer Porphyrtuff (Grethen, Kr. Grimma), rund oder polygonal, fast immer mit einem Schalldeckel, zierten Eingang, Treppe, Brüstung und Schalldeckel mit Sprüchen, Gemälden und Skulpturen, die biblische Szenen und Figuren, meist die Evangelisten, darstellten. Gestützt wurden sie durch Konsolen, Säulen- oder Trägerfiguren wie Engel, Mose mit den Gesetzestafeln oder Paulus. Dieser trägt die 1631 von Caspar Klüppel aus Pirna geschaffene Sandsteinkanzel in Maxen (Kr. Pirna). Bei der prächtigen Sandsteinkanzel von Hans Köhler d. Ä. in Taubenheim (Kr. Meißen) umgibt die den Kanzelkorb tragende Säule eine Figurengruppe, die die Erhöhung der Schlange durch Mose zeigt. Eine typische Mosekanzel von 1615 steht in Niederlichtenau (Kr. Karl-Marx-Stadt), und die früheste dieser Art besitzt Lorenzkirch (Kr. Riesa) wohl aus der Mitte des 16. Jahrhunderts. Auch an ihrem Kanzelkorb sind die Erhöhung der Schlange und die Kreuzigung gegenübergestellt. Letztgenanntes Thema hat für den Kanzelkorb die zentrale Bedeutung, da nach lutherischem Verständnis die Predigt von Gesetz und Evangelium den Glauben an Christus den Gekreuzigten weckt und stärkt. Die Kreuzigung Christi ist so auch das einzige Thema der ältesten reformatorischen Kanzel in Sachsen (1548) in der Kirche zu Wasewitz (Ortsteil von Canitz, Kr. Wurzen). Das Gemälde am halbrunden Korb steht der Kunst von Lucas Cranach d. Ä. nahe. In die Nähe Luthers führt die Kanzel in Borna (Kr. Oschatz), die wahrscheinlich um 1550 von Simon Schröter d. Ä. in Sandstein gearbeitet wurde; denn sie zeigt, wie die Kanzel in der Schloßkapelle von Torgau, in der Mitte der Brüstung den zwölfjährigen Jesus im Tempel. Seine Lehre erfüllt und überwindet das Gesetz. Die Begründung und fortwirkende Ermöglichung der Christuspredigt durch das Pfingstwunder wird an denjenigen Kanzeln zum Ausdruck gebracht, die das Pfingstgeschehen in den Mittelpunkt stellen, so in Naustadt (Ortsteil von Scharfenberg, Kr. Meißen) 1595 durch Hans Köhler d. J. aus Meißen und in Niederlichtenau (Kr. Karl-Marx-Stadt) 1615.

Gelegentlich konnte die Kanzel auch die Funktion eines Epitaphs mit übernehmen. An der Kanzelbrüstung in Taubenheim (Kr. Meißen) knien Hans Ernst von Miltitz und seine Gemahlin vor dem Bilde des Gekreuzigten. Eine prachtvolle Sandsteinkanzel schuf Melchior Kuntze aus Meißen 1612 für Cannewitz (Kr.

Grimma). Hier kniet an der Kanzelbrüstung vor dem Gekreuzigten nicht nur die 1604 verstorbene Elisabeth von Starschedel, sondern in einem nischenartigen Einbau unter der Kanzel auch einer ihrer Söhne, Wolf von Starschedel, in Lebensgröße.

Nächst den Altären und Kanzeln haben die Taufsteine besondere Geltung. Rund 70 aus der Zeit zwischen 1540 und 1660 sind erhalten. Wie sehr die nach der Reformation von den Gemeinden aufgestellten Taufsteine geschätzt wurden, zeigt sich u. a. darin, daß sie auch dann bewahrt blieben, wenn die Kirche im ganzen stark verändert oder gar neu errichtet werden mußte. Der Taufstein in Deutschenbora (Kr. Meißen) von 1562 wurde barock erneuert, derjenige in Technitz (Kr. Döbeln) von 1563 im Kirchenneubau von 1851/1852 restauriert aufgestellt. Auch Niederstriegis (Kr. Döbeln) übernahm in die Kirche von 1850 den Taufstein, welchen 1588 Hans Köhler d. Ä. geschaffen hatte. Gleiches gilt für Grünlichtenberg (Kr. Hainichen). Meist waren sie aus Sandstein gearbeitet oder aus Rochlitzer Porphyrtuff (Seelitz, Kr. Rochlitz, 1555). Daneben wurde auch Holz benutzt (Prießnitz 1616, Lauterbach, Kr. Marienberg, Ende 16. Jahrhundert). Gestalt und Aufwand bei der Ausschmückung sind durchaus unterschiedlich. Doch erst jetzt wird es üblich, die Taufsteine der Dorfkirchen, deren Grundform meist auf den Kelch zurückgeht, reich mit bildnerischem Schmuck zu versehen, eine Übung, die im späten 16. und frühen 17. Jahrhundert ihren Höhepunkt erreichte. Einen vorreformatorischen Brauch übernehmend, wird der Fuß des Taufsteins gelegentlich von Kinderfiguren belebt, die oft Symbole, wie die Leidenswerkzeuge Christi, halten. Beispiele hierfür sind Constappel (Ortsteil von Gauernitz, Kr. Meißen) 1583, Taubenheim (Kr. Meißen) 1592, Euba (Kr. Karl-Marx-Stadt) 1596, Weißbach (Kr. Zschopau) vom Anfang des 17. Jahrhunderts. Alt- und neutestamentliche Szenen am Beckenrand, die sich auf die Taufe beziehen, finden sich z. B. an den Taufsteinen in Technitz 1563, Niederstriegis 1588, Neschwitz (Kr. Bautzen) 1600, Roda (Kr. Geithain) 1608. Der Schmuck anderer Taufsteine beschränkt sich auf Tafeln mit biblischen Texten, die sich auf die Taufe beziehen. Dabei unterstreicht die sorgfältige künstlerische Ausführung, welche »edle Gabe« das »Wasserbad im Wort« (Eph. 5, 26) darstellt, wie etwa in Zabeltitz (Kr. Großenhain) um 1580 und Borna (Kr. Oschatz) um 1610. So aussagekräftige Taufsteine erinnern nachdrücklich an die Bedeutung dieses Sakraments.

Neben Abendmahl und Taufe wurde aus vorreformatorischer Zeit die Einzelbeichte übernommen und blieb mindestens bis ins 18. Jahrhundert in Übung. Die Reformatoren sahen ihren Wert im persönlichen Zuspruch der Sündenvergebung. In deutlicher Anlehnung an den Cranach-Altar in der Stadtkirche zu Wittenberg schuf 1592 Bildhauer Samuel Lorenz aus Freiberg einen Epitaphaltar für Heinrich von Beust in Planitz (Ortsteil von Zwickau). Hier sind dem Abendmahl Jesu im Hauptfeld die Taufe eines Kindes des Stifters im linken und seine Beichte im rechten Bilde zugeordnet. Es spricht für die Fortdauer dieser lutherischen Praxis, daß Taufe, Beichte und Abendmahl auch in den Emporenmalereien der Dorfkirche zu Gnandstein aus dem 18. Jahrhundert dargestellt sind.

Das Persönlichkeitsbewußtsein der Renaissance hat auch in und an den Dorfkirchen zur Aufstellung einer schwer zu übersehenden Zahl kostbarer Grabsteine und Epitaphe geführt, von denen noch viele erhalten sind.

Unter Hinweis auf nur einige der wichtigsten Denkmäler soll ihre Vielgestaltigkeit bewußt gemacht werden. Das Grabmal des Simon Juda von Schleinitz (gest. 1559) in der Kirche zu Hof (Kr. Oschatz) zeigt im Sinne des lutherischen Rechtfertigungsglaubens, wie sich der Verstorbene dem Gekreuzigten zuwendet, auf den Johannes der Täufer hinweist. Dieser erscheint in gleichbedeutender Pose auch auf dem Hängeepitaph für Esther von Schleinitz (gest. 1584) in Cavertitz (Kr. Oschatz). Johannes ist hier gleichsam zu der knienden Frau getreten und zeigt auf den Altar, dessen Mittelfeld die Kreuzigung darstellt. Das Sandsteinepitaph für Nickel Pflugk (gest. 1580) und seine Gemahlin in Zabeltitz (Kr. Großenhain), einem Altaraufsatz ähnlich, wird seit dem vorigen Jahrhundert als Altar in Anspruch genommen. Eines der kunstvollsten und historisch bemerkenswertesten Grabmäler wurde in Reinersdorf (Kr. Großenhain) für den kurfürstlichen Rat Georg von Kommerstedt (gest. 1559) errichtet. Auf hohem Säulenaufbau mit Inschrifttafeln ruht der Adlige, den Kopf auf Bücher gestützt, in betender Haltung. Hinter ihm erhebt sich ein altarähnlicher Aufsatz. Die Gleichnisse vom Pharisäer und Zöllner und vom verlorenen Sohn, die Bekehrung des Paulus in einem unteren Fries, die Kreuzigung im Hauptfeld und die Grablegung im Giebelfeld bedeuten Sündenvergebung und Errettung vom ewigen Tod durch Christus.

Eine besondere Rolle spielten durch die Jahrhunderte die Bilder von Luther und Melanchthon, denen man sich zu bleibendem Dank verpflichtet fühlte. Die Dorfkirche in Püchau (Kr. Wurzen) besitzt noch je ein aus der Cranach-Werkstatt hervorgegangenes Bildnis von Luther und Melanchthon aus den Jahren 1581 und 1585. Den Altarraum von Constappel (Ortsteil von Gauernitz, Kr. Meißen) schmücken die ganzfigurigen Bildnisse der Reformatoren, wahrscheinlich Kopien des 17. Jahrhunderts nach Cranach d. J. Zum kostbaren Besitz der Gemeinde Hohenthekla in Leipzig gehört ein in Leder gepreßtes Bild des Reformators aus der Mitte des 17. Jahrhunderts. Ein Einzelfall für Sachsen blieb offensichtlich Hans von Einsiedels Entscheidung, die Kirche in Prießnitz (Kr. Geithain) zu Beginn des 17. Jahrhunderts nicht nur mit den Bildnissen der Reformatoren, sondern auch mit denen anderer lutherischer Theologen auszustatten.

Dorfkirchen im Zeitalter des Barocks (1660–1790)

Im Barock, einer Blütezeit des sächsischen Kirchenbaus, wurden viele im Dreißigjährigen Kriege ganz oder teilweise zerstörte Kirchen wieder aufgebaut, einige auch neu gegründet. Sie übertrafen die früheren oft an Größe, und wo die alten Umfassungsmauern erhalten geblieben waren, wurde ein sorgsamer Innenausbau meist mit Emporen vorgenommen, um eine Höchstzahl an Sitzplätzen unterbringen zu können. Bei diesem baulichen und bildkünstlerischen Vorhaben setzte sich auch der Barock als neuer Stil durch. Kirchenarchitektur und bildende Kunst fanden in ihm wieder zu einem einheitlichen künstlerischen Ausdruck. Für das Landschaftsbild werden die oft neu gestalteten Türme und Turmabschlüsse beherrschend. Hervorgegangen aus der in der Renaissance eingeführten welschen Haube, sind verschiedene Ausprägungen eines geschwungenen Turmdaches in Gebrauch. Die Regel ist die glockenförmige Haube mit Laterne, die ihrerseits von einer kleinen, oft zwiebelförmigen Kuppel mit Wetterfahne bekrönt wird. Besonders reich ausgebildet wurde diese Turmform bei den großen Kirchen der Oberlausitz mit jeweils mehreren übereinander angeordneten, sich nach oben verjüngenden Laternenhauben, wie wir sie heute noch in Dittersbach (Kr. Görlitz) und Kemnitz (Kr. Löbau), in Hainewalde 1705/11 und Niederoderwitz (Kr. Zittau) 1726 finden. Die Notwendigkeit zum Bau neuer und größerer Kirchen ergab sich aus dem Anwachsen der Landbevölkerung nach dem Dreißigjährigen Kriege, z. T. durch den Zuzug von Exulanten aus Böhmen. Die frühe Industrialisierung des Erzgebirges und der südlichen Oberlausitz hatte zur Folge, daß auch nichtbäuerliche Bevölkerungsteile in großer Zahl auf dem Lande arbeiten und wohnen konnten. Die Weberei als Heimindustrie entfaltete sich in der Südlausitz rasch und bewirkte das starke Wachstum etwa von Neugersdorf und Ebersbach. Das aber erforderte Kirchen mit großem Fassungsvermögen (z. B. Neugersdorf 1500, Ebersbach 2000, Cunewalde 3000 Plätze).

Das damals auf dem Boden orthodoxer lutherischer Kirchlichkeit stehende Sachsen hat viele Mittel an die bildnerische Ausschmückung der Dorfkirchen gewandt. Später erfolgte unter pietistischem und aufklärerischem Einfluß eine Vereinfachung unter Konzentration auf die räumlichen Schwerpunkte Kanzel, Altar, Taufstein und Orgel. Wird in der zweiten Hälfte des 17. Jahrhunderts die malerische Vielfalt des Kirchenraumes noch gesteigert, so zeigt sich das Neuartige des 18. Jahrhunderts in Klarheit der räumlichen Gliederung, Sorgfalt der handwerklichen Durchführung, Verzicht auf Reichtum an Bild und Dekoration. Der überkommene Bilderschmuck wurde freilich nicht überall radikal verdrängt; vor allem in der Lausitz wurde

er noch in der zweiten Hälfte des 18. Jahrhunderts geschätzt, wie die Emporenbilder in Großschönau von 1775 und in anderen Dörfern bis heute erkennen lassen.

Die Zahl der seit 1660 in Sachsen malerisch und farbenfroh reich ausgestatteten Kirchenräume ist erheblich. Zu Altar, Kanzel und Taufstein tritt jetzt überall die Orgel als Ausstattungsstück hinzu. Emporenbrüstungen boten reichlich Gelegenheit, die biblische Geschichte im Bilde nachzuerzählen. Bis in die erste Hälfte des 18. Jahrhunderts entstanden mit biblischen Figuren und Szenen bemalte Felderdecken, sie wurden für die Dorfkirche charakteristisch. Räume, in denen Decken- und Emporenmalereien mit der übrigen Ausstattung harmonisch zusammenklingen, sind u. a. Dittersbach (Kr. Brand-Erbisdorf), Höfgen (Kr. Grimma), Jahna-Pulsitz (Kr. Döbeln) von Johann Simon Lucas, Langenreinsdorf und Oberalbertsdorf (Ortsteil von Niederalbertsdorf), beide Kr. Werdau, Leubnitz (Ortsteil von Dresden) von Gottfried Lukas, Reinhardtsdorf (Kr. Pirna), Schellerhau (Kr. Dippoldiswalde). Theologisch besonders aussagekräftig sind die Felderdecken in Grumbach (Kr. Freital), 1674 von Gottfried Unger, und Weißenborn (Kr. Freiberg). In Weißenborn zeigt das zentrale Bildfeld in einer Allegorie den Glauben an die Erlösung durch den dreieinigen Gott, in Grumbach erzählen 96 Felder die Geschichte des Alten und Neuen Testaments mit kommentierenden Reimsprüchen, wie sie auch sonst neben dem Bibelzitat in der lutherischen Ikonographie beliebt waren.

Die Felderdecke, gleich der Emporenbemalung schon vor der Reformation aufgekommen, wird im 18. Jahrhundert durch eine großzügigere Gestaltung verdrängt. Wir kennen die durchgehend bemalte Holzdecke. Hervorragende Beispiele hierfür sind das Tonnengewölbe in Ebersbach (Kr. Löbau) mit einem von zahlreichen Engeln bevölkerten Himmel und die Flachdecke in Oberseifersdorf (Kr. Zittau) von 1754. Hier ergibt die Darstellung des Pfingstwunders zusammen mit der übrigen Ausstattung ein farbenfrohes Bild des Glaubens der im Heiligen Geist versammelten Gemeinde. Zentraler Blickpunkt bleibt dabei der Altar von 1751 mit seinem kraftvollen Säulenaufbau und einem Relief der Himmelfahrt.

Durchgesetzt hat sich im 18. Jahrhundert weitgehend die Putzdecke, durch Hohlkehle mit Stuckleisten gerahmt, meist flach, gelegentlich mit Ornamenten und Symbolen verziert wie in Steinbach (Kr. Borna) 1717/1722 und in Wechselburg (Kr. Rochlitz) 1730/37. In Niederlungwitz (Kr. Glauchau) erhielt die Putzdecke von 1732 zwei Medaillons mit den Gemälden der Dreieinigkeit und des Jüngsten Gerichts. Einige der zuletzt angeführten Beispiele, wie z. B. Oberseifersdorf, zeigen, daß auch im 18. Jahrhundert trotz Wandlung der künstlerischen Ausdrucksformen im Sinne des Hochbarocks im einzelnen die Tradition der reich ausgestatteten Dorfkirche fortgesetzt wurde. Das hervorragendste Beispiel der Oberlausitz ist die große Kirche in Ebersbach (Kr. Löbau). Doch auch bei der bescheideneren Dorfkirche in Oybin entstand ein reizvoller, durchgehend mit Bildern und Ornamenten geschmückter Kirchenraum mit Kanzelaltar.

An dieser Stelle muß etwas zur Geschichte des Kirchenbaus, der Bedeutung der Kirchentypen, über Tradition und Reform unter Berücksichtigung der liturgischen Erfordernisse gesagt werden. Den Normalfall bildete wie schon in der vorangegangenen Zeit der Rechtecksaal, der oft dreiseitig geschlossen war. Diese Grundform hatte sich bewährt und konnte je nach Bedarf in verschiedenen Größen ausgeführt werden. Wo diesem Bau nicht ein Turm vorangestellt wird, schmückt das Dach wenigstens ein Dachreiter. Den Innenraum umziehen Emporen. An der dem Haupteingang gegenüberliegenden Seite steht der Altar, seitlich davon die Kanzel. Beginnend im späten 17. Jahrhundert, wird es nach 1700 fast zur Regel, diese mit jenem zum Kanzelaltar zu vereinigen, der auf keinen Kirchentyp beschränkt blieb. Die an feste Sitzplätze gebundene Gemeinde hatte nunmehr eine einheitliche Blickrichtung. Das entsprach einem Gottesdienst, in dem Predigt, Abendmahl und Gebet gleiches Gewicht hatten. Für den evangelischen Kirchenbau war diese aus dem liturgischen Leben erwachsene Neuerung von großem Einfluß; sie hat sich vor allem in der kleinen Dorfkirche besonders bewährt. Der wohl früheste Kanzelaltar steht in Rodersdorf (Kr. Plauen) 1662. Audigast (Kr. Borna) 1682/84 und Kieritzsch (Kr. Borna) 1699 zeigen sehr unterschiedliche Lösungen aus der Frühzeit dieses Altartypes. Lohsa 1666 und Bluno 1673, beide Kr. Hoyerswerda, besitzen die frühesten Kanzelaltäre der Oberlausitz. Bluno soll hier auch als die einzige erhaltene Fachwerkkirche dieser Landschaft erwähnt werden. Bemerkenswerte Beispiele barocker Saalkirchen mit künstlerisch ausgezeichnetem Kanzelaltar sind z. B. einige Kirchen der Leipziger Umgebung, für die teilweise David Schatz als Architekt nachgewiesen ist: Großdeuben 1716, Markkleeberg-West 1718, Störmthal 1722, Calbitz 1724. Charakteristische Emporenräume mit Kanzelaltären aus dem späten 18. Jahrhundert sind, im Kreis Flöha gelegen, Schellenberg, 1777 von Johann Christoph Uhlmann, Gahlenz, 1765 ff. von Johann Gottlieb Ohndorff und Joh. Christoph Uhlmann, und Leubsdorf 1790.

Eine Sonderform des längsgerichteten, polygonal geschlossenen Einheitsraumes stellen die gewölbten Wandpfeilerkirchen dar, die, ausgehend von Bertsdorf (Kr. Zittau), 1672/76 durch Andreas Klengel aus Dresden, in Hainewalde 1705/11, Spitzcunnersdorf 1712/16, Niederoderwitz 1719/26 und Eibau 1703/07 erbaut wurden. Die zwischen den Wandpfeilern angeordneten Emporen umziehen den Raum, der zusammen mit barocken Ausstattungsstücken einen geschlossenen und würdevollen Eindruck erweckt.

Bei übernommenen mittelalterlichen Bauten behielt der Chor seine Funktion als Ort des Altars. Neubauten mit der Trennung von Schiff und Chor sind seit der zweiten Hälfte des 17. Jahrhunderts selten. Zu ihnen gehören der gotisierende Gewölbebau in Dittmannsdorf (Kr. Borna), architektonisch eng verwandt dem Emporenraum im nahen Kitzscher, die äußerlich anspruchsvoll gegliederte Kirche in Hof (Kr. Oschatz) 1692/97 und die prächtig ausgestattete Kirche in Belgershain (Kr. Grimma) 1682/86. Schließlich ist hier noch anzufügen, daß im Gebiet von Kloster Marienstern zwei neue katholische Kirchen als Hallenkirchen mit Chor entstanden: Crostwitz 1772 und die Wallfahrtskirche Rosenthal 1778.

Das Gesamtbild der sächsischen Dorfkirche wird wesentlich bereichert durch einige Zentralbauten unterschiedlichen Typs. Der Zentralbau, ein Charakteristikum der Barockarchitektur, fand im lutherischen Sachsen zuerst bei einigen Dorfgemeinden des Erzgebirges besonderen Anklang. Es sind durchweg gerichtete Zentralbauten mit dem ideellen Schwerpunkt im Altar, der von Anfang an meist ein Kanzelaltar ist. Mehrfach tritt bei kleinen Kirchen der Typus des gestreckten Achtecks mit Dachreiter auf. Ausgangspunkt ist die 1681 erbaute Kirche »Zur Ehre Gottes« in Bernsbach (Kr. Aue). Auf Bernsbach folgten 1684/88 Carlsfeld (Kr. Aue), 1711 Crandorf (Ortsteil von Erla) und 1724 Grünstädtel, beide Kr. Schwarzenberg, sowie Rübenau (Kr. Marienberg) Anfang 18. Jahrhundert. Auch die 1945 zur Ruine gewordene Kirche in Loschwitz (Dresden-Stadt) gehört zum gleichen Typ; sie ist zugleich der erste Zentralbau, dessen Autoren der Dresdner Ratszimmermeister George Bähr und der Ratsmaurermeister Johann Gottfried Fehre sind.

Dresden entfaltete damals den Glanz einer barocken Residenzstadt von europäischem Rang. Ihre Ausstrahlung auf künstlerischem Gebiet ist auch auf dem Lande überall spürbar, die Namen der Dresdner Architekten und bildenden Künstler und ihre Werke sind teilweise genau nachgewiesen. Vor allem George Bähr und seine Schüler haben zu ihrem Teil den damaligen Reformbestrebungen im evangelischen Kirchenbau in einer eigenständigen, dem Zweck angemessenen und ihn maßvoll überhöhenden Kirchenarchitektur entsprochen. Die kleinen Zentralbauten bringen das besonders klar zum Ausdruck. Neben den bereits erwähnten Kirchen wird Bähr vor allem durch den Kuppelbau in Carlsfeld von 1684/88 angeregt worden sein, der für Sachsen durchaus neu war. Die gewonnenen Anregungen weiter verarbeitend, hat Bähr bei seinen Kirchen in Schmiedeberg (Kr. Dippoldiswalde) 1716 und Forchheim (Kr. Marienberg) 1719/26 die aus symbolischen Gründen gewählte Kreuzform mit flacher Apsis zum äußeren Rahmen für ein sich zum Altar öffnendes Emporenoktogon gemacht.

Die Konzentration der Gemeinde auf den Mittelpunkt gottesdienstlicher Handlung verfolgen auch die reinen Achteckbauten in Klingenthal im Vogtland 1737 und Seiffen (Kr. Marienberg) 1779 (Abb. S. 30) sowie in Nieska (Kr. Riesa) 1751. Ein Sonderfall ist die über vierpaßförmigem Grundriß erbaute Kirche in Schweta (Kr. Oschatz) von 1751/53. Für Kirchen mit mehreren Emporen eignete sich aus akustischen Gründen das quergerichtete, gestreckte Achteck. Zuerst in Pretzschendorf (Kr. Dippoldiswalde) 1731/33 von Johann Christian Simon angewandt, fand es eindrucksvolle Nachfolger in der lichtdurchfluteten Kirche in Lohmen (Kr. Sebnitz) 1786/89 von Johann Daniel Kayser und in Uhyst am Taucher 1801. Eine originelle Verschmelzung der dem Längs- und Zentralbau zugrunde liegenden Ideen mit den Mitteln der Dresdner Schule George Bährs gelang Andreas Hünigen bei der Kirche in Kittlitz (Kr. Löbau) 1749/69. Hünigen hat hier wie auch schon 1742/45 in der Stadtkirche zu Pulsnitz und 1749 in der Dorfkirche zu Röhrsdorf (Kr. Pirna) den von George Bähr herrührenden Gedanken einer Gliederung des Emporenraumes durch schlanke Pfeilerarkaden eigenständig verarbeitet. Eine überzeugende katholische Variante des Zentralbauthemas stellt die auf dem Grundriß eines gestreckten Ovals errichtete Kirche in Nebelschütz (Kr. Kamenz) 1740/43 dar.

Der Teil der Kirchenausstattung, welchem auch in der Barockzeit die größte Aufmerksamkeit galt, war der Altar. Die in der ersten Hälfte des 17. Jahrhunderts noch gebräuchliche Form des Flügelaltars wird aufgegeben, klingt jedoch in der Dreigliedrigkeit mancher Altaraufsätze nach. Anknüpfend an das als Säulenarchitektur aufgefaßte Renaissanceretabel entwickelt der Barock den Altaraufsatz weiter zu einer monumentalen Altarrückwand. Sie wird aus zwei, gelegentlich auch mehr Säulen gebildet, die das Altarbild rahmen und ein Gebälk mit Glorie tragen. Als Material diente meist farbig gefaßtes Holz, seltener Stein. Schöne, architektonisch gegliederte, meist zweigeschossige Altaraufsätze aus dem späten 17. Jahrhundert besitzen z. B. die Kirchen in Cämmerswalde (Kr. Brand-Erbisdorf), Schellerhau (Kr. Dippoldiswalde), Reinhardtsdorf (Kr. Pirna) 1684. Monumental aufgefaßte Altarrückwände aus dem 18. Jahrhundert befinden sich u. a. in Somsdorf (Kr. Freital), 1724 von Benjamin Thomae, Großerkmannsdorf (Kr. Dresden) 1706 und Niederoderwitz (Kr. Zittau) 1726. Den architektonischen Aufbau ergänzt oft das Ornament. In Knorpelwerk oder Akanthus ausgebildet, bestimmt es den Umriß des Altars und gibt ihm ein reicheres, lebendiges Aussehen. Gelegentlich wird der architektonische Aufbau durch das Ornament geradezu verdrängt. Prachtvolle Akanthuswangen zeigt der Altar in Großzschocher (Leipzig-Stadt) 1696. In Lichtenhain (Kr. Sebnitz) hat Johann Conrad Edelwehr (Zittau) 1699 das Relief mit Isaaks Opferung in einen reich geschnitzten Akanthusrahmen eingefaßt. Einen zum Ornamentalen neigenden Umriß

hat der figurenreiche Altar in Spitzkunnersdorf (Kr. Zittau), den 1744 Franz Bühner aus Gabel in Nordböhmen schnitzte. Im späten 17. Jahrhundert werden mitunter geschnitzte Palmbäume statt Säulen gewählt, besonders prachtvoll verwirklicht in Belgershain (Kr. Grimma) 1682/86. Ausschlaggebend hierfür war die vielfältige symbolische Bedeutung, die dem Palmbaum damals zukam; sie lag in ihrer Beziehung zum Palmendekor des Salomonischen Tempels, sie war aber auch eine Anspielung auf die lutherische Rechtfertigungslehre im Sinne von Psalm 92,13.

Betrachtet man die Thematik der Barockaltäre, so wird gegenüber der davorliegenden Zeit Kontinuität und Wandlung festzustellen sein. Das Ziel ist immer, das Wirken des Dreifaltigen Gottes und seine Mitte im Heilswerk Christi darzustellen und dabei, dem besonderen Zwecke des Altars entsprechend, auf das Abendmahl und die Anbetung Bezug zu nehmen. Meist schließen die Altäre mit einer Dreifaltigkeitsglorie. Neben der Darstellung des Abendmahls im Hauptfeld (Großzschocher, Leipzig-Stadt, 1696; Niederoderwitz 1726) findet sich immer wieder die Kreuzigung. Eine neue Lösung stellen Altaraufbauten dar, bei denen Säulen eine Nische mit dem Kruzifix umschließen, so in Dölzig (Kr. Leipzig) 1706, Hainewalde (Kr. Zittau) 1711, Großröhrsdorf (Kr. Bischofswerda), 1745 in Leipzig gefertigt. Üblicherweise werden Mose und Johannes der Täufer, die Apostelfürsten Petrus und Paulus sowie christliche Tugendallegorien als Assistenzfiguren hinzugefügt. Es fällt auf, daß andere Themen für das Altarbild an Bedeutung gewinnen. Das hängt wohl mit der Vereinfachung des Bildsystems zusammen, das am Altar eine größere Auswahl von Darstellungen nicht mehr erlaubte, läßt aber auch auf Wandlungen in der Frömmigkeit schließen. Alttestamentliche Darstellungen sind auf die aktuelle Erfüllung im Gottesdienst angelegt (Isaaks Opferung in Lichtenhain, Kr. Sebnitz; die Sintflut in Arnsdorf, Kr. Dresden). Auferstehungs- und Himmelfahrtsbilder (Oberseifersdorf, Kr. Zittau, 1851; Wiederitzsch, Kr. Leipzig) zeugen für die Gegenwart Christi, der den Tod überwunden hat. Darstellungen des Schmerzensmanns (Zschirla, Ortsteil von Hausdorf, Kr. Rochlitz; Kiebitz, Kr. Döbeln; Knatewitz, Ortsteil von Meltewitz, Kr. Wurzen) und der Kreuzabnahme bzw. Grablegung (Belgershain) fordern zum persönlichen Bedenken des Leidens Christi auf. Häufiger sind auch Ölbergszenen (Ebersbach, Kr. Löbau, 1774; Medingen, Kr. Dresden, Mitte 18. Jahrhundert; Mittelherwigsdorf, Kr. Zittau, 1694). Jesus hat die Gemeinde beten gelehrt und geht ihr auch als Mittler zu Gott an dieser Stätte des Gebets voran.

In den katholischen Dorfkirchen haben sich nur wenige Barockaltäre erhalten. Gleichzeitig mit der 1772 vollendeten Kirche in Ostro (Kr. Kamenz) entstand der viersäulige Hochaltar mit dem Gemälde des heiligen Bischofs Benno von Meißen, dem zwei ornamental aufgefaßte Nebenaltäre zugeordnet wurden. Der bewegte, lebendig wirkende Hochaltar in Nebelschütz (Kr. Kamenz) von 1744 ist der festliche Rahmen für das auf dem großen Altarblatt dargestellte Geschehen von Mariä Himmelfahrt.

Was von den Altären gesagt wurde, gilt auch weitgehend von den Kanzelaltären, die seit Beginn des 18. Jahrhunderts mehr und mehr Verbreitung finden. Bald erwies sich der architektonische Säulenaufbau, der die Kanzel rahmte, als am geeignetsten; er verdrängte in Sachsen die anderen Formen. Oft wurden auch vorhandene Altäre und Kanzeln zusammengefügt. Die innere Einheit von Wort und Sakrament als ein Kernstück lutherischer Theologie und Frömmigkeit ermöglichte diese Kombination und förderte eindrucksvolle künstlerische Lösungen.

Aus dem reichen Bestand barocker Kanzelaltäre können nur einige wenige genannt werden: In Crandorf (Ortsteil von Erla, Kr. Schwarzenberg) 1711 ist die Kanzel hinter dem Kreuzigungsbild des Altaraufbaus verborgen. In Herwigsdorf (Kr. Löbau) umschließt den Kanzelaufbau Rankenwerk aus Akanthus. Der zweigeschossige Kanzelaltar in Stötteritz (Leipzig-Stadt) 1702/03 folgt einer Vorlage des Leipziger Ratstischlermeisters Johann Christian Senckeisen und schließt einen spätgotischen Flügelaltar ein (Abb. S. 30). Der Rokokokanzelaltar in Neukirch/Lausitz ist nach einer Vorlage des Augsburger Ornamentstechers G. P. Schillinger entstanden. Bobenneukirchen 1704, Kemnitz und Triebel 1731, alle drei im Vogtland, sind mit Figuren und Ornamenten geschmückte Säulenaufbauten des Hofer Holzbildhauers Johann Nikolaus Knoll und seiner Werkstatt. Das hohe Niveau alten Dresdner Kunstschaffens repräsentieren die vornehmen architektonischen Aufbauten in Kaditz (Dresden-Stadt), 1756 von Gottfried Knöffler, und Röhrsdorf (Kr. Meißen), 1737 wohl von Benjamin Thomae. Andrea Salvatore Aglio verwendete für den Kanzelaltar in Borna (Kr. Pirna) am Orte selbst gebrochenen farbigen Marmor. Durch eine prunkvolle, durchgehend farbig marmorierte Säulenarchitektur zeichnet sich der figurengeschmückte Kanzelaltar in Deutsch-Ossig (Kr. Görlitz) von 1716 aus. Mit diesem Werk hat Caspar Gottlob von Rodewitz den schönsten Kanzelaltar der Oberlausitz geschaffen.

Für die Ausgestaltung der Taufstätte verwendete man als Material neben Holz vorwiegend Sandstein (Hauswalde, Ortsteil von Bretnig, Kr. Bischofswerda, 1714 von Johann Christian Kirchner; Schmiedeberg, Kr. Dippoldiswalde, 1716 von Benjamin Thomae), gelegentlich Rochlitzer Porphyrtuff (Zschirla, Ortsteil von Hausdorf, Kr. Rochlitz, 1662), einheimischen Marmor (Vielau, Kr. Zwickau, 1755; Schönheide, Kr. Aue, 1775), Stuckmarmor (Markkleeberg, Martin-Luther-Kirche, 1718) und Eisen (Auerswalde, Kr. Karl-Marx-

Stadt, Ende 18. Jahrhundert). Die Formgebung ist frei, knüpft weithin an die alte Kelchform an, wählt aber auch die modische Vasenform (Störmthal 1722) oder entscheidet sich gelegentlich für einen Tauftisch. Eine reizvolle Rokokoarbeit ist der Tauftisch in Kittlitz (Kr. Löbau). Symbolisch bedingt ist die Dreieckform des von Cheruben getragenen Taufbeckens in Ebersbach (Kr. Löbau) 1725 als Hinweis darauf, daß die Taufe ein Werk des dreieinigen Gottes ist.

In der Zeit um 1700 kamen für etwa ein halbes Jahrhundert die die Taufsteine verdrängenden Taufengel auf. Für die Einführung dieser originellen, später aber wieder verworfenen Neuerung mögen eine volkstümliche Veranschaulichung der Taufe als himmlische Gabe, Freude an der Darstellung von Engeln und Platzmangel ausschlaggebend gewesen sein. Rund 15 solcher schwebender Engel sind erhalten geblieben. Zwei weitere sind als stehende Schalenträger gebildet (Gesau, Ortsteil von Glauchau, 1756). Wie ein Abgesandter vom Kanzelaltar erscheint der von Caspar Gottlob von Rodewitz 1716 geschaffene Taufengel in Deutsch-Ossig. Von der göttlichen Kraft, die in der Taufe wirkt, spricht der von Benjamin Thomae meisterhaft geschnitzte Taufengel in der Kirche zu Röhrsdorf (Kr. Meißen) 1738 (Abb. S. 31).

Zur Einrichtung einer Barockkirche gehörte auch der Beichtstuhl, der durchaus verschieden gestaltet sein konnte. Erst seit der zweiten Hälfte des 18. Jahrhunderts kam die Privatbeichte weithin außer Gebrauch; dennoch sind in sächsischen Dorfkirchen eine ganze Reihe von Beichtstühlen erhalten geblieben. Der Beichtstuhl von Knatewitz (Ortsteil von Meltewitz, Kr. Wurzen) von 1690 ist mit den Bildnissen Luthers und Melanchthons geschmückt. Ein prächtiger thronartiger Beichtstuhl gehört zur Originalausstattung in Hainewalde.

In der Barockzeit wurde Sachsen zu einer Orgellandschaft. Jede Dorfkirche erhielt seitdem ihre Orgel; nur wenige Orgeln in unseren Dörfern sind vor 1660 zu datieren. Jede Orgel war in erster Linie Begleitinstrument für den Gemeindegesang. Doch zu besonderen Festlichkeiten, wie Kircheneinweihungen, kamen auch Musiker aus der Stadt, um Figuralmusiken aufzuführen.

Wenn die sächsischen Orgelprospekte in ihrem Schmuck auch meist maßvoll sind, so bildeten sie oft doch ein ästhetisch ansprechendes Gegenstück zum Altar; denn gewöhnlich stand die Orgel auf der dem Altar gegenüberliegenden Empore. Vorzugsweise bei Zentralanlagen wie Carlsfeld, Schmiedeberg, Forchheim, Pretzschendorf wurde sie über dem Kanzelaltar angeordnet und bildete mit ihm zusammen eine wirkungsvolle künstlerische Einheit. Dem Altar gegenüber lagen meist auch die verglasten herrschaftlichen Betstuben, die den barocken Emporenkirchen einen besonderen Akzent verliehen.

Schon in ihrer Entstehungszeit genossen die Orgeln

Gottfried Silbermanns, geb. in Kleinbobritzsch, seit 1710 in Freiberg ansässig, einen besonderen Ruf. Von ihm haben sich bis heute in sächsischen Dorfkirchen etwa 20 Orgelwerke ganz oder teilweise erhalten; so u. a. in Pfaffroda 1715 und Forchheim 1724/26, beide Kr. Marienberg, Dittersbach (Kr. Sebnitz) 1726, Großhartmannsdorf 1738/41, Nassau 1745/48, Helbigsdorf (Kr. Brand-Erbisdorf) 1726/28, Reinhardtsgrimma 1729/30, Crostau 1732. Von den namentlich überlieferten anderen Orgelbaumeistern seien erwähnt: Johann Tobias und Christian Dressel (Schmiedeberg 1716), Johann Gottlieb Trampeli und Christian Wilhelm Trampeli (Waldkirchen, Kr. Reichenbach, 1777), Johann Ernst Hähnel (Steinbach, Kr. Borna, 1724), Adam Gottfried Oehme (Tuttendorf, Ortsteil von Conradsdorf, Kr. Freiberg, 1782). Die Vielzahl der Schöpfer, die in Sachsen am Werke waren, bewirkt auch eine große Vielfalt in der Prospektgestaltung. Rankenschnitzereien, Vasen, Kindengel und als Bekrönung die Taube des Heiligen Geistes schmücken den kleinen dreiteiligen Prospekt in Hainewalde 1711. Vier große Voluten rahmen den dreieckig gebildeten Prospekt in Burkhardswalde (Kr. Pirna) 1764. Ein reich polychromiertes Prachtwerk des Rokokos stellt der Prospekt in Waltersdorf (Kr. Zittau) von 1765/66 dar.

Ebenfalls der Barockzeit entstammt ein großer Teil der Grabsteine und Epitaphe, die an und in den Dorfkirchen erhalten geblieben sind. Pastoren, ferner Adlige und wohlhabende Gemeindeglieder setzten diesen Brauch mit den neuen künstlerischen Mitteln und zum Teil neuen bildinhaltlichen Akzenten fort. Nicht mehr üblich war der Epitaphaltar alter Prägung. Wo das Gedächtnis an den Stifter und seine Angehörigen zum Ausdruck kommen sollte, geschah das, ohne die biblische Thematik irgendwie zu beeinträchtigen. In Belgershain z. B. wählte man acht Brustbildnisse der Familie von Ponickau, um sie am unteren Rande des Altarbildes anzuordnen. Der Altar in Dölzig (Kr. Leipzig) von 1706 trägt nur die Stiftungsinschrift. Manche Grabmonumente dienen in ihren übersteigerten Formen oft mehr weltlicher Repräsentation; der geistliche Gehalt ist weniger einhellig als bei Werken vor dem Dreißigjährigen Krieg. Ein Beispiel hierfür ist das Grabmal des 1738 verstorbenen Alexander von Miltitz in Naustadt (Ortsteil von Scharfenberg, Kr. Meißen), ein Meisterwerk von Johann Joachim Kändler. Als Grabmal des späten 18. Jahrhunderts verdient das des H. G. von Lindenau in der Kirche zu Machern (Kr. Wurzen) Beachtung, da es das 1770 entstandene ganzfigurige Bildnis des Verstorbenen von Anton Graff einschließt. Hin und wieder wurden für den Kirchenpatron oder begüterte Gemeindeglieder Gruftkapellen errichtet. Ein hervorragendes Zeugnis hierfür ist die Kanitz-Kyausche-Gruft in Hainewalde von 1715, an der ein Skulpturenzyklus den irdischen Leiden die himmlischen Freuden eindrucksvoll gegenüberstellt.

Dorfkirchen des Klassizismus (1790–1840)

Bis um die Mitte des 19. Jahrhunderts ist die sächsische Dorfkirche durch eine fast ungebrochene Fortführung des barocken Raumprogramms gekennzeichnet. Klassizistisch ist an den Bauten dieser Zeitspanne eine etwas strengere Handhabung der antiken Formen und eine Zurückhaltung in Farbgebung und Dekor, was gelegentlich trocken und nüchtern wirkt. Typisch hingegen bleibt die einheitlich angelegte Emporenkirche mit dem Kanzelaltar als Mittelpunkt des gottesdienstlichen Geschehens. Die Kirche stellt sich im Sinne dieses Raumprogramms als das Heiligtum dar, in dem sich eine volkreiche Versammlung um Gottes Wort und Sakrament schart und ihn am mit Kruzifix und Leuchtern geschmückten Altar lobt und anbetet. Das gewichtige Gegenstück zum Kanzelaltar bildet die Orgel. An diesen Grundzügen lutherischen Gottesdienstes änderten Pietismus, Aufklärung und Klassizismus als religiöse, ideologische und künstlerische Bewegungen nichts. Doch bestimmten gerade sie die lichte Atmosphäre der Kirchen dieses Zeitraums mit.

Zu den eindrücklichsten Zeugnissen des Klassizismus gehört der Altar in dorisch-römischer Ordnung, den die Barockkirche in Großschönau 1802 erhielt. Er schließt ein ausdrucksvolles Auferstehungsgemälde ein, das der Dresdner Akademieprofessor Johann Eleazar Zeissig, gen. Schenau, bereits 1786 malte und seiner Heimatkirche schenkte. Von Zittau aus setzte sich der Klassizismus durch mit den großen, etwas nüchtern wirkenden Saalkirchen von Karl Christian Eschke (Oberoderwitz 1816/18, Seifhennersdorf 1798, Sohland an der Spree 1823/24). Der Typus des quererrichteten Achtecks begegnet uns in der Nachfolge von Lohmen noch einmal in der Kirche von Uhyst am Taucher (1801). Ein längsgerichteter Emporenraum gleichen Grundrisses von stattlicher Wirkung entstand 1805 in Oßling (Kr. Kamenz). Der Emporensaal mit Betstubenwand und Kanzelaltar an der östlichen Schmalseite in Bischheim (Kr. Kamenz) 1803/04 ist ein weiteres Zeugnis für die schlichte, zum Klassizismus neigende Saalkirche der Zeit um 1800. Nachdem im Jahre 1813 die Schlachten bei Bautzen und Leipzig Zerstörung und Verwüstung über einige auf den Schlachtfeldern gelegene Dörfer und ihre Kirchen gebracht hatten, wurden sie als klassizistische Predigtkirchen wieder aufgebaut: Purschwitz (1814/16), Baruth (1815/19), Guttau bei Bautzen (1816), Holzhausen (1817), Probstheida (1818), Schönefeld bei Leipzig (1820).

Die Dorfkirche des mittel- und westsächsischen Raumes ist in der ersten Hälfte des 19. Jahrhunderts mit den Namen zweier tüchtiger Bauleute untrennbar verbunden: den Zimmermeistern Johann Traugott Lohse aus Schlettau und Christian Friedrich Uhlig aus Altenhain bei Chemnitz. Lohses Werk ist die Johanniskirche in Reichenbrand (Karl-Marx-Stadt–Stadt) 1804/10. Die Emporen sind bis an den Kanzelaltar herangeführt und hier zu verglasten Betstuben ausgebaut. Von Lohse stammen ferner die Kirchen in Kleinolbersdorf (Kr. Karl-Marx-Stadt) von 1790 und Gornsdorf (Kr. Stollberg). Diese ist ein reizvoller Rechteckbau mit von einem Dachreiter gekröntem Walmdach und biedermeierlichem Innenausbau aus dem Jahre 1822. Dem gleichen Gestaltungsprinzip folgen auch die rechteckigen Emporenräume Uhligs, bei denen stets der von einem Dreiecksgiebel bekrönte Säulenaufbau mit der Kanzel, ein wenig abgerückt vom Altartisch, vor die bis zur Decke verglaste Betstubenwand tritt und mit der gegenüberliegenden Orgel korrespondiert. Vom meisterlichen Können Christian Friedrich Uhligs und seiner Söhne zeugen die Dorfkirchen in Einsiedel (1822/27), Drebach (1823/25), Seifersbach (1826/28), Großwaltersdorf (1829/31), Mildenau (1839), Zettlitz (1848), Niederstriegis (1849/50), Thalheim (1849/50), Wüstenbrand (1850/51), Technitz (1850/51).

Neben diese Werke einer volksnahen, qualitätvollen Zimmermannskunst treten einzelne Bauten professioneller Architekten. Sie folgen in der liturgischen Konzeption der üblichen Innendisposition, in der Wahl der Architekturformen möchten sie höheren künstlerischen Ansprüchen genügen. Das gilt vor allem für das Schönburgische Herrschaftsgebiet und ist auf das besondere künstlerische Verständnis Fürst Otto Viktors I. zurückzuführen.

Hierfür bezeichnend sind Bernsbach-Oberpfannenstiel von 1819 (Abb. S. 32), als erster neugotischer Sakralbau in Sachsen, und die zweitürmige Kirche in Franken (Kr. Glauchau), 1835/36 von Architekt Khiesel, Waldenburg, angeblich nach italienischem Vorbild entworfen. An dieser sind auch Baugedanken von Karl Friedrich Schinkel ablesbar. Auf ihn geht (1839) der Entwurf von Kirche, Pfarrhaus und Gemeindeamt in Kunnerwitz (Kr. Görlitz) zurück. Ein Werk des Leipziger Universitätsbaumeisters Albert Geutebrück ist die Lutherkirche in Waldenburg (Altstadt Waldenburg). Sie entstand 1823/24 als ein Emporenraum mit ägyptisierenden Säulen, die, vom Boden aufsteigend, den Ansatz der Hohlkehle der Decke stützen. Als eine Fortsetzung des Frühklassizismus, wie er uns im Innenausbau der Leipziger Nikolaikirche entgegentritt, erscheint die neue Dorfkirche in Wolkenburg an der Mulde. Der Dresdner Architekt Johann August Giesel erbaute sie 1794 bis 1804 im Auftrage von Detlef Carl Graf von Einsiedel am Rande des Schloßparks. In der gesonderten Heraushebung eines als Allerheiligstes charakterisierten Altarraums zeichnet sich bereits jenes von Romantik und erneuertem Luthertum bestimmte Raumprogramm ab, wie es seit 1861 für die sächsischen Dorfkirchen zur Vorschrift wird.

Dorfkirchen des Historismus (1840 bis zum ersten Weltkrieg)

Von der Mitte des 19. Jahrhunderts bis zum ersten Weltkrieg ist das Baugeschehen um die sächsische Dorfkirche durchaus bewegt. Groß ist die Zahl der neu- und umgebauten Dorfkirchen, während in den Städten zunächst nur gelegentlich eine neue Kirche gebaut werden muß. Bis um 1870 bleibt die Dorfkirche jedenfalls die wichtigste Aufgabe des Sakralbaus. Danach sind es die Vorstädte und die zu Vororten gewordenen stadtnahen Dörfer, die neue Kirchen für die vom Lande in die Städte hineinströmende Bevölkerung erhalten. In Kleinzschocher (Leipzig-Stadt) malte M. Roßbach 1904 eine Ansicht der neuen, von seinem Vater entworfenen Taborkirche zusammen mit der alten Dorfkirche, kurz bevor diese abgebrochen wurde (Abb. S. 31). So wird um diese Zeit der Monumentalbau zum Vorbild für die Dorfkirche, bis dann um 1900 erneut der Kleinkirche, und auch der kleinen, dem Charakter der Landschaft gemäßen Dorfkirche, wachsende Aufmerksamkeit zugemessen wird. Diese Entwicklung vollzieht sich im formenreichen und farbigen Gewande des Historismus. Er hat der Baukunst des 19. Jahrhunderts den Stempel aufgeprägt. Schon in der ersten Hälfte des Jahrhunderts wirkt er vereinzelt auf die Gestaltung der Dorfkirchen ein; seit 1840 gewinnt er schrittweise an Bedeutung und ist seit 1860 tonangebend. Der Historismus bricht im allgemeinen mit der barock-klassizistischen Bautradition und ist bemüht, evangelisch-lutherische Dorfkirchen in gotischen, romanischen, später und von neuem in Renaissance- und Barockformen zu bauen. Es gibt ansprechende Beispiele für die Verbindung des aus dem 18. Jahrhundert überlieferten Raumprogramms mit neugotischen und neuromanischen Elementen. Das Innere der schlichten Emporenkirche in Neckanitz (Kr. Meißen) z. B. wird von dem hoch aufragenden, in Sandstein gearbeiteten, von einem steilen Spitzbogen umfangenen neugotischen Kanzelaltar von 1853/54 beherrscht. Beachtliche Zentralbauten auf achteckigem Grundriß im Rundbogenstil, im Innern als Predigtkirchen mit Kanzelaltar disponiert, stehen in Lichtenberg (Kr. Bischofswerda), 1840 von Ernst Hermann Arndt aus Dresden, und Knauthain (Leipzig-Stadt), 1845/1846 von Wilhelm Ernst Zocher aus Leipzig. Als ein Werk romantischer Gotikbegeisterung muß man den Gewölbebau der Christuskirche in Rüdigsdorf (Ortsteil von Kohren-Sahlis, Kr. Geithain) ansehen, 1848/1849 von dem jungen Leipziger Architekten Oscar Mothes im Auftrage des Gutsherrn Dr. Heinrich Wilhelm Leberecht Crusius errichtet.

Neben der Entscheidung für einen der mittelalterlichen Baustile wird eine Reform des Bauprogramms, die auf strikte Trennung von Chor und Kirchenschiff, von Altar und Kanzel achtet, zur Regel für jede nach

1861 erbaute Dorfkirche. Der Antrieb dazu lag in einem erneuerten Liturgieverständnis, das den Altar als Stätte der Anbetung und des Abendmahls hervorgehoben wissen wollte. Die Katharinenkirche in Callenberg (Kr. Hohenstein-Ernstthal) von 1855/59 ist die erste sächsische Dorfkirche, die nach den Vorstellungen des damaligen Gemeindepfarrers Moritz Meurer eine solche sinnbezogene und funktionsgerechte Anordnung konsequent verwirklichte. Die theoretischen Überlegungen fanden zunächst in den Dresdner Bestimmungen von 1856 ihren Niederschlag. In der Form des Eisenacher Regulativs von 1861 wurden sie kirchenrechtlich verbindlich.

1860 trat in Dresden, zugleich mit einer Zweigstelle in Leipzig, der Verein für kirchliche Kunst im Königreich Sachsen ins Leben, um »die echt christliche Kunst nach den Grundsätzen der evangelisch-lutherischen Kirche zu fördern«. Er hat auch auf dem Lande durch fachliche Beratung und die Vermittlung finanzieller Beihilfen den historistischen Kirchenbau auf der Basis des Eisenacher Regulativs maßgeblich gefördert. Neue Maßstäbe setzte das Vereinsmitglied Christian Friedrich Arnold, Professor an der Dresdner Kunstakademie, mit den neugotischen Kirchen in Staucha (Kr. Riesa) 1861/1863 und Wantewitz (Ortsteil von Gävernitz, Kr. Großenhain) 1862/64. Die neuromanische Kirche in Eppendorf (Kr. Flöha) von 1862/64 mit den übereinander angeordneten Arkadenreihen im Kirchenschiff ist das Ergebnis eines Kompromisses zwischen den Idealen des Architekten und dem im kirchlichen Herkommen begründeten Wunsch nach Emporen seitens der Gemeinde. Obwohl der Verein und sein Architekt einen großen Einfluß ausübten, kamen auch noch andere, stärker an der örtlichen Handwerkstradition orientierte Kirchenbauten zur Ausführung, wie etwa die geräumige Saalkirche mit zwei Emporen in Polditz bei Leisnig 1866 oder in Etzdorf bei Roßwein 1865. Um das Bild der fünfziger und sechziger Jahre des 19. Jahrhunderts abzurunden, muß die Tätigkeit Ernst Wilhelm Zochers in Leipzig (Portitz, Leipzig-Stadt, 1866/67; Püchau, Kr. Wurzen, 1869) und vor allem des Zittauer Stadtbaudirektors Carl August Schramm erwähnt werden, dem hauptsächlich die Oberlausitz ansehnliche Saalkirchen mit Apsis im Geiste der Schinkel-Nachfolge verdankt, wie die Kirche in Dittelsdorf von 1850 und die katholische und evangelische Kirche in Leutersdorf von 1862 bzw. 1864/65, die Kirche in Gaußig von 1873. Von seinem Schüler, dem Maurermeister Thomas in Neusalza, stammt die Kirche in Großhennersdorf mit dem ansprechenden, ländlicher Tradition verpflichteten Innenausbau mit Emporen und Betstübchen von 1870.

Auf Carl August Schramm geht auch der Plan der Kirche in Bockwa (Zwickau-Stadt) zurück, die 1853/1856 von Architekt Tannert ausgeführt wurde. Sie ist eine Halle mit spätgotischem Gewölbe, das allerdings später durch eine aus Sicherheitsgründen darunter eingezogene Holzdecke unsichtbar wurde. Das Äußere war reich mit Fialen geschmückt. Die Bockwaer Kirche ist die erste einer Reihe neugotischer Dorfkirchen unterschiedlichen Ranges, die in der Blütezeit des Steinkohlenbergbaus in den ständig wachsenden Arbeiterdörfern nahe der Stadt Zwickau entstanden. Durch ihre Höhenlage und mit ihren Turmspitzen weithin sichtbar sind die Kirchen in Cainsdorf und Zwickau-Planitz. Cainsdorf ist ein verhältnismäßig schlichter Ziegelbau von Architekt Northoff aus Dresden von 1869, Planitz ein prachtvoller Sandsteinbau der Jahre 1873/76 von erheblichen Ausmaßen, entstanden nach Plänen von Gotthilf Ludwig Möckel (nach Arnold der führende Architekt des Vereins für kirchliche Kunst). Mit der Kirche in Reinsdorf, einem unverputzten Ziegelbau mit Werksteingliedern, 1889 bis 1891 von Oscar Mothes errichtet, wird die Reihe bemerkenswerter neugotischer Dorfkirchen im Zwickauer Kohlenrevier durch eine originelle Zentralanlage abgeschlossen. Möckel hat seit den achtziger Jahren mehrere neugotische Dorfkirchen gebaut, von denen Krippen (Kr. Pirna) 1881, Großdobritz (Kr. Meißen) 1882 und Strahwalde (Kr. Löbau) 1883/84 genannt seien.

Monumentalbauten für katholische Landgemeinden entstanden im letzten Viertel des Jahrhunderts mit der neugotischen Basilika in Storcha (1885 von Hermann Knothe-Seeck, Zittau) und der neuromanischen in Radibor (1896 von Ernst Giese, Dresden), beide Kr. Bautzen.

Mit dem Bau der Lutherkirche in Radebeul 1892, einer Landkirche, durchbrachen die jungen Dresdner Architekten Schilling und Gräbner die bisher übliche Bindung an Gotik und Romanik. Es ist ein Bau in den Formen der deutschen Renaissance, der sich vor den Weinbergen der Lößnitz erhebt und vorbildlich in die Landschaft eingefügt ist. Freie Anwendung sächsischer Bautradition, harmonische Einbindung in die dörfliche und landschaftliche Umgebung sowie eine eigengeprägte bildkünstlerische Ausschmückung zeichnen die Kirchen von Schilling und Gräbner in Stenn (Kr. Zwickau) 1895/96, Hohenfichte (Kr. Flöha) 1896 und den Zentralbau in Wiesa (Kr. Annaberg) 1903/04 aus.

Zu Beginn unseres Jahrhunderts war mit dem Um- und Neubau von Dorfkirchen mancher tüchtige sächsische Architekt befaßt. Zu nennen sind hier Paul Lange (Fuchshain, Kr. Grimma, 1905) und Julius Zeißig in Leipzig (Wilthen, Kr. Bautzen, 1901/1902), Richard Schleinitz und Fritz Reuter in Dresden. Letzterem verdankt Hainsberg (Ortsteil von Freital) einen bemerkenswerten kreuzförmigen Zentralbau mit ausdrucksvollem Eckturm, geweiht 1901. Richard Schleinitz entwarf den imposanten neubarocken Kuppelbau in Moritzburg-Eisenberg (Kr. Dresden) von 1902/04.

Zu breiter Wirksamkeit bei Restaurierungen und Neubauten gelangte Woldemar Kandler aus Klotzsche.

In der Anlage, der Wahl der Stilformen und in der Einordnung ins Dorf- und Landschaftsbild bewies Kandler großes Geschick. Bei den zentralisierenden Anlagen in Coswig (Kr. Meißen) 1901/03 und Klotzsche (Dresden-Stadt) 1905/07 dominieren Formen der deutschen Renaissance. Lichtentanne (Kr. Zwickau), eine Saalkirche mit Chor und angebautem Pfarrhaus von 1907/1908, nähert sich dem Jugendstil. Hoch gelegen und weithin sichtbar ist die neubarocke Saalkirche mit Chor in Pobershau (Kr. Marienberg) von 1904.

Die Loslösung vom Historismus setzte zu Beginn unseres Jahrhunderts ein. Man wird modern und will modern bauen. Als vorwärtsweisend werden damals die drei Erzgebirgskirchen der Dresdner Architekten William Lossow und Max Ernst Kühne in Kipsdorf (1908), Zinnwald (1908/09) und Oberbärenburg (1913) stark beachtet. Mit den Kirchen von Kandler und von Schilling und Gräbner verbindet sie ebenfalls ihre geschickte Einordnung in die sächsische Landschaft.

Nachdem im Klassizismus die Ausschmückung der Kirchen mit Werken der bildenden Kunst zunehmend an Bedeutung verloren hatte, nahm sie unter dem Einfluß des Historismus wieder zu. Vor allem der Verzicht auf den Kanzelaltar förderte das Verlangen nach einem Altarbild. Wo den Gemeinden dazu die Mittel fehlten, konnte seit 1860 der Verein für kirchliche Kunst bei der Beschaffung von Kunstwerken aus Staatsmitteln behilflich sein. Meist wurden sie durch Dresdner Akademieprofessoren ausgeführt, die lange Zeit dem nazarenischen Christustyp verpflichtet blieben. Seit 1900 kamen Realismus und Jugendstil in der Kirchenmalerei zur Geltung.

Schon die Kirchen in Dittelsdorf (Kr. Zittau) 1850 und Callenberg (Kr. Hohenstein-Ernstthal) 1859 zeigten Christusbilder in der Apsiskuppel. Eine bemerkenswerte Ausmalung von Triumphbogen und Apsis erhielt 1889 die Kirche in Constappel (Ortsteil von Gauernitz, Kr. Meißen) durch den Dresdner Historienmaler Wilhelm Walther. Theologisch und künstlerisch bedeutsam ist die Ausmalung der Kirche in Hainsberg 1901 durch Otto Gußmann. Sie wird durch die farbigen Glasfenster thematisch glücklich ergänzt. Auch die Kirche in Wiesa (Kr. Annaberg) 1903/04 hat eine reiche figürliche und dekorative Ausmalung; zusammen mit den prächtigen Farbfenstern des Altarraums und dem Sandsteinaltar mit dem Relief des sinkenden Petrus zeichnet sie sich durch ihr Raumbild aus.

Dorfkirchen des 20. Jahrhunderts

Die Zahl der Dorfkirchen, die in Sachsen seit dem ersten Weltkrieg gebaut wurden, ist gering. Die Loslösung von der Formenwelt des Historismus setzt sich bei ihnen fort, auch für sie bleibt die Idee des traditions- und heimatgebundenen Gotteshauses maßgebend. In Ellefeld im Vogtland entsteht 1924/26 die Lutherkirche nach dem Plan von Rudolf Kolbe (Dresden) als eine von der Romanik inspirierte Basilika mit Flachdecke. Bemerkenswert sind die Zentralbauten in Kirschau (Kr. Bautzen), 1924 von Architekt Bohlig, und in Neuwürschnitz (Kr. Stollberg), 1925/26 von Paul Kranz in Chemnitz.

Das bedeutendste Zeugnis einer Raumgestaltung der dreißiger Jahre dürfte der Innenausbau der Kreuzkirche in Seifhennersdorf (Kr. Zittau) sein. Er machte sich notwendig, nachdem das Innere der 1798 erbauten Saalkirche 1935 völlig ausgebrannt war.

Der zweite Weltkrieg ging auch an den Dorfkirchen nicht spurlos vorüber. Durch Bombenangriffe und Kampfhandlungen brannten vor allem Dorfkirchen in Großstädten und ihrer Umgebung und in der nördlichen Oberlausitz aus. Sie sind fast alle wieder aufgebaut worden. Genannt seien Förstgen und Klitten (Kr. Niesky), Gersdorf, Ralbitz und Rosenthal (Kr. Kamenz), Sommerfeld (Engelsdorf-Ost, Kr. Leipzig) und Glösa (Karl-Marx-Stadt–Stadt). Daß sich für eine derartige Aufgabe unterschiedliche Lösungen anboten, zeigen die beiden von Christian Friedrich Uhlig errichteten und von Georg Laudeley wieder aufgebauten Kirchen in Mildenau (Kr. Annaberg) und Einsiedel (Kr. Karl-Marx-Stadt). In Mildenau wurde der Innenausbau mit drei Emporen und Kanzelaltar fast originalgetreu wiederhergestellt. In den Mauern der Kirche von Einsiedel (Wiederaufbau 1953/66) ist mit zeitentsprechenden technischen und künstlerischen Mitteln ein Raum gestaltet worden, der in der Anordnung der Kanzel vor dem Altar, der leichten Zentrierung des Gestühls und dem Einbau einer umlaufenden Empore die besondere Tradition des evangelischen Kirchenbaus in die Gegenwart transponiert. Werner Juza aus Wachau bei Radeberg gab dem Raum das beherrschende Altarwandbild. Auf ihm ist die Anbetung Gottes mit einer zeitbezogenen Verkündigung thematisch vereinigt. Gleiche Intentionen liegen auch seinem Altarwandbild in Niederau (Kr. Meißen) von 1973 zugrunde. Juza ist auch der bildnerische Schmuck zu danken, den die 1967 geweihte Kirche in Borsdorf (Kr. Leipzig) erhielt. Sie war unter Leitung des Leipziger Architekten Fritz Ziel aus einem ehemaligen Tanzsaal entstanden. Neu erbaut sind nach dem zweiten Weltkrieg die evangelische Kirche (1952/53 von Paul Weiße, Dresden) und die katholische Kirche (1954/55 von Andreas Marquardt, Leipzig) in Demitz-Thumitz (Kr. Bischofswerda). Sie bilden ein ansprechendes Ensemble. In der architektonischen Gestaltung knüpfen beide Kirchen an die Zeit um 1930 an. Das gilt auch von den Neubauten in Falkenau (Kr. Flöha) und Oberschlema (Ortsteil von Schlema, Kr. Aue). Ein eindrucksvolles Bekenntnis zur angestammten Gebirgsheimat stellt die Kreuzkapelle in Mauersberg (Kr. Marienberg) dar, eine freie Nachbildung der 1889 abgebrochenen Wehrkirche. Der Dresdner Kreuzkantor Rudolf Mauersberger (1889–1971) hat diese 1953 geweihte Friedhofskapelle gestiftet.

Als ein markantes Beispiel für die Begegnung des Gegenwartskünstlers mit dem Dorf und seiner Kirche sei abschließend auf den aus Dresden stammenden Maler und Graphiker Conrad Felixmüller (1897–1977) verwiesen. In Anknüpfung an eine alte Tradition bemalte er 1951/52 die Brüstungsfelder der aus dem 17. Jahrhundert stammenden Emporen in der Kirche von Tautenhain (Kr. Geithain) mit Szenen aus dem Leben Christi. Der Erlöser ist hier gegenwärtig unter den Einwohnern von Tautenhain, in den Mühen des Arbeitslebens und nach erfahrener Katastrophe als Bild der Hoffnung.

Tafelteil

Altgeringswalde, Kr. Rochlitz, Flügelaltar

Altmügeln, Ortsteil von Mügeln, Kr. Oschatz, St.-Marien-Kirche, Äußeres von Norden

Altmügeln, Ortsteil von Mügeln, Kr. Oschatz, St.-Marien-Kirche, Äußeres von Norden

Altmügeln, Ortsteil von Mügeln, Kr. Oschatz,
St.-Marien-Kirche, Abendmahlskelch (14. Jh.)

Altmügeln, Ortsteil von Mügeln, Kr. Oschatz,
Gedenkstein für Paul Wagner (1536)

Altmügeln, Ortsteil von
Mügeln, Kr. Oschatz,
St.-Marien-Kirche,
Felderdecke im Schiff

Altpenig, Ortsteil von
Penig, Kr. Rochlitz,
katholische
St.-Ägidien-Kirche,
Inneres nach Osten

Beucha, Kr. Wurzen,
Kirche von Südosten

Beucha-Steinbach, Kr. Borna,
Kirche Steinbach,
Kanzelaltar mit Orgel,
davor Taufe mit Lesepult

Bloßwitz, Kr. Riesa,
Vesperbild (um 1520)

Bloßwitz, Kr. Riesa,
Kirche von Nordwesten

Borna, Kr. Oschatz, Schmerzensmann

Borna, Kr. Oschatz, Blick in den Chor

Bockau, Kr. Aue

Bretnig, Kr. Bischofswerda,
Blick in den Chor

Briesnitz, Stkr. Dresden, Äußeres von Südwest

Boritz, Kr. Riesa,
Flügelaltar

Burkhardswalde, Kr. Meißen,
Inneres nach Südost

Cainsdorf, Kr. Zwickau,
Christus am Kreuz mit
Bergmann und Hüttenarbeiter
(1894 von Bildhauer Georg Gröne)

Callenberg, Kr. Hohen-
stein-Ernstthal,
St.-Katharinen-Kirche,
Inneres nach Südost

63

Carlsfeld, Kr. Aue, Trinitatiskirche

Constappel, Ortsteil von Gauernitz, Kr. Meißen,
St.-Nikolai-Kirche, Bildnisse Martin Luthers und Philipp Melanchthons
(nach Lukas Cranach d. J.)

Coswig, Kr. Meißen, alte Kirche, Inneres nach Osten

Coswig, Kr. Meißen, Peter-Pauls-Kirche, Blick in den Chor

Crottendorf, Kr. Annaberg,
Heilige Dreifaltigkeitskirche
in der Weihnachtszeit

Culitzsch, Kr. Zwickau, Laurentiuskirche,
Kanzelaltar mit Teilen des spätgotischen
Flügelaltars

Demitz-Thumitz, Kr. Bischofswerda,
links evangelische Christuskirche,
rechts katholische Kirche »Maria, Königin des Friedens«

Deutschenbora, Kr. Meißen, Emporenbrüstung,
Ausschnitt mit Bildnissen der Familie von Mergenthal

Deutsch-Ossig, Kr. Görlitz, Kirche »Zur Heiligen Dreifaltigkeit«,
Blick zum Kanzelaltar

Ebersbach, Kr. Löbau, Blick von der Empore
hinter dem Altar zur Orgel

Ebersbach, Kr. Löbau, Altar, Ausschnitt

Ebersbach, Kr. Görlitz, Blick ins Schiff

Ebersdorf, Stkr. Karl-Marx-Stadt, Kirche »Zu Unserer Lieben Frauen«,
Ansicht von Südosten mit Befestigungsanlage

Ebersdorf, Stkr. Karl-Marx-Stadt,
Kirche »Zu Unserer Lieben Frauen«,
Taufstein (2. Hälfte 15. Jh.) und
Taufstein mit Reliefschmuck aus Zinn
(2. Hälfte 16. Jh.)

Elbisbach, Kr. Geithain,
Blick zum Kanzelaltar

Erla, Kr. Schwarzenberg,
Kirche Crandorf,
Kanzelaltar und Orgel (1711/12)

Eppendorf, Kr. Flöha, Blick ins Schiff

Erlau, Kr. Rochlitz,
Flügelaltar und Taufstein

Etzoldshain, Kr. Grimma,
Blick in den Chor

79

Friedersdorf, Kr. Görlitz,
St. Mariae et St. Ursulae,
Inneres nach Osten

Euba, Kr. Karl-Marx-Stadt,
Taufstein (1596)

Burkhardswalde, Kr. Meißen, Äußeres von Südost

Dittmannsdorf, Kr. Flöha,
Flügelaltar von Hans Hesse (1497)

Elbisbach, Kr. Geithain, Friedhofstor mit Kirche von Südost

Ebersdorf, Stkr. Karl-Marx-Stadt, Kirche »Zu Unserer Lieben Frauen«,
Inneres nach Osten

Göda, Kr. Bautzen, Stiftskirche zu St. Peter und Paul,
Chorgewölbe

Großolbersdorf, Kr. Zschopau, Blick in den Chor

Großrückerswalde, Kr. Marienberg, Gedenktafel für die Opfer der Pest 1583

Hohendorf, Kr. Borna, Mariä Verkündigung und Anbetung der Könige,
Tafelbilder von einem Flügelaltar (Anfang 15. Jh.)

Forchheim, Kr. Marienberg,
Altarplatz mit Kanzelaltar, Taufstein und Orgel

Forchheim, Kr. Marienberg,
Äußeres von Südwesten

Frankenhausen, Ortsteil von Crimmitschau,
Kr. Werdau, Kirche von Süden mit
spätgotischem Giebel vom 1529 aufgehobenen
Zisterzienserinnenkloster (links)

Gahlenz, Kr. Flöha, Kirche zum Heiligen Kreuz

Gelenau, Kr. Zschopau, Inneres, Südwand mit Familiengrabmal
des Joachim I. von Schönberg (1581)

Gleisberg, Kr. Döbeln, Inneres nach Osten

Gnandstein, Kr. Geithain,
Malerei an der Südempore,
Privatbeichte und Ausspendung
des Abendmahls

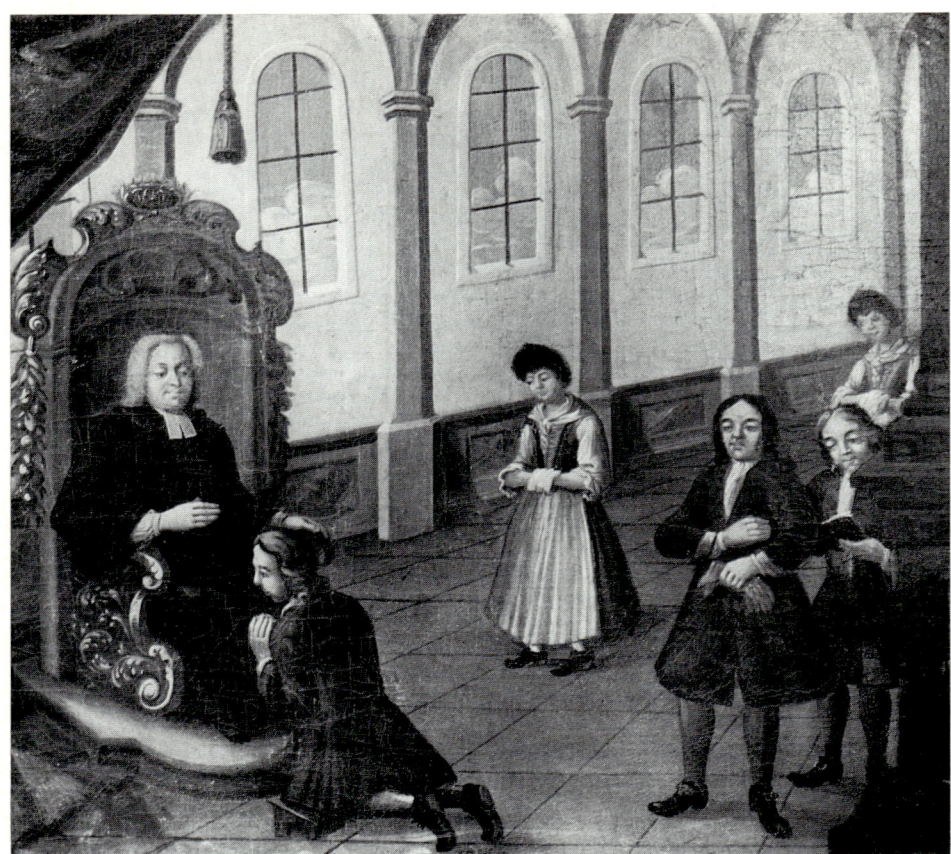

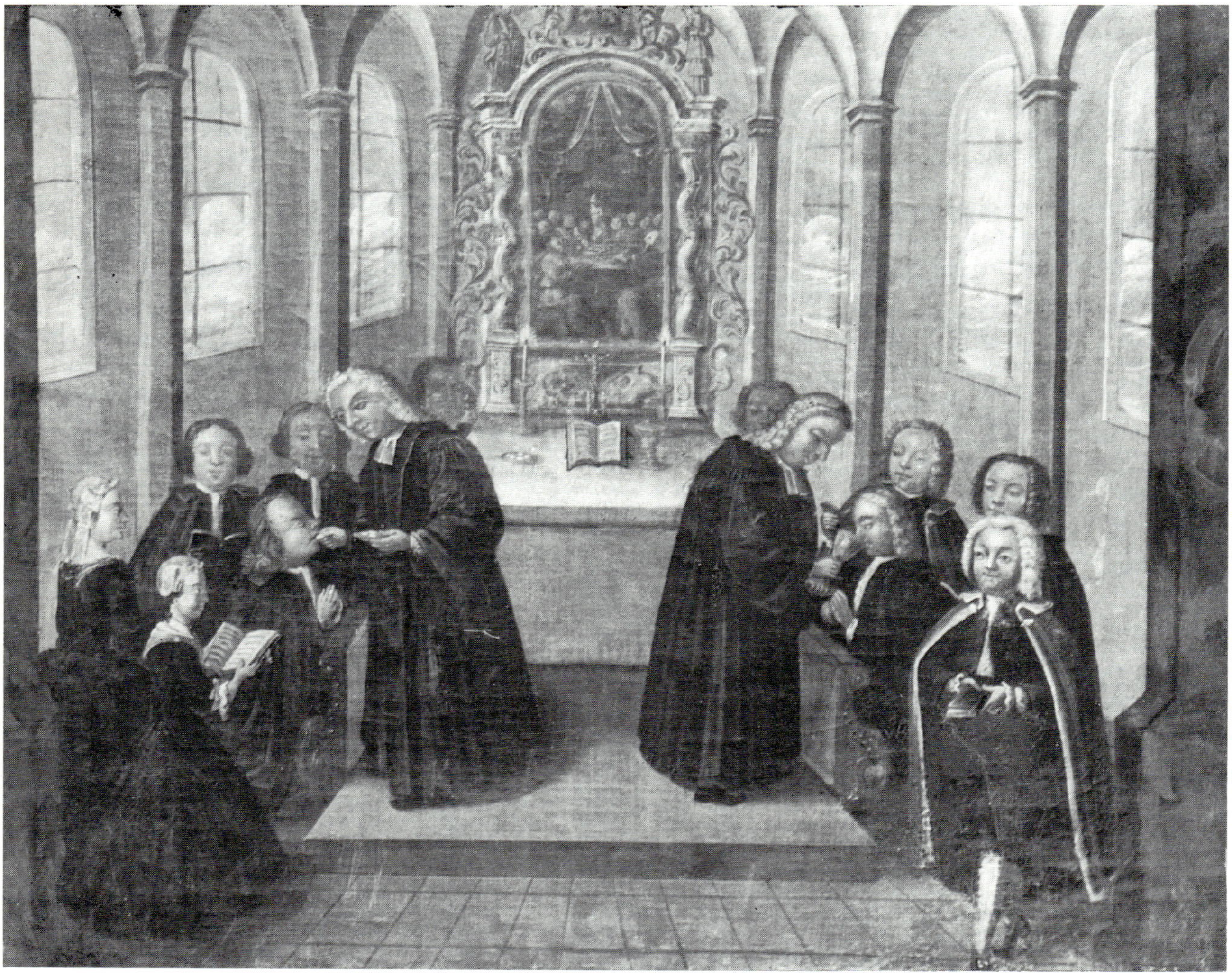

Gnandstein, Kr. Geithain, Inneres nach Westen

Göda, Kr. Bautzen, Stiftskirche zu St. Peter und Paul,
Inneres nach Osten

96

Göhren, Kr. Rochlitz,
St.-Katharinen-Georgen-Kirche
in der Dorflandschaft

Goldbach, Kr. Bischofswerda,
Gottesmutter (um 1440)

Grießbach, Ortsteil von Schneeberg,
Kr. Aue,
Inneres nach Osten

Großhennersdorf,
Kr. Löbau,
Inneres nach Osten

Großolbersdorf, Kr. Zschopau,
Abendmahlskelch und Grabplatte des
Johann Wolfgang von Einsiedel (1624)

Großrückerswalde, Kr. Marienberg

Großzschocher, Stkr. Leipzig, Apostelkirche,
romanische Plastik, jetzt Osterleuchter

Grumbach, Kr. Freital, Inneres nach Osten

Großschönau, Kr. Zittau, Altar (1802)

Härtensdorf, Kr. Zwickau, Kirche zu den
drei Marien, Blick von Südost

Härtensdorf, Kr. Zwickau, Kirche zu den
drei Marien,
Flügelaltar von Peter Breuer (1509/10)

Hainewalde, Kr. Zittau, Blick auf Altar, Kanzel und
herrschaftliche Betstube

Hainsberg, Ortsteil von Freital,
Blick auf die vom Friedhof umgebene Kirche

Hainsberg, Ortsteil von Freital, Kircheninneres:
Triumphbogen und Apsisgewölbe

Herwigsdorf, Kr. Löbau, Kanzelaltar (1717)

Höckendorf, Kr. Dippoldiswalde, Blick in den Chor

Jauernick-Buschbach, Kr. Görlitz, katholische
St.-Wenzels-Kirche, Äußeres von Nordost

Hof, Kr. Oschatz

Kauschwitz, Kr. Plauen

Kittlitz, Kr. Löbau, Trinitatiskirche,
Beichtstuhl

Kittlitz, Kr. Löbau, Trinitatiskirche,
Blick zum Altar

Klinga, Kr. Grimma, Äußeres von Südost

Kürbitz, Kr. Plauen, Salvatorkirche

Langenstriegis, Kr. Hainichen, Flügelaltar

Lauterbach, Kr. Marienberg, Auferstehungskirche (alte Wehrkirche)

Lawalde, Kr. Löbau,
Kirche (1777) mit Torturm des Kirchhofs (17. Jh.)

Leubnitz-Neuostra, Stkr. Dresden,
Epitaph des Architekten Johann Friedrich Karcher († 1726)
und Familie

Leubnitz-Neuostra, Stkr. Dresden,
Blick aus dem Chor ins Schiff

Leutersdorf, Kr. Zittau, evangelische Christuskirche,
Blick zum Altar

Lippersdorf, Kr. Marienberg,
Christus auf der Rast

Leutersdorf, Kr. Zittau,
katholische Kirche Mariä Himmelfahrt,
Blick zur Orgel

Markersbach, Kr. Schwarzenberg, Äußeres von Südost

Mauersberg, Kr. Marienberg,
Dorfkirche von Südost

Mauersberg, Kr. Marienberg,
Kreuzkapelle auf dem Friedhof,
rechts dahinter Gruftkapelle für
Kreuzkantor Rudolf Mauersberger
und seine Eltern

Maxen, Kr. Pirna,
Stütze der Kanzel (1631) mit Paulus

Maxen, Kr. Pirna, Altar (1558)

Naustadt, Ortsteil von Scharfenberg, Kr. Meißen,
Grabdenkmal des Alexander von Miltitz († 1738)
von Johann Joachim Kändler

Nebelschütz, Kr. Kamenz, katholische Kirche St. Martin, Blick zum Hochaltar

Jößnitz, Kr. Plauen, Votivtafel mit dem heiligen Georg (16. Jh.)

Klitten, Kr. Niesky, Altar (Schule Lukas Cranach d. J. um 1587)

Lauterbach, Kr. Marienberg, Auferstehungskirche (alte Kirche),
Blick aus dem Chor ins Schiff

Oberbobritzsch, Kr. Freiberg,
St.-Nikolai-Kirche, Flügelaltar

Prießnitz, Kr. Geithain,
Tafel vom Gedächtnismal
der Anna von Einsiedel
(von Johann de Perre,
um 1616)

Ottendorf, Kr. Pirna, Chor

Schellerhau, Kr. Dippoldiswalde, Kirche von Südost

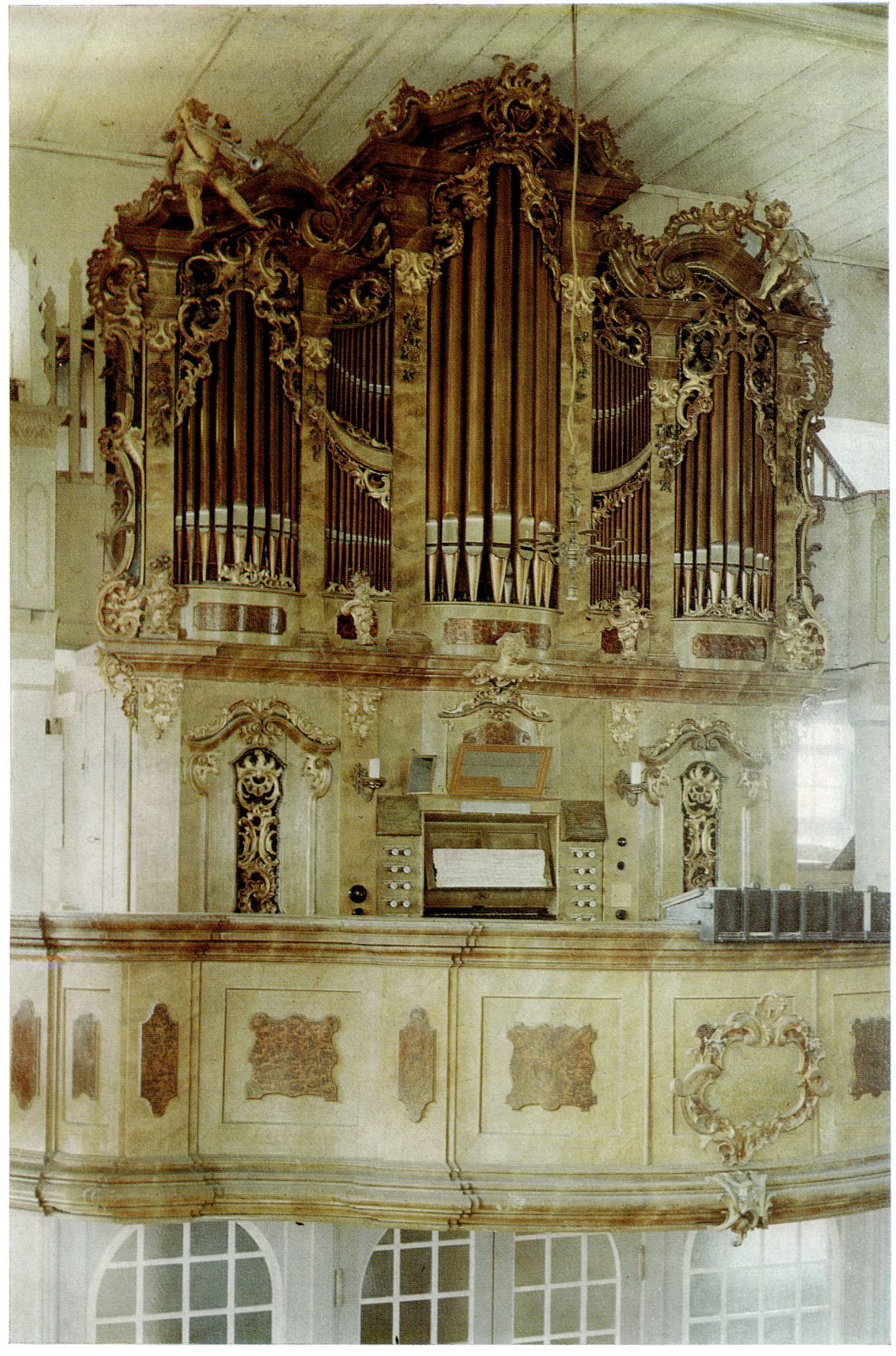

Waltersdorf, Kr. Zittau, Orgel (1766)

Nenkersdorf, Kr. Geithain, Marienkirche, Flügelaltar (1519)

Seite 139:
Neumark, Kr. Reichenbach,
Kruzifix von Peter Breuer

Neuwürschnitz, Kr. Stollberg,
Lutherkirche,
Blick zum Kanzelaltar

Niederau, Kr. Meißen,
Altarwand

Niederlichtenau, Kr. Karl-Marx-Stadt,
Blick auf Altar und Kanzel (1615)

Niedersteinbach, Kr. Geithain, Äußeres von Nordost

Oberbobritzsch, Kr. Freiberg,
St.-Nikolai-Kirche,
Blick zur Orgel

Oberbobritzsch, Kr. Freiberg,
St.-Nikolai-Kirche,
Blick zum Altar

Oybin, Kr. Zittau

Otterwisch, Kr. Grimma,
Kirche von Osten

Pillnitz, Stkr. Dresden, Weinbergskirche,
Abendmahlsrelief des Altars (1648)

Podelwitz, Kr. Leipzig, Mittelschrein des Flügelaltars (1520)

Pomßen, Kr. Grimma, Blick in die Apsis

Portitz, Stkr. Leipzig,
Blick in den Chor

Pretzschendorf, Kr. Dippoldiswalde,
Innenansicht, links Kanzelaltar mit Orgel,
davor Taufstein, rechts herrschaftliche
Betstuben

Prießnitz, Kr. Geithain, Blick auf Kanzel, Altar und herrschaftliche Betstube

Reinhardtsdorf, Kr. Pirna,
Allegorie des Glaubens
an der Brüstung des
Pfarrergestühls

Reinsdorf, Kr. Zwickau,
St.-Jakobus-Kirche,
Blick zum Altar

Reinhardtsgrimma, Kr. Dippoldiswalde, Blick zur Orgel

Ringethal, Kr. Hainichen, Kruzifix

Röcknitz, Kr. Wurzen, St.-Nikolaus-Kirche,
Blick in den Chor

Rochsburg, Kr. Rochlitz, Freigrab des Wolf von Schönburg († 1581)

Röhrsdorf, Kr. Meißen, St.-Bartholomäus-Kirche,
Taufengel (1738)

Rödern, Kr. Großenhain, Peter-Pauls-Kirche,
Grabmal des Heinrich von Beschwitz († 1541)
und seiner Frau Katharina († 1537)

Rochsburg, Kr. Rochlitz, Abendmahlskelch (14. Jh.)

Rossau, Kr. Hainichen,
Inneres nach Osten

Rüdigsdorf, Ortsteil von Kohren-
Sahlis, Kr. Geithain,
Christuskirche, Blick auf
Altar und Kanzel

Ruppertsgrün, Kr. Werdau, St.-Annen-Kirche, Inneres nach Osten

Rußdorf, Ortsteil von Limbach-Oberfrohna, Kr. Karl-Marx-Stadt,
Johanniskirche, Kanzelaltar mit Orgel, davor links die Taufe

Schellerhau, Kr. Dippoldiswalde,
Darstellung von Schöpfung und
Sündenfall an der Felderdecke

Schellerhau, Kr. Dippoldiswalde,
Blick zum Altar

Schmannewitz, Kr. Oschatz,
Äußeres von Südosten

Seelitz, Kr. Rochlitz, St.-Annen-Kirche,
Blick in den Chor

Seelitz, Kr. Rochlitz, St.-Annen-Kirche, Äußeres von Südwest

Seifersdorf, Kr. Dippoldiswalde, Flügelaltar (1518)

Seifersdorf, Kr. Dresden, Blick zum Altar

Sprey, Kr. Weißwasser

Staucha, Kr. Riesa,
St.-Johannis-Kirche,
Blick in den Chor

Straßberg, Kr. Plauen,
Inneres nach Nordost

Steinsdorf, Kr. Plauen, Blick zum Altar

Störmthal, Kr. Leipzig, Kreuzkirche,
Altarplatz mit Kanzelaltar,
Taufstein (mit Deckel als Lesepult)
und herrschaftlicher Betstube

Stötteritz, Stkr. Leipzig, Marienkirche,
Kanzelaltar

Syhra, Kr. Geithain, Inneres nach Osten

Tanneberg, Kr. Hainichen,
Muttergottesfigur, um 1420

169

Thierfeld, Kr. Zwickau,
Kirche von Norden

Thierfeld, Kr. Zwickau,
Kircheninneres nach Osten

Thierfeld, Kr. Zwickau, Chorinneres

172

Tragnitz, Ortsteil von Leisnig, Kr. Döbeln, St.-Pankratius-Kirche,
Blick in den Chor

Uhyst an der Spree, Kr. Hoyerswerda, Blick aus dem Chor ins Schiff

Uhyst am Taucher, Kr. Bischofswerda, Kirche von Südost

Wasewitz, Ortsteil von Canitz, Kr. Wurzen,
Äußeres von Nordost und Blick in die Apsis

Wechselburg, Kr. Rochlitz, St.-Otto-Kirche, Inneres nach Westen

Weinböhla, Kr. Meißen, St.-Martins-Kirche,
Blick in den Chor

Weißbach, Kr. Zwickau, Salvatorkirche,
Flügelaltar von Peter Breuer

Wiederau, Kr. Rochlitz,
romanisches Portal

Wiesa, Kr. Annaberg, St.-Trinitatis-Kirche

Wüstenbrand, Kr. Hohenstein-
Ernstthal,
Blick zum Kanzelaltar und
zur Orgel

Wolkenburg, Kr. Glauchau, St.-Mauritius-Kirche,
Ansicht mit Schloßturm

Zedtlitz, Kr. Borna, Äußeres von Nordost

Ziegelheim, Kr. Altenburg, Marienkirche, Blick in den Chor

Zinnwald-Georgenfeld, Kr. Dippoldiswalde, Kirche von Südwest

Einzeldarstellungen zu den im Tafelteil abgebildeten Dorfkirchen

(Ergänzende Textillustrationen werden im folgenden Katalog nachgewiesen.)

Die Texte zu den Dorfkirchen, deren wichtigste Merkmale mittelalterlich sind, erarbeitete Heinrich Magirius, die zu den in der Regel nach der Reformation gestalteten Hartmut Mai.

Kr. = Kreis, Stkr. = Stadtkreis,
Kbz. = Kirchenbezirk, Kkr. = Kirchenkreis

Ablaß, Kr. Oschatz, Kbz. Oschatz

Das vielfach umgebaute Langhaus mit dem eingezogenen Chor geht auf die Zeit um 1200 zurück. Ein Erweiterungsbau vielleicht des endenden 13. Jh. ist der wiederum schmalere, tonnengewölbte Altarraum. Reich gestaltet ist das Sakramentshaus mit Wimperg im Eselsrücken und seitlichen Fialen. Im Zwickel über der Schreinöffnung befinden sich ein Christuskopf, über dem Wimperg zwei Engel. Eine eiserne Gittertür schließt die Sakramentsnische ab. Der stilistischen Haltung nach dürfte sie im zweiten Viertel des 15. Jh. entstanden sein.   Abb. S. 32

Altgeringswalde, Kr. Rochlitz, Kbz. Rochlitz

Die Kirche ist ein mehrfach veränderter, rechteckiger Bau mit einem Dachreiter, bekrönt von Haube und Laterne. In dem schlichten Saalraum erhielt sich eine spätgotische Sakramentsnische an der Nordseite, ein Holzkruzifix des endenden 14. Jh., eine hölzerne Kanzel aus der zweiten Hälfte des 17. Jh. und ein schöner Schnitzaltar aus der Zeit um 1510. Im Mittelschrein findet sich die hier seltene Darstellung der Maria als Tempeljungfrau mit ihren Eltern Joachim und Anna; darüber erscheint im Scheitel eines Bogens der sogenannte Gnadenstuhl, Gottvater mit dem Leichnam Christi, in den Flügeln Katharina und Barbara. Die bemalten Rückseiten zeigen das Jüngste Gericht. Erhalten sind auch Teile des Gesprenges mit einer Strahlenkranzmadonna, begleitet von zwei heiligen Bischöfen, sowie Christophorus und Michael. Der stark erneuerte Altar zeigt die Einflüsse verschiedener sächsischer Kunstzentren.   Abb. S. 51

Altmügeln, Ortsteil v. Mügeln, Kr. Oschatz, Kbz. Oschatz
St.-Marien-Kirche

Der stattliche spätgotische Kirchenbau wurde mit Unterstützung Bischof Johanns VI. von Meißen (1487–1522) errichtet. Der Chor besteht aus einem Quadrat mit Fünfachtelschluß und ist mit einem reichen Netzgewölbe überspannt, nördlich schließt die Sakristei an. Das Langhaus sollte eine Hallenkirche von vier Jochen werden. Die Pfeiler und die Wölbung kamen aber nicht zur Ausführung. Die sterngewölbte Südvorhalle ist 1522 datiert. Der ebenfalls spätgotische Westturm ist asymmetrisch vorgelegt. In der Barockzeit wurde der Raum mit zwei Empo-

ren, die an drei Seiten umlaufen, versehen. Die Brüstungen waren mit Szenen aus dem Alten Testament bemalt. Die hölzerne Felderdecke bemalte der Oschatzer Künstler Johannes Roßberg im Jahre 1720 mit 36 szenischen Darstellungen aus dem Neuen Testament und mit sechs Einzelfiguren. Gerahmt sind die figürlichen Bilder durch Felder mit Rankenmalerei. Von der mittelalterlichen Ausstattung erhielt sich ein prächtiger vergoldeter Silberkelch des 14. Jh. und ein großer Kruzifixus des 16. Jh. Weiterhin ist der Grabstein des Bauern Paul Wagner und seiner Frau von 1536 sowohl kunsthistorisch als auch sozialgeschichtlich höchst bemerkenswert.   Abb. S. 52–54

Altpenig, Ortsteil von Penig, Kr. Rochlitz
röm.-kath. St.-Ägidien-Kirche

Die Ägidienkirche ist wohl als Dorfkirche im letzten Viertel des 12. Jh. links der Mulde gebaut worden, noch ehe die Stadt auf der rechten Seite gegründet worden ist. Sie hat sich ihr spätromanisches Gepräge gut bewahrt. Es handelt sich um einen Saal mit eingezogenem Chor, die Apsis wurde um 1400 durch einen polygonal gebrochenen Ostschluß ersetzt. Die beiden spätromanischen Portale an der Südseite sind aus Rochlitzer Porphyr gearbeitet und weisen die Stilformen der Wechselburger Stiftskirche auf. Die Türen besitzen noch die Eisenbeschläge der Entstehungszeit. Der kleine Dachreiter mit Haube ist barock. Aus dem 17. Jh. stammen auch die Emporen. Im Jahre 1979 wurde die Kirche der katholischen Kirchgemeinde übergeben und bis 1981 der neuen Nutzung angepaßt. Ein Altar fand im romanischen Chorquadrat Aufstellung, ein spätgotisches Kruzifix wurde im Chor aufgehängt. Der mächtige Taufstein bekam im gotischen Chor seinen Platz.   Abb. S. 54

Auerswalde, Kr. Karl-Marx-Stadt, Kbz. Karl-Marx-Stadt II, St.-Ursula-Kirche

Der große Saal mit eingezogenem Chor und Apsis stammt im wesentlichen noch aus dem späten 12. Jh. Die Architekturgliederung der Hauptapsis mit Halbsäulen und Rundbogenfries zeigt die Abhängigkeit vom Bau der Stiftskirche in Wechselburg. Auf die Zeit der Spätgotik gehen der sterngewölbte Anbau südlich vom Chor und der spitze Dachreiter zurück. Der Eindruck des Inneren wird wesentlich von dem barocken Emporeneinbau, der mit geschnitzten Girlanden gegliederten Holzdecke und der Kanzel bestimmt. Bei der umfassenden Restaurierung 1971/77 wurde auch der schmuckreiche spätgotische Flügelaltar von 1503 aus der Altenburger Werkstatt der Brüder Peter und Jakob Naumann wiederhergestellt. Die Mondsichelmadonna im Mittelschrein wird von Barbara und Margaretha begleitet, die Seitenflügel sind in zwei Reihen mit je zwei Heiligen gefüllt. Das Schnitzwerk der

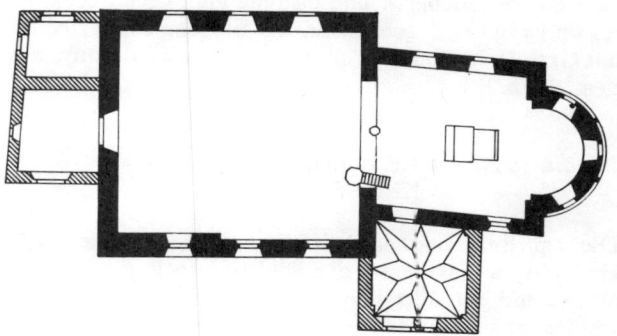

Verkündigung in der Predella kann durch bemalte Flügel mit Halbfiguren von Heiligen geschlossen werden. Auf die Rückseite der Flügel des Mittelschreins sind eine Anna Selbdritt und eine Schmerzensmutter gemalt. Besonders bemerkenswert sind zahlreiche Grabsteine aus dem 13. bis 18. Jh. Abb. S. 5 s

Baalsdorf, Kr. Leipzig, Kbz. Leipzig Ost

Die auf dem Anger des Straßendorfes sich erhebende romanische Chorturmkirche mit halbkreisförmiger Apsis stammt aus der Zeit um 1200. Von künstlerischem Belang ist nicht sosehr die Barockausstattung von 1748, sondern die 1958 freigelegte Wandmalerei in der Apsis aus der Zeit um 1420. Sie stellt Christus in der Mandorla, umgeben von Evangelistensymbolen mit Johannes Baptista und Maria, Petrus und Paulus dar. Stilistisch ist eine besonders enge Anlehnung der qualitätvollen Bilder an die böhmische Malerei des »Weichen Stils« zu konstatieren. Abb. S. 28, 82

Belgershain, Kr. Grimma, Kbz. Grimma

Die 1682/86 von Michael Beyer aus Cunnersdorf erbaute Saalkirche mit stuckiertem Holzgewölbe ist im Innern durch einen Chorbogen in Schiff und polygonal geschlossenen Chor unterteilt. Im Chor hat außer einem aufwendigen zweigeschossigen Logeneinbau der von zwei prachtvoll geschnitzten Palmen flankierte Altaraufbau als wertvollstes Stück der 1690 vollendeten Ausstattung seinen Platz. Die Schnitzereien, zu denen auch im Obergeschoß ein Relief des segnend aus Wolken hervortretenden Gottvaters gehört, sind offenkundig ein Werk von Johann Caspar Sandtmann aus Leipzig. Das große Altargemälde ist eine spiegelverkehrte Kopie der Kreuzabnahme von Rubens in der Kathedrale zu Antwerpen. Die Kanzel an der Südseite des Chorbogens ruht auf einer Palme und ist gleich dem sternenförmigen Deckel mit Schnitzereien und Malereien geschmückt. – Im nördlichen Anbau des Kirchenschiffes befindet sich eine kostbare Kirchenbibliothek, deren Bestände einen Einblick in die Welt des Luthertums der zweiten Hälfte des 17. Jh. gewähren. Abb. S. 56

Beucha, Kr. Wurzen, Kbz. Wurzen

Zu den drei sogenannten Hohenpriestern – Kirchen auf Felsen, die als Landmarken in der Leipziger Tieflandsbucht weithin wirksam sind – gehört die Beuchaer Kirche. Durch den Steinbruchbetrieb an der Nord-, Süd- und Ostseite des Kirchberges tritt der Bau besonders markant in Erscheinung. An den gratgewölbten Turmchor schließt sich östlich der querrechteckige gratgewölbte Chor mit rundbogiger Dreifenstergruppe an, westlich das mehrfach vergrößerte Langhaus. Die Ostteile und Teile des Schiffes sind wohl noch romanisch. Als Eingang zum Friedhof mit Grabdenkmälern des 18. Jh. dient ein Wasserturm aus dem 20. Jh. Abb. S. 57

Beucha-Steinbach, Kr. Borna, Kbz. Borna
Kirche Steinbach

Die am Reformationsjubelfest 1717 eingeweihte Saalkirche ist im Inneren auf den Säulenprospekt des Kanzelaltares und der über ihm in ganzer Breite des Kirchenschiffes angeordneten Orgelempore hin angelegt. Die graue Marmorierung der Säulenschäfte und die sparsame Vergoldung an den Engelkopfkapitellen und Ornamenten heben diesen Einbau gegen die geweißten Wände und Decken ab. Diese sind stuckiert. Die Orgel ist ein Werk von Johann Ernst Hähnel in Meißen aus der Zeit um 1724 und wurde zuletzt 1961 erneuert. Gleichzeitig mit dem Kanzelaltar entstand auch die vasenförmige hölzerne Taufe mit dem Deckel als Lesepult. Abb. S. 57

Bloßwitz, Kr. Riesa, Kbz. Oschatz

Die Kirche ist ein dreiseitig geschlossener Saal mit Westturm. Im Kern aus dem Anfang des 16. Jh., wurde der Bau 1697 umgestaltet, mit flacher Putzdecke, doppelgeschossigen Emporen an der West-, Nord- und Südseite und 1705 mit einem stattlichen Kanzelaltar von Valentin Walther versehen. Der Westturm wurde nach einem Brand von Karl Moritz Haenel 1870 neugestaltet. Neben zahlreichen wertvollen Grabdenkmalen des 16.–18. Jh. ist ein aus Holz geschnitztes Vesperbild aus der Zeit um 1520 von besonderem künstlerischem Wert. Die Gottesmutter beweint den an ihr linkes Knie gelehnten toten Sohn. Das ausdrucksvolle Werk wird Pankratius Grueber in Großenhain zugeschrieben, stammt jedenfalls aus einer Werkstatt, die von der Freiberger Kunst inspiriert ist. Abb. S. 58

Bockau, Kr. Aue, Kbz. Aue

Die im Jahre 1429 erbaute Kirche erhielt ihre jetzige Gestalt im wesentlichen durch eine umfassende Erneuerung im Jahre 1637. Das Äußere wird von dem unten quadratischen, oben ins Achteck übergeführten Turm mit welscher Schieferhaube bestimmt. Der Innenausbau mit ornamental bemalter Holzdecke entstammt weitgehend dem 18. Jh. Die Architektur des Altarretabels ist der Rahmen für ein Abendmahlsbild. Abb. S. 60

Boritz, Kr. Riesa, Kbz. Großenhain

Der Bau ist ein schlichter Saal von 1755 mit einem neugotischen Turm von 1888. Der bedeutende Schnitzaltar von 1520 soll aus dem Meißner Dom stammen. Er wird dem Meister des Döbelner Hochaltars zugeschrieben und wurde 1886 aus vorhandenen Teilen als Flügelaltar wieder zusammengesetzt und neu gefaßt. In der Mitte des Mittelschreins ist der heilige Andreas, flankiert von Laurentius und Nikolaus, dargestellt, in der Predella die heilige Sippe. In den Flügeln folgen der Schmerzensmann und die Schmerzensmutter. Im Gesprenge von 1886 hat die Figur eines thronenden Weltheilands Platz gefunden. Die gemalten Außenseiten zeigen den heiligen Sebastian und Papst Fabian; Sebastian in einem zeitgenössischen Gewand. In der Sakristei werden zwei weitere Altarflügel mit der Darstellung von Petrus und Matthäus aufbewahrt. Abb. S. 62

Borna, Kr. Oschatz, Kbz. Oschatz

Die im Osten polygonal geschlossene Saalkirche aus dem Jahre 1606 mit Turm von 1611 besitzt wertvolle liturgische Ausstattungsstücke aus Stein. Aus vorreformatorischer Zeit rührt noch das Sandsteinrelief eines Schmerzensmannes her. Es ist inschriftlich mit 1264 datiert, entstand aber vielleicht 1464. Die Sandsteinkanzel von etwa 1550, als Werk von Simon Schröter d. Ä. angesehen, steht in der

Nachfolge der Kanzel der Schloßkapelle in Torgau und zeigt wie diese in der Mitte des Kanzelkorbs den zwölfjährigen Jesus. Der kostbare Sandsteinaltar wurde nach einem überlieferten Datum 1609 zugleich als Epitaph für Innocentius Starschedel auf Borna von seinen Söhnen errichtet. Der zweigeschossige Säulenaufbau weist auf einen Zusammenhang mit der Schule des Dresdner Hofbildhauers Giovanni Maria Nosseni hin. Die mit großer Feinheit gearbeiteten Alabasterreliefs zeigen im Sockelgeschoß die Verkündigung und die Geburt Christi mit Anbetung der Hirten, im Mittelfeld des Hauptgeschosses das Abendmahl, in seitlichen Medaillons Kreuzigung und Auferstehung und im Obergeschoß Christi Himmelfahrt. Von etwa 1610 stammt auch der Taufstein mit oben ausladendem sechseckigem Becken, das auf die Taufe bezogene Inschrifttafeln aus der Bibel trägt. Abb. S. 59

Bretnig, Kr. Bischofswerda, Kbz. Kamenz

Die Kirche wurde 1902/03 von M. und E. Völkel aus Großröhrsdorf für 565 Sitzplätze erbaut; sie ist eine unregelmäßige zweischiffige Anlage in neuromanischen Formen. An das Hauptschiff schließt sich ein Fünfachtelchor an. Außer der Orgelempore an der Westseite des Hauptschiffes gibt es eine Seitenempore, die das ganze Nebenschiff einnimmt. In Brüstungshöhe setzen steinerne Rundsäulen an, deren ausladende Palmettenkapitelle die Gewölbe stützen. Die gute Wirkung des einheitlich neuromanisch ausgestatteten Innenraumes wird vornehmlich durch eine im wesentlichen ornamentale Ausmalung hervorgerufen, die vom Jugendstil beeinflußt ist. Abb. S. 60

Briesnitz, Stkr. Dresden, Kbz. Dresden West

Der in markanter Lage auf einem Bergsporn über der Elbe errichtete Bau ist im wesentlichen spätgotisch. Aus dem späteren 13. Jh. stammen der Triumphbogen und vielleicht die Umfassungsmauern des Chores mit dem erneuerten Ostfenster. Einem durchgreifenden Umbau um 1474 gehören das Gewölbe des Chores, die Umfassungsmauern des Langhauses, der Unterteil des Turmes und die Südvorhalle sowie die Dachreiter auf dem Chor und der Südvorhalle an. Von dem reizvollen Ausbau des Westturmes in Renaissanceformen erhielt sich nichts; nur geringe Reste zeugen von der reichen Ausstattung des Innenraumes im 17. Jh., so einige bemalte Emporenbrüstungen. Gotthilf Ludwig Möckel, dem 1882 die Aufgabe einer neugotischen Umgestaltung anvertraut war, drang mit seinem Vorschlag der Erhaltung des Turmabschlusses nicht durch, sein Turmhelm zeigt aber das Bestreben einer Angleichung an die spezifisch obersächsische Spätgotik. Auch für die Gewölbe des Langhauses schloß er sich an die Formen des Chores an. Von der spätgotischen Ausstattung stammen wesentliche Teile eines Flügelaltares aus der Zeit um 1510. Die milde Schönheit der Figuren der Muttergottes und der Heiligen ist wohl typisch dresdnerisch. Ein spätgotisches Glasfenster zeigt die Muttergottes im Strahlenkranz. Reste von Wandmalereien finden sich in der Südvorhalle. Hervorzuheben sind charaktervolle Grabsteine und Pfarrerbildnisse des 17. Jh. Abb. 25, 27, S. 61

Brockwitz, Ortsteil von Coswig, Kr. Meißen, Kbz. Meißen

Die Kirche inmitten des langgestreckten Straßendorfes an der Elbe hat vielleicht in den Untergeschossen des Tur-

mes noch romanische Reste. Heute wird der Eindruck von den zwei Volutengiebeln der Renaissance und einem barocken Umbau des Langhauses mit Sakristei- und Logenanbauten von 1737 bestimmt. Das Innere weist zweigeschossige Emporen auf. Die Kanzel aus der Zeit um 1600 erhielt 1737 einen neuen Schalldeckel. Der Altar stammt von 1822.

1972 wurde die barocke Außenfarbigkeit rekonstruiert, bei der Erneuerung des Innenraumes wurde die dekorative Ausmalung von 1737 wiederentdeckt und restauriert. Abb. Schutzumschlag Vorderseite

Burkhardswalde, Kr. Meißen, Kbz. Meißen

Die Dorfkirche entwickelte sich im 15. Jh. zur Wallfahrtskirche. Gleichzeitig – am Chor findet sich die Jahreszahl 1451 – begann man anstelle der romanischen Saalkirche mit eingezogenem Chor einen breiteren langgestreckten Chor mit dreiseitigem Schluß zu bauen; er erhielt ein Netzgewölbe. Im Anschluß daran erneuerte man das Langhaus als dreischiffige Halle von drei Jochen mit asymmetrisch vorgelegtem Westturm. Besonders bemerkenswert sind die Kopfkonsolen, auf denen die Rippen des Gewölbes ansetzen. Zu einer Wölbung ist es dann allerdings nicht mehr gekommen. Besonders reich gestaltet ist das freistehende Sakramentshaus des Chores. Der Epitaphaltar der Herren von Ende wurde 1619 von dem Meißner Bildhauer Melchior Kuntze in Sandstein gearbeitet, ein manieristisches Prunkstück mit dem Abendmahl über einer Inschriftkartusche in der Sockelzone, der Anbetung der Hirten in dem von Säulen flankierten Mittelfeld, der Taufe Jesu im zweiten Geschoß und dem Salvator mundi an der Spitze. Die hölzerne, mit biblischen und allegorischen Gestalten bemalte Kanzel stammt von 1626. Der spätgotische Taufstein und zahlreiche Grabdenkmäler des 16.–18. Jh. verstärken den historisch bedeutenden Charakter des Raumes, der 1972 in Anlehnung an mittelalterliche Farbbefunde neu ausgemalt wurde. Abb. S. 62, 81

Cainsdorf, Kr. Zwickau, Kbz. Zwickau

Südlich von Zwickau oberhalb des Muldentales auf den Vorhöhen des Erzgebirges erhebt sich der spitze Turm der Cainsdorfer Kirche. Dieser neugotische Ziegelbau des Architekten Northoff aus Dresden wurde am 1. November 1869 eingeweiht und der neugegründeten Kirchgemeinde übergeben. Vorher hatten die Cainsdorfer zu Planitz gehört. Der massiv gewölbte Chor ist gegen das mit einer Holzkonstruktion ausgebaute Schiff deutlich abgesetzt. Besondere Sorgfalt ist dem neugotischen Altaraufsatz mit den Gemälden von Christus und seinen Aposteln gewidmet. Der Eisenbahnbau, der Steinkohlenbergbau und die Anlage der Marienhütte hatten zu einem Anwachsen der Bevölkerung von 168 Einwohnern im Jahre 1834 auf 2432 im Jahre 1869 geführt. 1890 zählte das Arbeiterdorf Cainsdorf 3797 Einwohner. 1895 erhielt die Kirche einen in seiner Art einmaligen Schmuck in der Form einer »Triumphkreuzgruppe«. Dieses Werk des Dresdner Bildhauers Georg Gröne war ein Geschenk des sächsischen Innenministeriums. Beiderseits des gekreuzigten Christus knien links der Hüttenarbeiter und rechts der Bergarbeiter. Gemeindepfarrer Dr. Moritz Schenkel predigte zur Einweihung 1896 über das Thema »Arbeiter rechts und Arbeiter links und der gekreuzigte Arbeiter mitten inne«. Diese Predigt wurde seinerzeit weit verbreitet. Abb. S. 63

Callenberg, Kr. Hohenstein-Ernstthal, Kbz. Glauchau
St.-Katharinen-Kirche

Die Kirche wurde anstelle eines Vorgängerbaues in den Jahren 1855/59 errichtet. Sie entstand nach der Disposition des historisch, künstlerisch und liturgiegeschichtlich interessierten Ortspfarrers Moritz Meurer (1806–1877). Als Baumeister wirkten mit ihm zusammen Professor Heuchler aus Freiberg, Brandversicherungsinspektor Gutwasser und Architekt Trautzsch aus Zwickau. Die Kirche ist eine dreischiffige flachgedeckte Halle mit über einer Terrasse gelegenem Turm, einschiffigem Chor und niedriger, außen polygonaler, innen runder Apsis. Die zur Aufnahme einer Empore bestimmten Seitenschiffe sind durch hohe Rundbogenarkaden vom Mittelschiff getrennt. Die Anlage der Kirche ist an frühchristlicher Symbolik und den liturgischen Reformbestrebungen in der lutherischen Kirche orientiert, wie sie sich unter den Auswirkungen der Romantik in der zweiten Hälfte des 19. Jh. verstärkt geltend machten. Die Taufkapelle befindet sich im Eingangsbereich. Dem Kirchenschiff als dem Predigtraum ist die Kanzel am Triumphbogen rechts und der Ambo unter demselben zugewiesen. Der Chor mit der daran anschließenden Apsis ist dem Altar als der Stätte liturgischer und sakramentaler Handlungen vorbehalten. Die Ikonographie unterstreicht die Bedeutung der einzelnen Raumteile und findet ihren Höhepunkt in dem von Carl Gottlieb Peschel im Apsisgewölbe geschaffenen Bild des Welterlösers, »der da kommt die Welt zu richten und sein Volk zu erlösen« (Meurer). Abb. S. 63

Carlsfeld, Kr. Aue, Kbz. Aue
Trinitatiskirche

1676 errichtete Veit Hans Schnorr auf dem von Georg Carl von Carlowitz auf Altschönfels überlassenen Grund und Boden ein Hammer- und Hüttenwerk, aus dem sich der Ort Carlsfeld entwickelte. Veit Hans Schnorr stiftete laut Urkunde vom 8. August 1682 Kirche, Schulhaus und Wohnhäuser für Pfarrer und Schullehrer. Hans Georg Roth aus Lößnitz erbaute 1684 bis 1688 die Kirche. Für Idee und Entwurf kommen jedoch ein italienisch geschulter Künstler, etwa Oberlandbaumeister Wolff Caspar von Klengel oder der Schneeberger Bildhauer Johann Heinrich Böhme d. J., der Schöpfer des Kanzelaltars, in Betracht. Jedenfalls verwirklicht die Trinitatiskirche den zu diesem Zeitpunkt aktuellen Gedanken eines lutherischen Zentralbaues sogleich in einer eigenständigen und beispielgebenden Gestalt.
Ein von einer geschweiften Kuppel und reizvoller La-

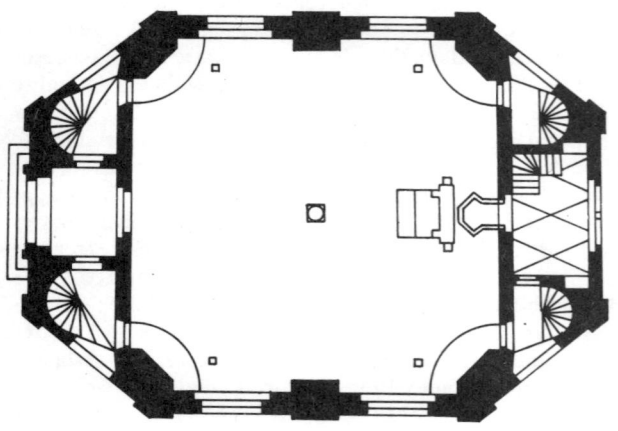

terne bekrönter gestreckter Achteckbau ist im Inneren durch eingezogene Zwischenwände auf der West- und Ostseite zu einem Quadrat mit abgeschrägten Ecken verwandelt. Den Innenraum umziehen an den Ecken vorschwingende Emporen mit Dockenbrüstungen. Im Zentrum der Kirche steht der frühklassizistische Taufstein. Im Scheitel der Innenkuppel hält eine plastische Gruppe von Kindengeln ein darauf bezogenes Spruchband mit Markus 10, 14. Der Kanzelaltar, einer der frühesten und wertvollsten in Sachsen, ist so angelegt, daß er nach allen Seiten des Raumes hin ein vollständiges Bild bietet. Böhme ist offensichtlich durch seine Romreise zur Schaffung der »lutherischen Cathedra Petri« (Asche) in Carlsfeld angeregt worden. Der Schwerpunkt des Skulpturenschmuckes liegt auf der Kreuzigungsgruppe des Altartisches. An der Kanzelbrüstung sitzen Petrus und Paulus. Der Auferstandene erscheint in einer Wolke über dem von zwei Palmenbäumen gestützten Schalldeckel. Die oberhalb des Kanzelaltars aufgestellte Orgel wird von einem Bogen umfangen. Sie vollendet den Aufbau der liturgischen Stätte. Die Kirche wurde zuletzt 1956 im Innern restauriert. Abb. S. 64, 65

Constappel, Ortsteil von Gauernitz, Kr. Meißen,
Kbz. Meißen, St.-Nikolai-Kirche

Die Kirche ist im Kern ein romanischer Bau. Zeugnisse der Reformation sind die ganzfigurigen, jeweils 94 mal 212 cm messenden Bildnisse von Luther und Melanchthon an den Seitenwänden des Chores. Man hält sie für Kopien nach Lukas Cranach d. Ä. aus dem 17. Jh. Sie sind jedenfalls besonders eindrucksvolle Belege für den bis in unser Jahrhundert hineinreichenden Brauch, die Kirchen mit den Bildnissen der Reformatoren zu schmücken. Die Sandsteintaufe von 1583 bezeugt die Hochschätzung dieses Sakramentes in der lutherischen Kirche. Am Fuße halten vier Kinder die Marterwerkzeuge. Die Kuppa schmücken die Reliefs mit Christi Geburt und Taufe. Die Inschrift aus Markus 10, 14 preist die Kindertaufe.
Ihr heutiges äußeres und inneres Gepräge erhielt die Kirche durch den Umbau von 1884/85, den der Dresdner Architekt Bernhard Schreiber im Auftrage von Prinz Ernst von Schönburg durchführte. Die auf 1889 datierte Innenausmalung des Ostteiles durch den Dresdner Historienmaler Wilhelm Walther betont den Charakter der Kirche als Heiligtum im Sinne kirchlicher Erneuerung des 19. Jh. Abb. S. 66

Coswig, Kr. Meißen, Kbz. Meißen
Alte Kirche und Peter-Pauls-Kirche

1497 wurde der einschiffige Saal mit dreiseitigem Ostschluß und quadratischem Westturm gebaut. Dieser wurde 1611 erhöht und erhielt zwei Volutengiebel. Danach wurde eine Empore eingebaut, deren Brüstungen mit der Passion Christi bemalt sind. Die hölzerne Kassettendecke zeigt die Apostel, Engel und das Jüngste Gericht. Eine zweite Empore wurde 1735 eingefügt. Der Flügelaltar geht auf die Erbauungszeit zurück, wurde aber 1611 umgestaltet. Er zeigte die Figuren der Muttergottes sowie Barbaras und Katharinas im Mittelschrein, in den Seitenflügeln in zwei Reihen je drei Heilige. 1982 wurden sämtliche Figuren geraubt. Die Kanzel stammt von 1612. Etwa gleichzeitig entstand die Orgel, die ebenfalls 1735 und noch einmal 1760/70 umgestaltet wurde. Der Reiz des farbigen Zusammenklanges der historischen Ausstat-

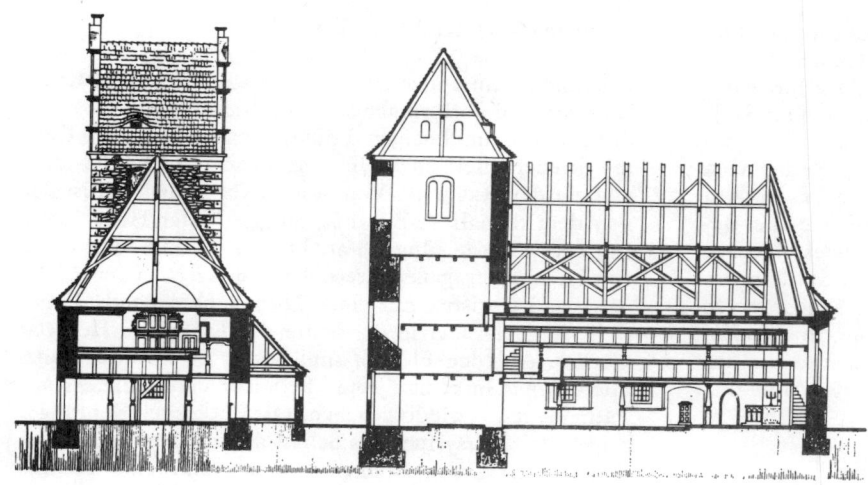

Coswig, Kr. Meißen, Alte Kirche,
Quer- und Längsschnitt

tung veranlaßte die Kommission zur Erhaltung der Kunstdenkmäler am Anfang unseres Jahrhunderts, auf die Erhaltung des Baues zu drängen, nachdem von der Gemeinde im Falle eines Neubaues an einen Abbruch oder an einen Umbau gedacht worden war.

Die neue Kirche wurde 1901/03 von Woldemar Kandler in der Nähe zur alten in Neurenaissanceformen errichtet. Der massive, an der Südseite gelegene Turm wird an allen vier Seiten von Renaissancegiebeln abgeschlossen; darüber erhebt sich ein schlanker Dachreiter. Der Turm wird von Seitentürmen flankiert, die die Aufgänge zu den Emporen enthalten. Querarme betonen das Zentralisierende des gewölbten Innenraumes, dessen Altarplatz polygonal geschlossen ist. Sakristei und Taufkapelle sind dem Altarraum angegliedert. Durch die originale Ausstattung und Ausmalung des Raumes gehört der Bau zu den wenigen erhaltenen Beispielen für die Stilperiode der deutschen Neurenaissance. Abb. S. 67, 68

Crandorf, Ortsteil von Erla, **Kr. Schwarzenberg, Kbz. Aue**

Das seit 1550 bestehende Dorf war anfänglich nach Schwarzenberg, seit 1555 nach Grünstädtel eingepfarrt. 1711/12 konnten sich die Bewohner eine eigene Pfarrkirche errichten, einen längsgerichteten Bau, der, auf beiden Schmalseiten abgeschrägt, zum Zentralbau tendiert. Als Maurermeister wird Johann George Pauli aus Schwarzenberg genannt. Der Westturm kam erst 1864 hinzu. Im Inneren tritt vor die umlaufende Empore im Osten der vom Gemeindeglied Christian Lange für die neue Kirche gestiftete Kanzelaltar. Die Kanzel ist innerhalb des zweisäuligen Aufbaues aus Holz hinter einem Kreuzigungsgemälde in ovalem Rahmen versteckt. Auf dem als Wolke gebildeten Schalldeckel steht der Auferstandene. Vier Engel beleben das Gesamtbild. Abb. S. 77

Crottendorf, **Kr. Annaberg, Kbz. Annaberg,**
Heilige Dreifaltigkeitskirche

Die Crottendorfer Kirche bietet noch heute das charakteristische Bild eines reich ausgestatteten Innenraumes der zweiten Hälfte des 17. Jh., obwohl der Rechtecksaal 1896 den Anbau einer gewölbten Apsis und Veränderung der Emporenanlage erfuhr. Dem Bau von 1654 gehört die ornamental bemalte Felderdecke an, desgleichen die umlaufende Empore, deren Brüstung mit Gemälden biblischen Inhalts geschmückt ist. Die Kanzel auf hoher korinthi-

scher Säule am Chorbogen rechts entstand 1656. Der kraftvolle barocke Säulenaltar aus Holz wurde 1699 von Theodor Meyer aus Freiberg geschaffen. Unmittelbar über dem Altartisch befindet sich eine geschnitzte Abendmahldarstellung. Korinthische Säulen rahmen das Hauptfeld mit dem Gemälde der Kreuzigung. Das Gemälde im Obergeschoß zeigt Isaaks Opferung als alttestamentliches Vorbild für Golgatha. Geschnitzte Engel weisen in bewegter Gebärde auf dieses Geschehen hin. Aus einer abschließenden Glorie tritt der Auferstandene hervor. Abb. S. 69

Culitzsch, **Kr. Zwickau, Kbz. Zwickau**
Laurentiuskirche

Die Kirche am Südostende des Dorfes wurde 1770/73 nach der Angabe des Meisters Siegert aus Schneeberg erbaut. Sie ist eine schlichte spätbarocke Saalkirche mit Walmdach und Dachreiter, im Inneren ausgestattet mit einer umlaufenden Empore. Besondere Aufmerksamkeit verdient der reizvolle Kanzelaltar von Tischlermeister Möckel aus Kirchberg in Rokokoformen. Er ist mit vier Schnitzfiguren (unten Andreas und Johannes, seitlich der Kanzel Petrus und Laurentius) des Flügelaltars von Peter Breuer (1520) aus der alten Kirche geschmückt – bewahrtes Erbe in einem neuen Rahmen. Zum alten Altar gehörten zwei Flügel, die sich jetzt zu beiden Seiten des Kanzelaltars an der Kirchenwand befinden, und eine Schnitzfigur des heiligen Christophorus in einer Nische rechts unter der Empore. Abb. S. 69

Demitz-Thumitz, **Kr. Bischofswerda, Kbz. Bautzen**
Ev.-Luth. Christuskirche und röm.-
kath. Kirche »Maria, Königin des
Friedens«

Demitz-Thumitz, 1899 aus zwei Dörfern zu einer politischen Gemeinde vereinigt, entwickelte sich seit 1845 zu einem Industriedorf. Die evangelischen Einwohner bilden seit 1950 eine selbständige Kirchgemeinde. Zuvor waren sie nach Schmölln eingepfarrt. Erst 1952 gelang es, auf dem Gelände vor dem Friedhof eine turmlose Saalkirche nach dem Plan von Architekt Paul Weiße in Dresden zu errichten. Mit dem Bau eines Pfarrhauses an der südlichen Schmalseite des entstehenden Kirchplatzes war dieses Bauvorhaben 1953 abgeschlossen. Charakteristisch für den Kirchenbau ist vor allem die Außenverkleidung mit einheimischem Granit, der auch für Altar, Taufstein, Kanzel und Osterleuchter Verwendung fand. Nach Fertigstellung der evangelischen Kirche entschied sich die zur Pfarrei Bischofswerda gehörende katholische Gemeinde, die von ihr geplante Kirche ebenfalls auf dem Vorgelände des Friedhofes zu errichten. So entstand 1954/55 eine Saalkirche mit ausgesondertem Altarraum nach dem Plan von Architekt Andreas Marquardt aus Leipzig. Rechts vom Friedhofsweg und in ihrer Längsachse zur evangelischen Kirche im rechten Winkel gelegen, schloß sie die Bebauung des gärtnerisch gestalteten Kirchplatzes glücklich ab. Nicht nur die katholische Kirche selbst, sondern das ganze Ensemble erhält durch den seitlich angeordneten Glockenturm eine wirkungsvolle Dominante. In Übereinstimmung mit der evangelischen Kirche wurde für den Außenbau Granit gewählt. Das gilt auch für Altar und Ambo. Abb. S. 70

Deutschenbora, Kr. Meißen, Kbz. Meißen

Die Familie von Mergenthal, die hier bis ins 18. Jahrhundert saß, gab vor allem dem Bau und seiner Ausstattung ihr eigentümliches Gepräge. Nachdem Anna von Mergenthal die Kirche 1698 erneuert hatte, ließ sie ihr Sohn August Philipp, der letzte männliche Nachkomme des Geschlechtes, 1739 verlängern und als eine symmetrisch geordnete barocke Gemeindekirche ausbauen. Den Raum umzieht eine Empore. Sie umschließt im Osten bogenförmig den Kanzelaltar, über dem sich die Orgel erhebt. August Philipp von Mergenthal beschließt die Ahnenbilder, die die Brüstungsfelder der Südempore einnehmen und sich ursprünglich wohl auf der Nordseite befanden. Die auf drei Bilder verteilte Reihe der Herren von Mergenthal und ihrer Familienangehörigen umfaßt von West nach Ost insgesamt sieben Gruppen. Die erste Tafel, die mit dem 1480 verstorbenen Hans von Mergenthal beginnt, wurde 1556 gemalt und 1667 erneuert. Abb. S. 70

Deutsch-Ossig, Kr. Görlitz, Kkr. Reichenbach
Kirche »Zur Heiligen Dreifaltigkeit«

Die Kirche wird im Meißner Bistumsmatrikel von 1346 erstmalig erwähnt. Vom Mittelalter her rührt noch der Turm. Seinen jetzigen Abschluß erhielt er 1755 nach dem einmal durchbrochener Haube erhielt er 1755 nach dem Riß von Georg Rothe aus Görlitz. Das Kirchenschiff ist ein vergrößerter Neubau von 1715/18. Der gewölbte Innenraum wurde damals und in den darauffolgenden Jahrzehnten außergewöhnlich reich ausgestattet. In dem Görlitzer »Architectus und Bildhauer« Caspar Gottlob von Rodewitz stand ein Künstler zur Verfügung, der den Raum entwerfen sowie Kanzelaltar und Taufengel als Höhepunkte der Ausstattung auch selbst ausführen konnte. Dem »Kunst-Mahler und Staffirer / wie auch Bürger-Meister zu Krazau in Böhmen« Gottfried Kändler verdanken diese Stücke ihre Farbenpracht. Die Freude am Lobpreis des dreifaltigen Gottes durchdrang auch alles, was in dem Sakramentsgottesdienst bei Einweihung der Kirche am 17. Juni 1718 geschah. Diese wurde 1767 durch neue zweigeschossige Betstuben mit reichen Rokokoschnitzereien von Meister Seidel aus Seidenberg ersetzt. Die Orgel, die 1772/74 von Leonhardt Balthasar Schmal in Zittau geschaffen wurde, hat einen Prospekt aus dieser Zeit, die Decke ist mit Rocaille- und Blütenornamenten bemalt. Die Kirche – bedingt durch den Braunkohleabbau – wird in das Neubaugebiet Görlitz-Königshufen umgesetzt. Abb. S. 71

Dittmannsdorf, Kr. Flöha, Kbz. Flöha

Das mit einem spitzen Dachreiter ausgezeichnete Langhaus ist wohl noch romanisch, der dreiseitig geschlossene, durch einen rundbogigen Triumphbogen abgesetzte Chor mit Strebepfeilern spätgotisch. Eine hölzerne Felderdecke schließt den Raum ab. Von besonderer Bedeutung ist der von dem damals in Zwickau tätigen Maler Hans Hesse 1497 geschaffene Flügelaltar. Das Mittelbild zeigt einen von Engeln getragenen Kreis, den Weltkreis, in dem Gottvater und Christus, auf einer Thronbank sitzend, dargestellt sind, darüber in der Mitte die Taube des Heiligen Geistes. Auf den Flügeln sind Maria im Strahlenkranz, Hieronymus links und Anna Selbdritt und Johannes auf Pathmos rechts wiedergegeben. Die Rückseiten der Flügel zeigen das Martyrium des Sebastian und die heilige Katharina links, den Schmerzensmann und eine Heilige rechts, vielleicht die heilige Hedwig; diese Bilder sind von geringerer Qualität. Abb. S. 82

Dölzig, Kr. Leipzig, Kbz. Leipzig West
Stiftskirche

Als Rest der romanischen Kirche ist der querrechteckige Westturm anzusehen. Spätgotisch sind der netzgewölbte Chor und das 1522 neu errichtete Langhaus sowie der achteckige Aufsatz des Turmes. Werkmeister war wohl Franz Mildner. Damals war Dölzig eine Stiftskirche; aus dieser Zeit stammen auch einige qualitätvolle spätgotische Schnitzfiguren, die Stefan Hermsdorf zugeschrieben werden, und ein lebensgroßer Kruzifixus. Im übrigen ist die 1706 geschaffene Innenausstattung mit Emporen, Logen, Orgel und aufwendigem Altar barock. Dessen Architektur geht auf den 1699 von Michael Hoppenhaupt geschaffenen Altar der Leipziger Matthäikirche zurück. Die Figuren werden Johann Jakob Löbelt aus Leipzig zugeschrieben. An dem Säulenaufbau flankieren Mose und Johannes der Täufer den Gekreuzigten; auf dem Giebel ist der auferstandene Christus dargestellt. Abb. S. 72

Ebersbach, Kr. Löbau, Kbz. Löbau

Ebersbach besitzt eine der schönsten und größten Barockkirchen der Oberlausitz. Das im 13. Jh. gegründete Waldhufendorf gehörte seit 1597 dem Rat der Stadt Zittau und entwickelte sich seit dem 17. Jh. zu einem bedeutenden Weberdorf. Die Kirche, seit dem 14. Jh. bezeugt, nach der Verwüstung des Ortes durch die Hussiten erst um 1550 wieder aufgebaut, wurde 1682 verlängert und 1726/33 nochmals um einen zentralbauartigen Ostteil ergänzt. Für die Baumaßnahmen von 1682 sind die Namen von Maurermeister Hanß Föhre aus Dresden und Zimmermeister Hans Friedrich Möller aus Zittau überliefert. Mit dem zentralisierenden Erweiterungsbau soll nach chronikalischer Nachricht ein italienischer Maurermeister, der 1725/1728 im benachbarten böhmischen Georgswalde einen Kirchenbau ausführte, befaßt gewesen sein.

Zu ebener Erde und auf den drei den ganzen Raum umziehenden Emporen finden fast 2000 Menschen Platz. Das Werk der Zimmermeister Röthig, Schindler und Gebrüder Hempel sowie der Tischlermeister Gottfried Weise und Stephan vollendeten die Maler mit einem reichen und farbenfrohen Schmuck, der der ganzen Holzausstattung zu festlicher Wirkung verhalf. Tischlermeister Weise (Sohn) fertigte das Tonnen- und Kuppelgewölbe. Ein Zittauer

Maler, dessen Werk Tempel aus Eibau vollendete, schmückte die Füllungen der unteren Empore mit 54 biblischen Szenen, die Pfarrer M. Johann Ernst Grosser ausgewählt und mit Reimsprüchen versehen hatte. Die

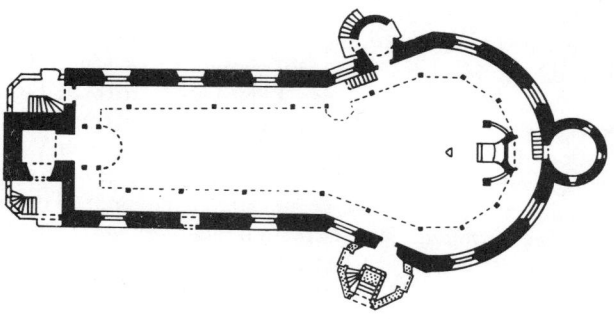

Bildfolge ist als Entfaltung des trinitarischen Glaubensbekenntnisses konzipiert. Die liturgischen Ausstattungsstücke sind dem architektonischen Rahmen gut eingefügt. Die Westseite beherrscht der prächtig geschnitzte Prospekt der großen, Haupt-, Ober-, Brustwerk und Pedal umfassenden Orgel. 1683/85 von Christoph Dressel (Leipzig) erbaut, diente sie bis 1738 der Johanniskirche in Zittau. Danach wurde sie an die Ebersbacher Kirche verkauft und hier, um einige Stimmen ergänzt, am 9. 5. 1739 wieder eingeweiht. Ihr gegenüber, der Rundung des Ostteils angepaßt, erhebt sich, an katholische Ziborienaltäre des Barocks anklingend, der Altar. Er ist mit den allegorischen Figuren des Glaubens und der Liebe, die das Gethsemane-Relief rahmen, ein Betaltar im Sinne des 18. Jh. Bemerkenswert ist, daß an der Stelle über dem Altartisch, wo in katholischen Kirchen damals der Tabernakel zu stehen pflegte, sich eine Nachbildung der heiligen Lade des Salomonischen Tempels befindet, jedoch von einem Kruzifix bekrönt. Motive vom salomonischen Heiligtum beeinflußten auch die Gestalt der hölzernen Taufe von 1725: Cherube tragen das dreieckige Becken und symbolisieren so die Taufe auf den dreieinigen Gott. Die hölzerne Kanzel von 1788 fand ihren Platz an der Nordseite, wo sich das Schiff zum Zentralraum weitet.

Abb. S. 73

Ebersbach, Kr. Görlitz, Kkr. Görlitz

Die dreiteilige Gliederung des Baues in Langhaus, eingezogenen Chor und westlich vorgelegten Turm geht im wesentlichen auf mittelalterliche Bauvorgänge zurück. Das Gewölbe des etwa quadratischen Schiffes ruht auf einer Mittelstütze, das Netzgewölbe des eingezogenen Rechteckchores entwickelt sich aus Kopfkonsolen, die an die im Südschiff der Peterskirche zu Görlitz aus der Zeit kurz nach 1400 erinnern. Auch die Ebersbacher Wölbung wird man mithin ins frühe 15. Jh. datieren dürfen. In diese Zeit paßt auch der Typus der »Einstützenhalle«. Einige Portale sind spätgotisch. Der Ausbau des Turmes erfolgte 1598, Haube und Laterne sind barock. Aus der Barockzeit stammen auch die doppelgeschossige Emporenarchitektur, Logenarchitektur, Kanzel und der Altar. Der Säulenaufbau des Altars ist 1725 entstanden und stellt im Mittelteil den Gekreuzigten vor Augen, am Kreuzesstamm Maria Magdalena. Die Taufe ist von 1591 und zeigt neutestamentliche Szenen. Der Kirchenraum, und insbesondere die Kapelle derer von Salza von 1606, ist mit Grabmälern und Epitaphen vorrangig des 17. Jh. ausgestattet.

Abb. S. 74

Ebersdorf, Stkr. Karl-Marx-Stadt, Kbz. Karl-Marx-Stadt I
Stiftskirche »Zu Unserer Lieben Frauen«

Der als Dorfkirche ungewöhnlich stattliche Bau aus der Zeit um 1410/20 verdankt seine Entstehung einer Marienwallfahrt. Auf Grund der Stiftung von sieben Altären war hier eine größere Anzahl von Klerikern tätig, die sich ohne kirchenrechtliche Kodifizierung zum Leben in einem geistlichen »Stift« verbunden fühlten. An die Wallfahrt erinnern noch heute Votivgaben, u. a. die Kleider der von Kunz von Kaufungen geraubten und aus seiner Hand befreiten wettinischen Prinzen. Der ergrabene Vorgängerbau war ein normaler kleiner Saal mit eingezogenem Chor und Halbrundapsis. Der Neubau begann mit dem Chor, einem Quadrat mit Fünfachtelschluß. Im Anschluß daran entstand die asymmetrisch zweischiffige Halle mit dem Turm an der Südwestecke. Das Langhaus erhielt ein Kreuzrippengewölbe, der Chor ein Netzgewölbe. Im Südosten der Kirche ist ein achteckiger Kapellenbau gelegen; dort wurden Wandmalereien aus dem 15. Jh. aufgefunden. Der Kirchhof war befestigt, davon sind zwei Tortürme erhalten. Der jüngste Bauteil ist die zweigeschossige Nordkapelle mit Maßwerkgewölbe im Erdgeschoß, errichtet wohl um 1460/70. Die Kirche ist reich an mittelalterlichen Ausstattungsstücken. Der Zeit um 1320 entstammt eine Sitzmadonna, vielleicht das Gnadenbild der Wallfahrt. Aus der Zeit des Kirchenumbaus erhielten sich der Mittelschrein und ein Flügel eines Marienaltars, die Taufe, ein Vesperbild und die Marmorskulptur eines heiligen Hieronymus. Auf den bedeutendsten Bildhauer der Spätgotik in Obersachsen, auf Hans Witten, gehen der Grabstein des Dietrich von Harras aus den Jahren nach 1500, ein Kruzifixus und die Pulthalterfiguren, ein Engel und ein Diakon, entstanden um 1513, zurück. Auf dieses Jahr sind auch einige Glasscheiben mit Heiligendarstellungen und Wappen und der große Hochaltar datiert. Dies ist einer der stattlichsten Flügelaltäre in Obersachsen überhaupt, geschaffen von einem in Freiberg geschulten Meister, der hier mit Hans Hesse aus Zwickau als Schöpfer der Gemälde zusammenarbeitete. Im Mittelschrein ist die Muttergottes mit Barbara und Dorothea, in den Flügeln sind geschnitzte Szenen aus dem Marienleben dargestellt; die Flügelbilder schildern Christi Passion; die dritte Wandlung zeigt ganzfigurige Heilige. Der Zinnaufsatz einer Renaissancetaufe folgt in seinem Figurenschmuck Vorlagen von Peter Flötner und anderen Nürnberger Künstlern des 16. Jh.

Nach langwierigen Restaurierungsarbeiten, die seit 1959 im Gange sind, wurde 1981 der Innenraum entsprechend den Farbbefunden aus der Erbauungszeit neu ausgemalt. Die Restaurierung der Kunstwerke nahm viele Jahre in Anspruch; am Hochaltar konnte sie noch nicht abgeschlossen werden.

Abb. S. 75, 76, 84

Elbisbach, Kr. Geithain, Kbz. Borna
Tochterkirche von Prießnitz

Seit 1533 ist Elbisbach Tochterkirche von Prießnitz. Das Gotteshaus liegt auf dem Friedhof, den eine Mauer mit Schießscharten umgibt. Die bestehende, im Osten dreiseitig geschlossene Saalkirche wurde am 4. Advent 1748 eingeweiht. Der Typ der kleineren barocken Predigtkirche ist im Innern in besonders ansprechender Weise verwirklicht. Die den Raum umziehende Holzempore auf toskanischen Säulen bricht vor dem Altarplatz ab. Ihn beherrscht der als korinthische Pilasterarchitektur ausgebildete marmorierte Kanzelaltar, mit dem sich seitlich anschließende, von Supraporten bekrönte Durchgänge zu einer repräsentativen Schauwand vereinigen.

Abb. S. 77, 83

Eppendorf, Kr. Flöha, Kbz. Flöha

Unter dem Einfluß des Vereins für kirchliche Kunst im Königreich Sachsen wurde die Kirche nach einem Entwurf des Dresdner Akademieprofessors Christian Friedrich Arnold gebaut. Der Grundsteinlegung am 4. November 1862 folgte die Weihe am 2. Oktober 1865.

Die Kirche ist ein einschiffiger flachgedeckter Emporenraum mit gewölbtem Chor in neuromanischem Stil. Sein eigentümlicher Reiz liegt in der aus übereinander angeordneten Rundbogenarkaden mit 38 Säulen in romanischen Formen gebildeten Emporenzone und der den Raum abschließenden Felderdecke mit gemaltem Sternenmuster. Zu dieser Lösung kam der Architekt, als er, entgegen seinem an die Basilikaform geknüpften Ideal, auf die Platzwünsche der Gemeinde Rücksicht zu nehmen hatte.

Abb. S. 78

Erla s. Crandorf

Erlau, Kr. Rochlitz, Kbz. Rochlitz

Der Kirchenbau, inschriftlich auf 1541 datiert, gehört der spätesten Gotik an, der ältere Teil ist der Chor. Als Baumaterial verwendete man Rochlitzer Porphyrtuff. Das Kircheninnere ist flach gedeckt. Das Kirchenschiff, 1775 mit doppelter Empore ausgestattet, öffnet sich mit einem gekehlten, spitzbogigen Triumphbogen nach dem eingezogenen Chor. Dort erhebt sich ein großer vierflügeliger Altar aus der Zeit um 1500, als dessen ursprünglicher Aufstellungsort die Kunigundenkirche in Rochlitz überliefert ist. Die Festtagsseite zeigt folgende geschnitzte, bemalte und teilweise vergoldete Figuren: im Mittelschrein Maria, umgeben von Katharina und Barbara, auf den Seitenflügeln je sechs Apostel. Bei geschlossenen inneren Flügeln sieht man Gemälde mit Darstellungen aus dem Marienleben. Der geschlossene Zustand zeigt vier Passionsszenen.

Zur Ausstattung von 1541 gehört offensichtlich die mit Maßwerk überzogene Kuppa der Porphyrtaufe. Die ältesten Kirchengeräte sind zwei silbervergoldete Kelche mit zugehörigen Patenen aus der Zeit um 1500.   Abb. S. 79

Etzoldshain, Kr. Grimma, Kbz. Borna
Tochterkirche der St.-Kilians-Kirche in Bad Lausick

Die romanische Kirche wohl aus der Zeit nach 1200 gliedert sich in ein rechteckiges Schiff und einen eingezogenen, platt geschlossenen Chor. Ein großer Dachreiter stammt von 1801, eine Westvorhalle aus dem 17. Jh. In der Ostwand des Chores befindet sich eine rundbogige Dreifenstergruppe. Bei der letzten Restaurierung 1958 wurde im Chor eine Bretterdecke mit spätgotischer Schablonenmalerei aufgefunden, und die romanischen Fensteröffnungen wurden rekonstruiert. Ein spätgotischer Flügelaltar von etwa 1520 zeigt die Muttergottes zwischen Martin und Johannes, in den Flügeln in zwei Reihen je zwei Heiligenfiguren: Katharina, Petrus, Margaretha und eine weitere

Heilige rechts, Barbara, Paulus, Elisabeth und Andreas links. Im Auszug befindet sich ein Kruzifix.   Abb. S. 79

Euba, Kr. Karl-Marx-Stadt, Kbz. Karl-Marx-Stadt I

Die Kirche wurde anstelle des 1794 abgebrochenen Vorgängerbaus im Jahre 1796 als geräumiger Rechtecksaal mit je zwei Emporen an den Längsseiten errichtet. Den vorgelagerten Westturm krönt eine verschieferte Haube nach dem Vorbild von Gahlenz von 1775. Aus dem Vorgängerbau übernahm man den barocken Kanzelaltar, die Orgel von 1744, einen 1907 restaurierten und in der Turmhalle aufgestellten Flügelaltar aus der Zeit um 1480/90 und die achteckige Sandsteintaufe von 1596, die für ein Werk von Michael Hegewald gehalten wird. In ihrem Fuß sitzen vier betende Kinder in Taufkleidchen, ein ikonographisches Motiv, das – im Anschluß an die Taufe Hans Wittens in der Annenkirche in Annaberg – um 1600 sehr verbreitet war.   Abb. S. 80

Forchheim, Kr. Marienberg, Kbz. Marienberg

Am oberen Ende des langgestreckten Waldhufendorfes wurde die Kirche 1719/26 nach Plänen George Bährs von Johann Gottfried Fehre als Zentralkirche über dem Grundriß des griechischen Kreuzes völlig neu erbaut. Die

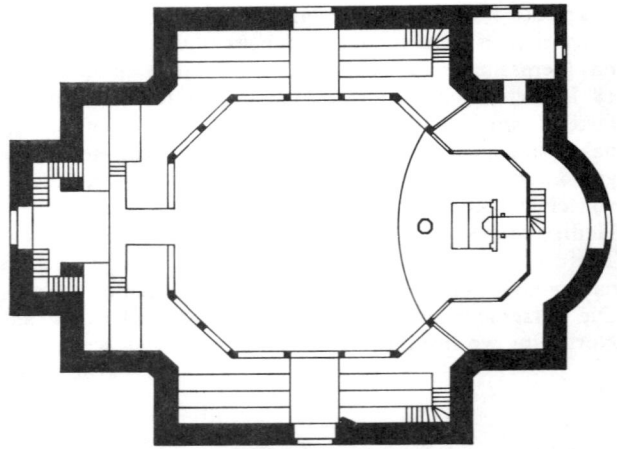

zweigeschossige Emporenarchitektur bildet ein Oktogon; nur im Altarbereich weitet sich der Raum. In eine flache Konche ist die Silbermannorgel von 1724/26 eingestellt; sie bildet die Bekrönung des Kanzelaltarprospekts; in der Achse vor dem Altar ist der Platz der Taufe. Dem Altar gegenüber befindet sich die Herrschaftsloge, zu der eigene Zugänge führen. Im Äußeren ist der Bau mit über den Kreuzarmen abgewalmten Dächern versehen und von einem Dachreiter bekrönt. Die bauliche Konzeption schließt an den kleineren Kirchenbau von Schmiedeberg (1713/15) an. Der innere Ausbau und die Ausschmückung vor allem im Altarbereich gehen auf Freiberger Künstler zurück. Die Orgel zeigt den Silbermannschen Normalprospekt, die reizvolle Ausmalung in weißen, grauen und Ocker-Tönen mit Régence-Ornamentik an den Brüstungen der Gestühle und Emporen schuf Johann Christian Butzäus. Nach einer verfehlten Restaurierung von 1887 wurde die barocke Ausmalung 1964/68 freigelegt und erneuert. Gleichzeitig sind die Einbauten am Altar rekonstruiert worden. Aus der Vorgängerkirche erhielten sich ein Flügelaltar aus der Mitte des 15. Jh. und ein überlebensgroßer spätgotischer Kruzifixus.   Abb. S. 89, 90

Frankenhausen, Ortsteil von Crimmitschau, Kr. Werdau, Kbz. Werdau

Bei der kleinen romanischen Dorfkirche, einem Saal mit eingezogenem tonnengewölbtem Chor und Apsis, wurde um 1290 ein Zisterzienser-Nonnenkloster angelegt. Der Konventbau – in der heutigen Form mit Ziergiebeln aus dem frühen 16. Jh. – wurde in keinen regulären Bezug zu der älteren Dorfkirche gesetzt, die nun aber gleichzeitig als Klosterkirche diente. Nach der Säkularisation 1529 wurde die Kirche mehrfach umgebaut, durchgreifend 1729. Damals erfolgte der Einbau von zweigeschossigen Emporen. 1780 erhielt der Chor seinen achtseitigen Turmaufsatz mit Haube und Laterne. Ein überlebensgroßer Kruzifixus ist das einzige mittelalterliche Ausstattungsstück. Abb. S. 90

Friedersdorf, Kr. Görlitz, Kkr. Reichenbach
Kirche St. Mariae et Ursulae

Ein Kaufbrief von 1326 nennt Pleban Otto in Fridrisdorf. Das aufstrebende Mauerwerk der auf dem Friedhof gelegenen Kirche geht noch in die Zeit der Frühgotik zurück. Dem Turm folgen nach Osten Schiff, Chor und Apsis. Nach einer Brandkatastrophe 1661 wurde die Kirche durch Martin Pötzsch aus Bautzen bis 1663 wiederhergestellt, dabei teilweise neu eingewölbt und stuckiert. Von den Kreuzungspunkten der Gewölbegrate hängen Kugeln, Trauben und Pyramiden herab. Diese werden im Schiff von den Inschriften »VERBVM. DOMINI. MANET. IN. AETERNUM. ANNO 1. 6. 6. 3.« und »ALSO HAT GOTT DIE WELT GELIEBET« (Joh. 3,16) umgeben. Fünf Schriftfelder am Chorbogen halten mit Worten des Alten Testaments (5. Mose 32,22; Jes. 64,10; Klagel. 3, 22) die Erfahrung von Gottes Gericht und Barmherzigkeit in Zerstörung und Wiederaufbau der Kirche fest. Das »GLORIA IN EXCELSIS DEO« am Apsisbogen ist Ausdruck des liturgischen Lobpreises Gottes. Den hölzernen barocken Altaraufbau von 1668 mit dem Kreuzigungsgemälde im Hauptfeld schuf Georg Bahns aus Zittau. Aus der gleichen Werkstatt kam wohl auch die Kanzel mit den geschnitzten Evangelistenfiguren von 1668. Die Sandsteintaufe stammt bereits von 1616, ein Taufengel (?) von 1787. Mit Emporen und Kirchenbänken besitzt die Kirche ihren noch vollständigen barocken Ausbau. Abb. S. 80

Gahlenz, Kr. Flöha, Kbz. Flöha
Kirche zum Heiligen Kreuz

Bereits in der Meißner Bistumsmatrikel von 1346 wird Gahlenz als selbständige Parochie genannt. Mit der jetzigen Kirche nach den Plänen des Freiberger Bau- und Zimmermeisters Johann Gottlieb Ohndorf konnte nach Beendigung des Siebenjährigen Krieges endlich der schon 1756 angestrebte Neubau durchgeführt werden. Nach Ohndorf nennt die Grundsteinlegungsurkunde weitere vier Bauverantwortliche, unter ihnen zuerst Johann Christoph Uhlmann, Bau- und Maurermeister zu Börnichen. Die schlichte barocke Saalkirche mit abgeschrägten Ecken an der Ostseite und mit Walmdach hat je vier Korbbogenfenster an den Längsseiten und drei an der östlichen Schmalseite. Die Doppelemporen ziehen sich im Bogen bis in den Altarraum hinein und brechen vor dem hochaufragenden hölzernen Kanzelaltar ab. Vor dessen

Schranken erhebt sich die Sandsteintaufe in Vasenform von 1767. An der Eingangsseite wurde 1775 der Turm aufgeführt. Abschließend verjüngt er sich zu einer steil aufsteigenden verschieferten Laterne, deren geschweifte Bekrönung eine Zwiebelhaube trägt. Die umfangreiche Gesamtrestaurierung der Kirche wurde 1979 abgeschlossen. Abb. S. 91

Gelenau, Kr. Zschopau, Kbz. Annaberg

Die Saalkirche mit polygonalem Schluß wurde 1580/81 anstelle der mittelalterlichen Vorgängerin neu erbaut. Die Initiative lag bei dem Patronatsherrn Joachim I. von Schönberg zu Gelenau. Er starb noch vor Vollendung des Baues am 21.9.1580 und wurde vor dem Altar begraben. Das von seinen beiden Söhnen und der Tochter 1581 an der Südwand errichtete Epitaph hält das Gedächtnis an diese Familie und ihren Glauben in vollplastischen Figuren fest. Über den Stifterbildnissen zeigt ein Relief das Jüngste Gericht. Der inschriftlich genannte Freiberger Bildhauer Andreas Lorentz schuf gleichzeitig die mit Reliefs geschmückte Kanzel und den kelchförmigen Taufstein. In das Jahr 1581 gehören auch drei Butzenscheiben in den Altarfenstern mit der Darstellung Gottvaters als Weltenschöpfer, der Arche Noahs und von Isaaks Opferung. Die minutiös gemalten Altarbilder mit der Einsetzung des Abendmahls, der Kreuzigung im Hauptfeld, der Geburt und Auferstehung bildeten wohl schon nach der Erbauung der Kirche einen Altaraufsatz in Form eines Flügelaltars. Als Dietrich von Schönberg 1724 einen anspruchsvollen Barockaltar stiftete, wurden diese Bilder in den Aufbau eingefügt. Eine umfassende Außenerneuerung wurde 1981 abgeschlossen. Abb. S. 92

Gleisberg, Kr. Döbeln, Kbz. Leisnig
Schwesterkirche von Marbach

Die Kirche gehört zu den gut erhaltenen romanischen Sälen mit eingezogenem Chor und Apsis. Aus romanischer Zeit stammen im Inneren nicht nur der Triumphbogen, sondern auch der Altar mit Ecksäulchen und die Mensaplatte. Die schlichte Emporenarchitektur und die Kanzel sind wenig bemerkenswert, interessant dagegen ist das Bild der aus den Gräbern zum Jüngsten Gericht Auferstehenden über dem Triumphbogen von Bernhard Müller aus dem Jahre 1928, das expressive Züge aufweist. Von besonderem Wert ist der 1519 datierte Flügelaltar, der seiner stilistischen Eigenheiten, insbesondere auch seiner reichen Ornamentik wegen der Werkstatt des Meisters des Döbelner Hochaltars zugeschrieben wird. Die geschnitzte Festtagsseite zeigt über dem Marientod in der Predella die Muttergottes mit Mauritius und Nikolaus. In den Flügeln sind Reliefs mit Szenen dargestellt: die Anbetung der Könige und die Marter des Sebastian links, Ereignisse aus den Legenden des Christophorus und des Martin rechts. Die qualitätvollen Malereien der ersten Wandlung zeigen die Heiligen Laurentius und Erasmus (Ambrosius?), weiterhin Ursula und Margaretha, Katharina und Dorothea, Barbara und Apollonia und die Anna Selbdritt. Die zweite Wandlung bringt Sebastian und einen heiligen Bischof. Gegenüber diesen Bildern geringerer Qualität folgen die eindrucksvollen Standflügel mit der Marter des heiligen Mauritius und Johannes dem Täufer. Abb. S. 93

Gnandstein, Kr. Geithain, Kbz. Borna

Die malerisch auf einer Anhöhe über dem Dorf gelegene Kirche ist ein einheitlicher spätgotischer Bau von 1518, bestehend aus einem gestreckten Langhaus, dem Chor mit Dreiachtelschluß und dem quadratischen Westturm, an den an der Südseite eine Wendeltreppe angebaut ist. Der Werkmeister war wohl Franz Mildner aus Weißenfels. Den steilen Walm des Turmes krönt ein barocker Dachreiter mit Haube und Laterne. Die Außenarchitektur mit Werksteingliederungen ist gediegen durchgeführt, entbehrt aber seit der letzten Erneuerung 1909 den Außenputz, unter dem Hauptgesims wurden lediglich die farbigen Putzfriese erhalten und erneuert. Der Innenraum ist mit einem Netzgewölbe überspannt, aus der Erbauungszeit ist nur die Kanzel mit Maßwerkschmuck erhalten. Noch aus dem 16. Jh. stammen die seitlichen Emporen. Sonst ist die Innenarchitektur durch die barocke Ausstattung geprägt, die Orgelempore mit Orgel, die Emporenbrüstungsbilder, die Szenen aus dem Neuen Testament und Amtshandlungen der evangelischen Kirche wiedergeben. Aus dem späten 17. Jh. stammen der Kanzelaltar und ein evangelischer Beichtstuhl. Die Patronatsherren, die viele Jahrhunderte auf der Burg seßhaften Grafen von Einsiedel, haben dem Innenraum durch eine Patronatsloge und eine 13 Steine umfassende Grabmalreihe mit Standfiguren der Adelsherren – neun davon wurden in der Mitte des 17. Jh. gearbeitet, vier weitere entstanden später bis 1756 – ihren Stempel aufgedrückt. Ein Renaissanceepitaph unter Verwendung von Sandstein und Marmor aus dem Jahr 1582 ist besonders bemerkenswert.

Abb. S. 94, 95

Göda, Kr. Bautzen, Kbz. Bautzen
Kirche zu St. Peter und Paul

Im Jahre 1006 wurde das Castellum Göda vom deutschen König dem Bistum Meißen geschenkt. Es bildete 1071 den Mittelpunkt eines Burgwards und war Sitz einer »Urpfarrei«, zu der noch im 16. Jahrhundert fast 70 sorbische Dörfer des ehemaligen Slawengaus Milsca gehörten. Die Kirche ist der Tradition nach von Bischof Benno 1076 gegründet. Aus der Zeit um 1220/30 erhielt sich der überaus stattliche Breitwestturm mit romanischen Doppelarkaden im Glockengeschoß. Die Doppelhelme gehen auf einen Umbau unter Christian Schramm von 1892 zurück. An den Turm wurde – wohl in zwei Bauetappen am Anfang des 16. Jh. – eine dreischiffige Hallenkirche von drei Jochen und ein dreiseitig geschlossener Chor angefügt. An den Chor schließt sich nördlich eine Kapelle von zwei Jochen an. Das Netzgewölbe im Chor ist 1505 datiert, das im Langhaus entstand zwischen 1514 und 1517. Der gedrungen wirkende Hallenraum ist durch eine reiche Ausma-

lung der Gewölbe geschmückt, die Ranken im Chor sind noch spätgotisch, die symmetrisch entwickelten Blumen im Langhaus zeigen dagegen schon Einflüsse der Renaissance. Am Hauptschlußstein fanden sich die Namen und Wappen der Stifter und des Baumeisters Wolff Hrabich.

Die neugotische Innenausstattung entfernte man teilweise schon 1961. Nach Instandsetzungsarbeiten am Außenbau wurde seit 1974 eine durchgreifende Erneuerung des Raumes vorgenommen; dabei restaurierte man die vorgefundene originale Ausmalung. Nachdem der Raum schon 1892 mit Ausnahme der spätgotischen Kanzel seiner historischen Ausstattung weitgehend beraubt worden war, erschien der Denkmalpflege eine Neuausstattung legitim. Damit wurde der Dresdner Bildhauer Friedrich Press betraut, der den Altar, den Ambo und Bildwerke im Chorraum – die ausgesandten 12 Apostel darstellend – schuf.

Abb. S. 85, 96

Göhren, Kr. Rochlitz, Kbz. Rochlitz
St.-Katharinen-Georgen-Kirche, Tochterkirche von St. Otto in Wechselburg

Die kleine Saalkirche mit ihrem spitzen Dachreiter ist ihrer exponierten Lage zufolge eine Landmarke des mittleren Muldenlandes. Romanischen Ursprungs ist das Langhaus mit eingezogenem Rechteckchor, der vielleicht im 13. Jh. verlängert und mit plattem Schluß versehen wurde; auf diese Zeit gehen die Zwillingsfenster und der Vierpaß darüber zurück. 1519 wurde an die Südseite eine Vorhalle angebaut. Ein Flügelaltar von 1512 stammt aus der Werkstatt des Altenburger Meisters Franz Geringswald. Im Mittelschrein ist Maria mit dem Kind und Anna mit Katharina und Georg als den Patronatsheiligen der Kirche dargestellt, in den Flügeln Martin, ein jugendlicher Heiliger, Barbara und Johannes der Täufer, in der Predella die Grablegung der Katharina mit vier gemalten Heiligen. Die gemalten, sehr beschädigten Bilder der Rückseite zeigen die Heiligen Margaretha und Elisabeth. Im Chor findet sich eine spätgotische Sakramentsnische mit Christuskopf und Engeln. Spätromanisch ist die Kuppa des sonst erneuerten Porphyrtaufsteins. An der Nordwand des Chores ist ein überlebensgroßer Kruzifixus angebracht.

Abb. S. 97

Goldbach, Kr. Bischofswerda, Kbz. Bautzen
Schwesterkirche von Großdrebnitz

In der schlichten barocken Saalkirche aus der Mitte des 18. Jh. mit einer Ausstattung aus der gleichen Zeit befindet sich die Figur einer »Schönen Madonna«. Die Farbfassung ist nicht erhalten. Die Figur ist aus stilistischen Gründen ins 1. Viertel des 15. Jh. zu datieren. Um diese Zeit wurden in der Lausitz zahlreiche Figuren und Altäre hergestellt, die den Zusammenhang mit der schlesischen Kunst belegen.

Abb. S. 97

Gornsdorf, Kr. Stollberg, Kbz. Stollberg

Nach Plänen von Johann Traugott Lohse entstand 1822 am Hang auf dem Friedhof der Rechteckbau mit Walmdach. Seine zentralisierende Wirkung wird sowohl durch einen reich entwickelten Dachreiter als auch durch die von Risaliten bestimmte Fassadengliederung hervorgerufen. Der Emporenausbau zeigt ebenso eine zentralisierende

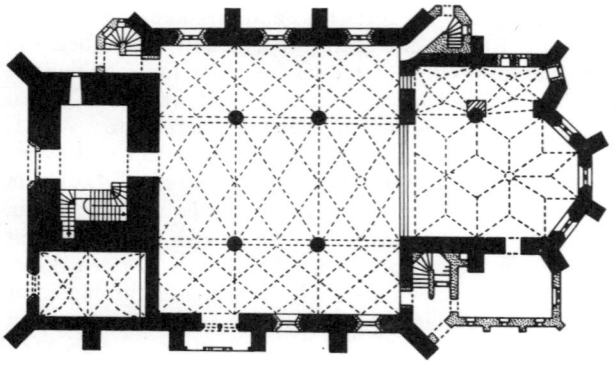

Tendenz, da seine zu Betstuben ausgebauten Schmalseiten den ionischen Kanzelaltar umziehen und ihm gegenüber die Orgel mit biedermeierlichem Prospekt einfassen.

Abb. S. 98

Grießbach, Ortsteil von Schneeberg, Kr. Aue, Kbz. Aue
Tochterkirche von St. Wolfgang in Schneeberg

Die Kirche ist ein romanischer Saal mit eingezogenem, im Grundriß stark verzogenem Chor und Apsis. Sie belegt die bereits ins frühe 13. Jh. zurückgehende bäuerliche Besiedlung des Schneeberger Gebiets. Starke Veränderungen erfuhr der Bau im Jahre 1747; damals wurden im Inneren Emporen eingefügt, die Fenster im Langhaus vergrößert und ein stattlicher Dachreiter mit geschweifter Haube aufgesetzt. Aus dieser Zeit stammt wohl auch die hölzerne, ornamental bemalte Felderdecke. Bei einer Erneuerung 1955 wurden im Chor romanischer Wandputz freigelegt und originale Fensteröffnungen entdeckt. Unter den Ausstattungsstücken ist der Mittelschrein eines einstigen Flügelaltars aus dem späten 15. Jh. zu nennen, in dem die Muttergottes, flankiert vom heiligen Martin und der heiligen Barbara, dargestellt ist; es handelt sich um eine schlichte, handwerkliche Leistung. Die Gemäldereste auf den Seitenflügeln zeigen nicht mehr zu identifizierende Heilige. Eine hölzerne Taufe mit reichem Maßwerk der Neugotik stammt aus dem dritten Viertel des 19. Jh.

Abb. S. 99

Großhennersdorf, Kr. Löbau, Kbz. Löbau

Die Kirche wurde 1869/70 anstelle eines mittelalterlichen Vorgängerbaues unter Beibehaltung des Turmes durch Maurermeister Thomas aus Neusalza und Zimmermeister Gottfried Schröter aus Oberseifersdorf neu errichtet. Cornelius Gurlitt lobt den Neubau mit folgenden Worten: »Der Kirchenbau ist eine für die Erbauungszeit (1870) außergewöhnlich gute und beachtenswerte Anlage. Zweigeschossige Emporen; vor dem im Halbkreis gebildeten Chor sind reizvoll ausgebildete Betstübchen vorgelegt. In den kurzen Kreuzarmen Treppen.« Die Nachwirkungen der barocken Emporenkirche sind so stark, daß die historisierenden Züge nur wenig in Erscheinung treten. Selbst der Altar in der Apsis steht in der Tradition des barocken Säulenaufbaus. Die von dem 1569 verstorbenen Christoph von Haugwitz gestiftete Kanzel wurde aus der alten Kirche übernommen. Zur Wirkung des Raumes trägt die noch im Originalzustand erhaltene Ausmalung bei.

Abb. S. 99

Großolbersdorf, Kr. Zschopau, Kbz. Marienberg

An ein langgestrecktes schlichtes Langhaus mit hölzernem Westturm von 1834 ist im Osten ein dreiseitig geschlossener Chor mit Strebepfeilern und von Konsolen getragenem Netzgewölbe aus der Zeit um 1400 angeschlossen. Die Farbfassung der Rippen mit Fugenwerk und gemustertem Randschlag der marmorierten Steinquader wurde 1962/63 freigelegt und restauriert. An der Nordwand erhielt sich der Rest einer gemalten Bekrönung der Sakramentsnische, zudem ringsum Weihekreuze. Das vornehme Altarwerk aus verschiedenfarbigem sächsischem Marmor und Alabaster geht auf Johann Böhme zurück und wurde 1633 geschaffen. Im säulenflankierten Mittelfeld erscheint über einem Abendmahlsrelief eine Kreuzigungsgruppe, darüber über dem Gebälk die Auferstehung, in den Seitenfeldern sind die knienden Stifter, Hildebrand von Einsiedel und seine Gemahlin, dargestellt. Die seitlichen Medaillons sind mit feinen Reliefs der Verkündigung und Anbetung der Hirten geschmückt. Die von einem Mose getragene und mit den Figuren Christi und der Evangelisten an der Brüstung versehene Kanzel entstand 1647. Unter den Grabmälern ist eine eindrucksvolle Bronzeplatte mit der Darstellung eines früh verstorbenen Kindes, Johann Wolfgang von Einsiedel, aus dem Jahre 1624, gewiß aus der Freiberger Werkstatt der Hilliger. Freibergisch ist auch der mit getriebenen Engelköpfen an der Kuppa und mit Darstellungen der Evangelisten am Fuß gezierte Kelch aus der Werkstatt des Goldschmieds Samuel Klemm.

Abb. S. 86, 100

Großrückerswalde, Kr. Marienberg, Kbz. Marienberg

Die bekannteste der erzgebirgischen Wehrgangkirchen erhebt sich auf einer Anhöhe über dem langgestreckten Dorf. Der vielleicht noch ins hohe Mittelalter zurückreichende rechteckige Baukörper erhielt wohl in der ersten Hälfte des 15. Jh. ein auskragendes Wehrganggeschoß. Ein

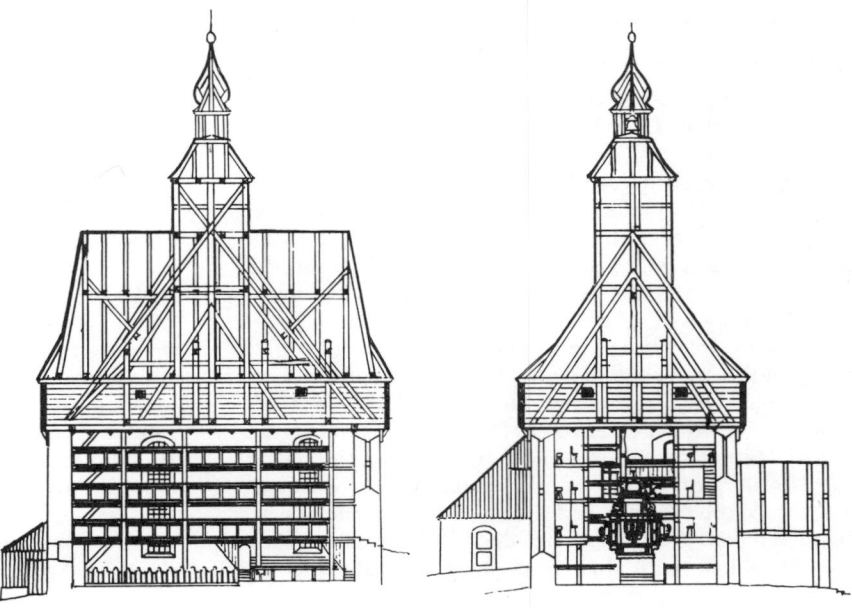

Großrückerswalde, Kr. Marienberg,
Wehrkirche, Längs- und Querschnitt

Dachreiter bekrönt das Walmdach. An der Ostwand befindet sich eine spätgotische Sakramentsnische. Außer der Sakristei sind die Anbauten jüngeren Datums; die Fenster wurden im 18. Jh. vergrößert. Der Innenraum mit seinen teils dreigeschossigen Emporen und der Kassettendecke übt eine dekorative Wirkung aus. Die Malereien an der Emporenbrüstung mit Darstellungen aus dem Neuen Testament und aus dem Bergmannsleben sind im 18. Jh. für die Josephskirche in Jöhstadt geschaffen und erst später hierher übertragen worden. Der reich geschnitzte und bemalte Altar von 1649 geht auf Georg Öhmigen zurück, die Kanzel von 1690 ist erst 1829 in den Altaraufbau versetzt worden. Besonders bemerkenswert ist das sogenannte Pestbild von 1583, das die Pest als Gottesgeißel im Dorf Großrückerswalde zeigt; es wurde 1967/75 konserviert. Der Bau ist 1927 und zuletzt 1967/1969 restauriert worden. Zahlreiche Grabdenkmäler und schmiedeeiserne Grabkreuze befinden sich auf dem Friedhof. Abb. S. 87,101

Großschönau, Kr. Zittau, Kbz. Zittau

Die 1705 errichtete Kirche ist ein geräumiger, dreiseitig geschlossener Saal. Die Wände werden von drei Emporen umzogen, deren untere mit alt- und neutestamentlichen Szenen bemalt ist. Den Raum beherrscht der mächtige dorische Säulenaufbau des Altars von 1802. Das Altarbild mit der Auferstehung (1786) schuf der Dresdner Akademieprofessor Johann Eleazar Zeissig, gen. Schenau. Er stiftete es seiner Heimatkirche. Das Grabmal des 1806 verstorbenen Künstlers wurde 1854 von Dresden auf den Großschönauer Friedhof überführt. Abb. S. 104

Großzschocher, Stkr. Leipzig, Kbz. Leipzig West
Apostelkirche

Die einstige Dorfkirche von Großzschocher blieb trotz der Wandlungen, die das späte 19. Jh. für Leipzig und seine Vororte brachte, erhalten. Aus romanischer Zeit stammen der Chorturm und ein reliefierter Stein, vielleicht ein Osterleuchter (12. Jh.). Das spätgotische Chorgewölbe trägt die Jahreszahl 1516 (freigelegt 1966/67). Im Chorpolygon fand 1696 ein prächtig geschnitzter Barockaltar Aufstellung, der der Werkstatt des bekannten Leipziger Bildhauers Johann Caspar Sandtmann zugeschrieben wird. Das Hauptfeld bildet ein Relief mit der Einsetzung des Abendmahls. Zwei ekstatisch bewegte Engel schwenken Palmzweige. Laut Inschrift sind Altar, Kanzel und Taufstein »samt dem dazu gehörigen Ornate« von Christoph von Ponickau gestiftet worden. Die jetzige Taufe stammt von 1763 und erinnert laut Inschrift an den Hubertusburger Frieden. Im ausgehenden 17. Jh. wurde auch die zweigeschossige, reich stuckierte Betstube erbaut, die an der Nordseite des Chores hervortritt. 1713/14 errichtete Maurermeister Martin Steinmüller ein neues Langhaus. 1904–1908 wurde die Kirche im Inneren und Äußeren gründlich erneuert und vor allem der Chorturm um 7 m erhöht. Die Orgel erhielt ein neues Werk von Rühlmann, die Decke des Kirchenschiffes ein Gemälde mit Christi Himmelfahrt von Möller (Berlin). 1926 schenkte das Ministerium des Innern die beiden großen Steinfiguren der Apostel Petrus und Paulus von Johannes Hartmann für den Westgiebel. Bei der Kirchenrestaurierung 1962/69 wurde auch die Orgel durch Orgelbaumeister Lahmann (Leipzig) umgebaut. Abb. S. 102

Grumbach, Kr. Freital, Kbz. Meißen

Der einschiffige Saal mit flachem, dreiseitigem Ostschluß geht in der heutigen Erscheinung auf einen Umbau aus den Jahren 1609/10 zurück. Vielleicht sind aber in den westlichen Partien romanische Mauerteile übernommen worden, denn das Nordportal zeigt eine Profilierung, die ins frühe 13. Jh. zu datieren ist. 1673 wurde eine Empore eingebaut, 1674 die Holzdecke. Eine Rundstütze in der Mitte des Kirchenraumes trägt den Dachstuhl und den Dachreiter. Auf der Felderdecke sind von dem Freiberger Maler Friedrich Unger 1674 lebendig gestaltete Szenen aus dem Alten und Neuen Testament dargestellt. Der Altar ist ein prächtiger barocker Aufbau mit Figuren – im Mittelfeld eine Kreuzigungsgruppe, seitlich Mose und Johannes der Täufer, über dem Hauptgesims die vier Evangelisten – von Johann Friedrich Richter aus dem Jahre 1688. Die Kanzel mit rundem Kanzelkorb von 1612 ist ein Werk des Steinmetzen Simon Hoffmann. Auch der Taufstein stammt aus dem frühen 17. Jh. Die letzte Erneuerung des Innenraumes fand 1948 statt, nachdem er schon bei früheren Restaurierungen 1889 und 1922 verändert worden war. Im Chor ist die spätgotische Figur einer Muttergottes angebracht. Abb. S. 103

Härtensdorf, Kr. Zwickau, Kbz. Zwickau
Kirche zu den drei Marien

In burgähnlicher Lage und von einer Mauer umgeben, zeigt der Kirchenbau noch Merkmale seiner Enstehung in romanischer Zeit, so der kreuzgratgewölbte Vorchor mit Chorturm. Ebenfalls mittelalterlich, vielleicht aber etwas jünger ist der östliche Rechteckchor, jetzt als Sakristei genutzt. Auch die Mauern des mehrfach umgebauten Langhauses sind vielleicht noch mittelalterlich. Die Emporenarchitektur und das Ovalbild des auferstehenden Christus im Plafond stammen von 1704. Der Innenraum wurde 1938 erneuert. Außer einer Sandsteintaufe und einer Sakramentsnische aus der Zeit um 1500, einem barocken Kruzifix, der schlichten Kanzel des 17. Jh. sind vom Inventar Grabdenkmäler des 16. und 17. Jh. und ein vorzüglicher spätgotischer Kelch zu nennen. Der Flügelaltar ist eines der liebenswürdigsten Werke Peter Breuers; er ist 1509/10 datiert. Im Mittelschrein ist die sitzende Anna mit dem Christkind auf dem Schoß dargestellt; es reicht seiner Mutter Maria Weintrauben hin. In den Flügeln verweisen Maria Kleophas und Maria Salome mit ihren Kindern auf das Thema der heiligen Sippe. Auf die Rückseite der Flügel sind Mauritius und Katharina gemalt. In die Predella ist ein Abendmahlsbild des 17. Jh. eingefügt. Abb. S. 105

Hainewalde, Kr. Zittau, Kbz. Zittau

Auf vielerlei Weise wurde am 7. Oktober 1711 in Hainewalde der Tag der Kirchweihe festlich begangen. Nächst dem dreieinigen Gott sparte man an jenem Tage nicht mit Lob gegenüber dem Bauherrn, dem Obristen Otto Ludwig von Kanitz, und seiner mit ihm in dritter Ehe verheirateten Gemahlin Victoria Tugendreich geb. von Kyaw. Es gehört freilich zu den Ungerechtigkeiten jener Zeit, daß man bei der Kirchweihe die Schöpfer des gelungenen Werkes nicht einmal nannte. Baumeister Jonas Kirchstein aus Bautzen schloß sich dem Vorbild der 1672 von Andreas Klengel in Bertsdorf bei Zittau erbauten Kirche an. Steinmetzmeister Johann David Bräuer aus Gabel in Böh-

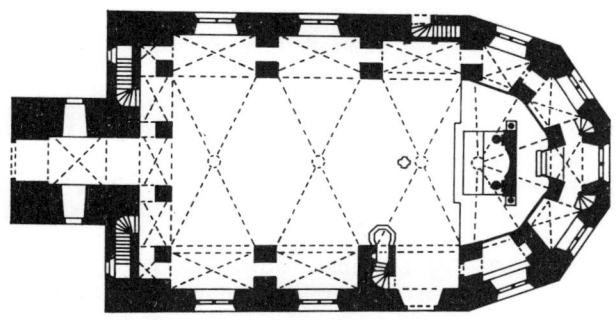

men und Tischler- und Bildhauermeister Michael Hoppenhaupt aus Zittau wirkten mit ihm zusammen. So entstand eine der gelungensten Barockkirchen der Oberlausitz, die man zugleich zu den schönsten sächsischen Dorfkirchen rechnen muß. Auf dem Friedhof gelegen, erhebt sie sich über die Häuser des im Tale der Mandau sich hinziehenden Dorfes. Während die spitzbogigen Langhausfenster noch an die Gotik erinnern, endet das achteckige Turmoberteil in einer reich entwickelten Barockhaube. Das Innere des fünfseitig schließenden Saals ist eine gewölbte Wandpfeilerkirche mit umlaufender Doppelempore. Die hölzerne Innenausstattung nach einheitlichem Plan und aus einem Guß tritt, wirkungsvoll bemalt, vor die Architektur, rechts vom Altar die Kanzel, unweit von ihr der thronartige Beichtstuhl, ihr gegenüber die Patronatsloge mit den Bildnissen des Bauherrn und seiner Frau. Zielpunkt des Raumes ist der prächtige Säulenaltar mit einer großen Nische für das Altarkruzifix und einer göttlichen Glorie über dem Gebälk. Auf der sich in den Raum schwingenden unteren Westempore erhebt sich die Orgel. Der reich verzierte Prospekt wurde jedoch beim Orgelneubau 1946/47 verändert.

Otto Ludwig von Kanitz ließ 1715 eine Gruftkapelle in schwerer barocker Fassadenarchitektur mit Volutengiebeln errichten. Sie ist das bedeutendste Bauwerk dieser Gattung aus der Zeit des Barocks in Sachsen. Der Skulpturenschmuck von 16 allegorischen Figuren an den Wänden und einem Gerichtsengel im Schnittpunkt der Dächer, wahrscheinlich von Franz Bühner aus Gabel, verdeutlicht die Spannung zwischen irdischem Leid und himmlischen Freuden und wird so zum überzeugenden Symbol des die Welt überwindenden Glaubens. In den Jahren 1974/76 hat der Leipziger Maler und Graphiker Volker Stelzmann sein Erlebnis dieser Sepulkralkunst in den zehn Radierungen umfassenden Zyklus »Haynewalder Elegien« umgesetzt. Abb. S. 106

Hainsberg, Ortsteil von Freital, Kr. Freital, Kbz. Dresden West

Hainsberg wird als Herrensitz 1230 erstmalig erwähnt. Bis 1899 waren die Bewohner nach Somsdorf eingepfarrt. Nachdem am 3. Januar 1900 der Friedhof mit Kapelle eingeweiht war, entstand auf dessen Gelände nach Plänen des Dresdner Architekten Fritz Reuter die Kirche. Sie wurde am 11. November 1901 eingeweiht. Die Kirche ist ein kreuzförmiger neuromanischer Zentralbau mit Eckturm, der von einer Renaissancehaube abgeschlossen wird. Einheimischer Syenit diente als Baumaterial. Für Gliederungselemente wählte man Cottaer Sandstein und roten Sandstein aus dem Maintal. Die originale Innenraumgestaltung ist erhalten geblieben. In Zusammenarbeit mit Pfarrer Julius Oscar Müller entwarf Otto Gußmann ein inhaltlich und künstlerisch bedeutendes Bildprogramm,

in das Wand- und Deckenflächen wie auch die Fenster einbezogen sind. In der Apsis leuchtet ein Kranz farbenprächtiger Apostelfenster. Sie sind eingeordnet in die Himmelfahrt Christi im Gewölbe. Die Stirnwand schmückt eine allegorisierende Darstellung des Einzugs in Jerusalem. In der Flachkuppel über dem Kirchenschiff wurde im Anschluß an Offenbarung 21 auf blauem Grunde das himmlische Jerusalem abgebildet. Die goldgelbe Stadtmauer mit ihren zwölf von Engeln bewachten Toren umschließt das Kreuz mit dem Lamm.

Hauptsächlich durch die großen dreiteiligen Seitenfenster tritt das Tageslicht in den Raum. Die Farbskala beschränkt sich auf Grau, Weiß und Gelb. Links sind die christlichen Hauptfeste Weihnachten, Ostern und Pfingsten zu sehen, rechts die Taufe Jesu, die Bergpredigt und das Abendmahl. Abb. S. 107

Herwigsdorf, Kr. Löbau, Kbz. Löbau
Schwesterkirche von Bischdorf

Die alte Kirche brannte 1534 ab, 1545 wurde die bestehende geweiht. Der kleine Rechteckbau mit seitlich angefügter Sakristei erhielt sein gegenwärtiges äußeres und inneres Erscheinungsbild durch Baumaßnahmen zwischen 1715 und 1727. Dazu gehören der reizvolle beschieferte Dachreiter mit doppelter Haube und Laterne, der Anbau eines Treppenhauses und im Innern die doppelte Emporenanlage, gipfelnd in der über der Sakristei gelegenen herrschaftlichen Betstube (1717). Ihr reiches Schnitzwerk wird nur von dem 1716 eingeweihten Kanzelaltar überboten, einem Werk von Bildhauer Pausewang aus Bautzen. Abb. S. 108

Höckendorf, Kr. Dippoldiswalde, Kbz. Dippoldiswalde

Die einschiffige Anlage mit dem ein wenig eingezogenen Chor und polygonalem Schluß sowie westlich vorgelegtem quadratischem Turm stammt teils aus der Zeit um 1200, teils aus dem späten 15. Jh. Romanisch sind noch das Langhaus mit Rundbogenfriesen und der Triumphbogen zum spätgotischen Chor, der mit einem Netzgewölbe überspannt ist, während das Langhaus mit einer Kassettendecke abgeschlossen wurde. Im 18. und 19. Jh. wurden Fenster eingebrochen und Anbauten angefügt.

Das Innere wird durch doppelgeschossige Emporen bestimmt, die an der Nordseite im Chor mit Bildern aus dem Neuen Testament versehen sind. Im Jahre 1907 wurde der Innenraum mit einer Ausmalung geschmückt, die Anklänge an den Jugendstil zeigt. Die farbig gestaltete Holzkanzel ist ein Werk aus dem späten 16. Jh., der Taufstein stammt aus dem späten 15. Jh. Das wertvollste Ausstattungsstück ist der Flügelaltar, der von einem Freiberger Meister um 1515 geschaffen worden ist. Die dreiteilig aufgegliederte Predella und die Seitenflügel sind mit geschnitzten Darstellungen aus dem Marienleben versehen, im Mittelschrein stehen fünf Heilige, in der Mitte Maria Magdalena, flankiert von Katharina und Petrus links und Johannes dem Täufer und Paulus rechts; im Gesprenge, das 1911 von Bildhauer Burghardt neu gestaltet wurde, stehen die originalen Figuren der Himmelfahrt der Maria Magdalena sowie Christophorus und Georg. Auf den gemalten Flügeln sind Szenen aus der Passion Christi, Schmerzensmann und Schmerzensmutter, dargestellt.

Unter den zahlreichen Grabsteinen sind sowohl solche des 13. als auch des 15., 16. und 18. Jh. Der Grabstein des 1361 verstorbenen Conrad von Theler aus dem späten

15. Jh. ist in der Darstellung des knienden gerüsteten Ritters von besonderem Wert. Abb. S. 109

Hof, Kr. Oschatz, Kbz. Oschatz

Die Kirche wurde 1692/97 im Auftrage des österreichischen Exulanten Graf Georg Ludwig von Zinzendorf, des Vaters des Begründers von Herrnhut, durch den Dresdner Hofmaurermeister Johann Gregor Fuchs erbaut. Sie ist eine Saalkirche mit polygonal geschlossenem Fünfachtel-

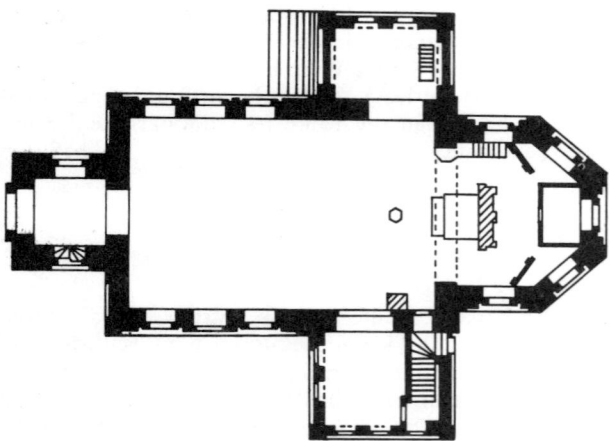

chor und Anbauten an der Süd- und Nordseite für Gruft, Sakristei und ehemalige Herrschaftsemporen. Für eine sächsische Dorfkirche des Barocks außergewöhnlich ist die strenge architektonische Durchbildung des Äußeren durch Lisenen und Blendbogen. In diese Kirche übernahm man die reiche manieristische Ausstattung des Vorgängerbaues (Kanzel 1573, Taufstein um 1600, Grabmäler des 16. und 17. Jh.), da sie zugleich das Andenken an die Familien Haugwitz und Schleinitz wachhielt. Der Raum wird von dem mächtigen Epitaphaltar für den 1612 verstorbenen Dietrich von Schleinitz beherrscht, den ihm sein gleichnamiger Sohn 1624 vermutlich von einem Freiberger Künstler errichten ließ. Abb. S. 110

Hohendorf, Kr. Borna, Kbz. Borna
Schwesterkirche von Ramsdorf

Der älteste Teil der Kirche ist wohl das Langhaus, aus Backstein um 1200 errichtet, aber 1623 verändert. Spätgotische Formen weisen der dreiseitig geschlossene netzgewölbte Chor und der quadratische Westturm sowie der südliche Sakristeianbau mit Staffelgiebel auf. Als Reste der mittelalterlichen Ausstattungsstücke blieben erhalten die Figur einer Schmerzensmutter, eine Anna Selbdritt in einem Schrein, bezeichnet 1519. Von einem größeren Altarwerk aus der Zeit um 1400 stammen vier kleine Schnitzfiguren – Petrus, ein Bischof, Katharina und eine weitere Heilige – sowie zwei querrechteckige Flügelbilder. Nach einer Restaurierung im Institut für Denkmalpflege im Jahre 1965 sind diese Teile zu einem Flügelaltar zusammengestellt worden. Die beiden Bilder der Verkündigung an Maria und der Anbetung der Könige gehören zu den in Sachsen sehr spärlich erhaltenen Malerei des »Schönen Stils«, der von der böhmischen Kunst beeinflußt war. Auffällig ist der bei aller lyrischen Zartheit erkennbare Wirklichkeitssinn bei der Darstellung der untersetzten Figuren. Daß das typisch »sächsische« Züge sind, ist in Analogie zur Bildhauerkunst dieser Zeit zu vermuten. Abb. S. 88

Jauernick-Buschbach, Kr. Görlitz
Röm.-kath. St.-Wenzels-Kirche

Die hochgelegene katholische St.-Wenzels-Kirche ist von einem z. T. noch mit Wehrmauern befestigten Friedhof umgeben. Durch einen spitzen Triumphbogen ist der Rechtecksaal mit dem kupplig überwölbten Chorquadrat verbunden. Eine tonnengewölbte Sakristei liegt südlich des Chores. Obwohl datierbare Details fehlen, ist die Kirche wohl erst 1230 entstanden, ersetzte also einen historisch bis ins 11. Jh. zurückgehenden Vorgänger, der vielleicht ein Holzbau war. Der Dachreiter mit spitzem Helm ist gewiß spätmittelalterlich. 1691 entstand eine Südvorhalle mit Volutengiebel und Nischen mit Heiligenfiguren, die rechts und links von dem ornamental reich geschmückten Portal angeordnet sind. Das Innere wurde am Ende des 18. Jh. mit dem hohen Säulenaufbau des Altars ausgestattet; das Altarblatt zeigt den heiligen Wenzel. Aus der gleichen Zeit stammt die Kanzel, wogegen eine Taufe noch aus dem 16. Jh. erhalten geblieben ist. Abb. S. 110

Jößnitz, Kr. Plauen, Kbz. Plauen

In dem 1755 neugestalteten Emporensaal mit Kanzelaltar befinden sich einige ältere Ausstattungsstücke, die Taufe von 1598 mit Ölgemälden von Benedikt Richter, einige spätgotische Schnitzfiguren und ein Lesepult von 1688. Das wertvollste Stück ist eine konvexe Holztafel mit der Darstellung des heiligen Georg, im unteren Teil Stifter, durch die Wappen gekennzeichnet als Glieder der vogtländischen Adelsfamilien Zedtwitz und Reitzenstein. Das wertvolle Bild weist Stilmerkmale der Werkstatt Lukas Cranachs d. Ä. auf. Hier muß das Bild zwischen 1504 und 1509 gemalt worden sein. Abb. S. 129

Kaditz, Stkr. Dresden, Kbz. Dresden Nord
Emmauskirche, ehem. Laurentiuskirche

Am Ende des stattlichen Straßenangerdorfes, dicht an der Elbe gelegen, stellt sich der Bau trotz aller Veränderungen, die ihm im Äußeren ein neugotisches Gepräge geben, doch noch als typische Dorfkirche dar. Zu dieser Atmosphäre tragen die tausendjährige Linde auf dem Kirchhof und die malerischen Pfarrhäuser dicht bei der Kirche bei. Die Umfassungsmauern der Kirche einschließlich des Unterteiles des Turmes sind spätgotisch; am Schlußstein der gewölbten Turmvorhalle ist der heilige Laurentius dargestellt. Das Oktogon des Turmes mit abschließendem Helm geht auf den Umbau von 1869 unter Leitung der Firma Ziller zurück. Vorher war der Turm an zwei Seiten mit Renaissancegiebeln geschmückt. Im Innenraum, der von der neugotischen, später wieder reduzierten Ausgestaltung geprägt ist, erhebt sich der von Gottfried Knöffler 1756 geschaffene vornehme Kanzelaltar. Wegen ihrer klassizistischen Grundhaltung sind die flankierenden Altarfiguren des Petrus und des Paulus besonders hervorzuheben. Das jetzt auf dem Altar stehende Kruzifix stammt vom Ende des 17. Jh. Abb. S. 26, 111

Kauschwitz, Kr. Plauen, Kbz. Plauen
Tochterkirche von Syrau

1763 wurde die Dorfkirche in einem auf einer Wallinsel gelegenen runden Wartturm eingerichtet. Aus dieser Zeit stammen der Treppenanbau in Fachwerk und das hohe Kegeldach mit Gaupen und durchbrochener Laterne sowie die schlichte Innenausstattung.　Abb. S. 112

Kittlitz, Kr. Löbau, Kbz. Löbau
　　Trinitatiskirche

Der Bau der jetzigen Kirche zog sich wegen der Ungunst der Zeiten von 1749 bis 1769 hin. Der Turm kam 1772/75 hinzu. Die Kirche zählt zu den bedeutendsten Leistungen des evangelischen Kirchenbaues des 18. Jh. in Sachsen. Der Kittlitzer Kirchenbau ist nicht nur von den eigenen Erfahrungen des Baumeisters Andreas Hünigen, sondern auch von dem ursprünglichen Plan des Kirchenpatrons Karl Gotthelf von Hund und Altengrottkau geprägt. In den Außenbau eines längsgerichteten Rechtecks (34,5 mal 17,5 m) mit abgeschrägten Ecken ist ein durch schlanke

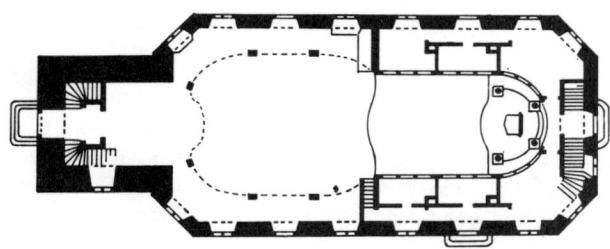

Holzpfeiler eingegrenzter, von einer muldenförmigen Decke überwölbter Emporenraum hineinkonzipiert. Er ergibt bei Halbierung der Gesamtlänge ein breites Oval mit doppelter Empore für den Gemeinderaum, an den sich ein um drei Stufen erhöhter Chor anschließt. Hier ist die Emporenarchitektur in den beiden unteren Zonen durch zu Dreiergruppen geordnete Glasfenster geschlossen. Wiederum um drei Stufen erhöht erhebt sich der Altar. Den tabernakelartigen Aufsatz mit einer Kreuzigungsgruppe überragt ein hochaufstrebendes, von einer Dreifaltigkeitsglorie mit Kreuz bekröntes Säulenziborium. Die Arbeiten führten aus die Bildhauer Emanuel Gotthelf Siegismund aus Löbau, A. F. Zentner und Franz Vogel sowie der Tischlermeister Johann Christoph Mertzsching aus Löbau und der Maler Adam Friedrich Grote. Siegismund und Grote schufen auch den ursprünglichen Orgelprospekt und die Kanzel. 1859 wurde ein neues Instrument eingebaut. Nach 1763 besorgten vorwiegend böhmische Künstler die Vollendung der Ausstattung: der Bildhauer Joseph Klein aus Schluckenau, vor allem Bildhauer Franz Sieber aus Georgenthal, der 1768 den grazilen

Tauftisch lieferte. Dieser wurde gleich dem Altaraufbau von Maler Joseph Menschel aus Rumburg farbig gefaßt. Zur Ausstattung des Rokokos gehören auch zwei Beichtstühle.　Abb. S. 113

Klinga, Kr. Grimma, Kbz. Grimma

Die Kirche ist eine der wenigen in allen wesentlichen Teilen erhaltenen spätromanischen Anlagen, eine Saalkirche mit gleich breitem Westturm, eingezogenem, querrechteckigem Chor und halbkreisförmiger Apsis. Die Glockenstube im Turm öffnet sich mit sechs gekuppelten Rundbogenöffnungen auf Säulen mit ornamentierten Kapitellen. Im Erdgeschoß ist der Turmraum durch zwei Arkaden zum Langhaus hin geöffnet. Die Fenster im Schiff und im Chor sind in der Barockzeit erweitert worden. Die Emporenanlage und die bemalte Felderdecke im Inneren stammen aus dem 17. Jh. Bemerkenswert sind zwei romanische Taufsteine neben dem Westportal und ein Renaissancetaufstein im Chor. In schlichtem Barock der ersten Hälfte des 18. Jh. gehalten ist der Kanzelaltar. Mittelalterlich sind die zwei vergitterten Sakramentsnischen in der Apsis und das Kastenschloß an der Kirchentür, während der schöne Türklopfer im 17. Jh. geschmiedet worden ist.　Abb. S. 114

Klitten, Kr. Niesky, Kkr. Weißwasser

Die Kirche wird zuerst in der Meißner Bistumsmatrikel von 1346 als zum Dekanat Bautzen gehörig erwähnt. Die ursprünglich spätgotische, zu Anfang des 17. Jh. und 1724 umgebaute Kirche, eine Saalkirche mit eingezogenem, dreiseitig geschlossenem Chor, brannte 1945 aus und wurde äußerlich in ihrer alten Gestalt wiederhergestellt. Erhalten blieb der in seiner ursprünglichen Anordnung wieder aufgestellte Flügelaltar aus der Schule des jüngeren Cranach von 1587. Im Mittelfeld sieht man das Abendmahl Jesu, zu dessen Seiten Luther und Melanchthon als Jünger Platz genommen haben. Die Flügel bringen Geburt und Auferstehung Christi zusammen mit den Bildnissen von Caspar von Nostitz und seiner Frau. Die Flügelrückseiten haben Mariä Verkündigung zum Inhalt.　Abb. S. 130

Knautnaundorf, Kr. Leipzig, Kbz. Leipzig West

Der westliche Teil der Kirche ist ein Rundbau mit polygonalem barockem Turmaufsatz, der östliche Teil ein in

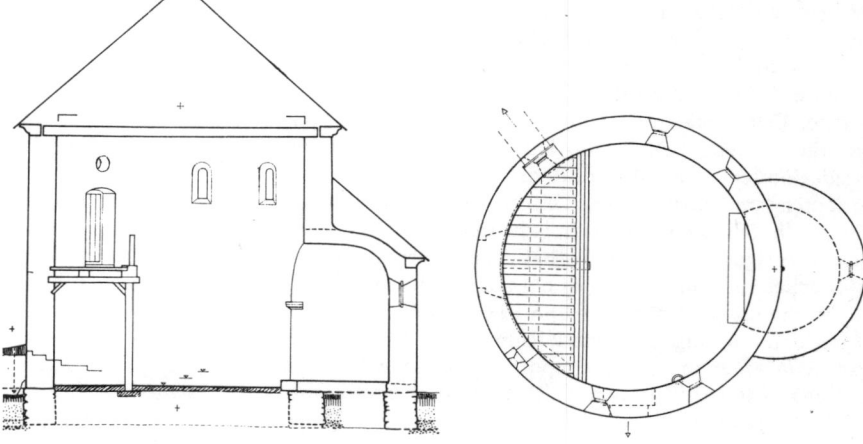

Knautnaundorf, Kr. Leipzig,
Rekonstruktion der Rundkapelle,
Grundriß (nach Herbert Küas)
(vgl. Text S. 14 u. 15,
jeweils linke Spalte)

spätgotischer Zeit errichteter Chor mit dreiseitigem Ostschluß. Durch Ausgrabungen und Bauuntersuchungen konnte 1972/73 ermittelt werden, daß die Rundkapelle vor dem Ende des 15. Jahrhunderts eine hufeisenförmige Apsis besessen hat und aus dem späten 11. Jahrhundert stammt. Dieser früheste noch benutzte Kirchenbau in Sachsen wird als Kapelle eines befestigten Herrschaftshofes des Wiprecht von Groitzsch gedeutet und mit der Burgkapelle in Groitzsch und böhmischen Rotunden in Verbindung gebracht. Mit der bäuerlichen Besiedlung im 12. Jahrhundert wurde die Kapelle zur Dorfkirche. Derzeit wird die Apsis der Rundkapelle rekonstruiert, der Raum soll gottesdienstlichen Zwecken dienen, der ehemalige Chor sonstigen Gemeindeveranstaltungen.

Kottmarsdorf, Kr. Löbau, Kbz. Löbau
Schwesterkirche von Dürrhennersdorf

Der barocke Bau von 1735/36 mit dem klassizistischen, 1853/54 von Carl August Schramm errichteten Turm beherrscht durch seine exponierte Lage am Fuße des Kottmar die umgebende Landschaft. Der rechteckige Saal mit

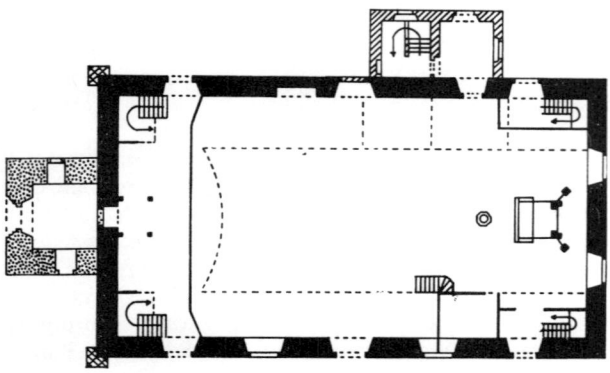

den an drei Seiten umlaufenden Emporen und flacher bemalter Holzdecke besitzt einen Altar mit Christusbild und den Figuren von Mose und Johannes dem Täufer. Auch die Kanzel ist barock. Der besondere Reiz des Raumes beruht auf der dekorativen Farbfassung aus der Erbauungszeit, die seit 1988 restauriert wurde. Einen besonderen Schmuck bilden die Glasleuchter aus dem 19. Jh.
Abb. S. 115

Kürbitz, Kr. Plauen, Kbz. Plauen
Salvatorkirche

Wie eine Inschrift in der westlichen Vorhalle meldet, hat der Adlige Urban Caspar von Feilitzsch diesen Tempel erbaut und aus Dankbarkeit Christus geweiht, damit er umsonst die Freuden des Himmels habe. Am 18. Juni 1624 erfolgte die Grundsteinlegung, am 3. Dezember 1626 die Weihe. Der Renaissancebau mit stattlichem, von breiter welscher Haube bekröntem Turm soll das Werk eines Niederländers sein. Man darf die Salvatorkirche als die bedeutendste sächsische Dorfkirche aus der ersten Hälfte des 17. Jh. betrachten. Die dreischiffige Halle, die sich an den wuchtigen Turm mit Vorhalle und darüberliegender Winterbetstube anschließt, ist ein zum Quadrat neigendes Rechteck von 16,70 m Breite und 14,90 m Länge. Dennoch ergibt sich ein längsgerichteter Raum, da die Seitenschiffe ganz von einer massiven Empore eingenommen werden und das Mittelschiff in den gleich breiten, mit drei Seiten des Sechsecks schließenden Chorraum endet. Die Kanzel,

eine Stiftung von Adam Wolf von Feilitzsch auf Rosenberg und seiner Gemahlin, erhebt sich am östlichen Pfeiler der Südseite auf einer Mosestatue. Die Brüstungsreliefs zeigen die Evangelisten. Der ersten Hälfte des 17. Jh. entstammt auch der Marmortaufstein, den Wolf Dietrich von Posseck auf Unterweischlitz stiftete.

Den geschnitzten Marienaltar aus der Zeit um 1500 übernahm man aus dem Vorgängerbau. Der Raum unter der Südempore ist in der Länge von drei Jochen als Grabkapelle für die Familie von Feilitzsch eingerichtet und mit Deckenmalereien, Grabsteinen und Epitaphen geschmückt. Auch der 1649 verstorbene Bauherr ist hier beigesetzt und sein Bildnis auf dem Grabstein überliefert. Noch 1687 fügte man für ihn ein Marmorepitaph hinzu. Seit vielen Jahren ist eine denkmalpflegerische Wiederherstellung im Gange.
Abb. S. 116

Langenstriegis, Kr. Hainichen, Kbz. Leisnig
Schwesterkirche von Bockendorf

In der mehrfach stark umgebauten Saalkirche mit dreiseitigem Ostschluß erhielt sich ein spätgotischer Flügelaltar aus der Zeit um 1520. Als Mittelfigur des Mittelschreines wurde ein Vesperbild aus der Zeit um 1420 wiederverwendet; die flankierenden Figuren des heiligen Wolfgang und der heiligen Barbara zeigen die Freiberger Schulung des Meisters. In den Seitenflügeln sind in zwei Reihen je zwei Heilige – Andreas und Michael, zwei Bischöfe, zwei Diakone und zwei Jungfrauen – dargestellt. In der Predella erscheint die Marienkrönung. Die Flügelgemälde geben die Legende der heiligen Agathe wieder. Diese Bilder und die charaktervollen Flügelbilder mit den Heiligen Rochus und Christophorus stammen von der Hand des Meisters des Kriebsteiner Alexiusaltares. Auf eine Kreuzigungsgruppe gehen die spätgotischen Figuren von Maria und Johannes zurück.
Abb. S. 117

Lauterbach, Kr. Marienberg, Kbz. Marienberg
Friedhofskirche (Auferstehungskirche)

Die ehemals an der Stelle der heutigen, 1905 von Woldemar Kandler erbauten Dorfkirche gelegene »Wehrgangskirche« wurde 1906 auf einer Anhöhe über dem Dorf neu aufgerichtet. Nachdem die Kirchgemeinde Lauterbach 1905 den Abbruch der alten Kirche beschlossen und die kirchlichen Behörden zugestimmt hatten, gelang es der Königlichen Kommission zur Erhaltung der Kunstdenkmäler auf Grund einer Pressekampagne in den Dresdner Zeitungen – von namhaften Kunsthistorikern (Cornelius Gurlitt und Paul Schumann) gegen die neuerungssüchtigen Erzgebirgler geführt –, daß der Bau an eine andere Stelle übertragen wurde. Dafür war zunächst auf Anraten von Hans Erlwein die Räcknitzhöhe oder Dresden-Trachenberge vorgesehen. Später bewarb sich Zöblitz um den Bau mit dem Ziel, sie als Friedhofskapelle neu aufzurichten. Schließlich wurde auch den Lauterbachern der Wert bewußt, und die Kirche konnte im Dorf bleiben. Die denkmalpflegerisch ausgezeichnet gelungene Übertragung des Holzwerks und der gesamten Ausstattung wurde von Woldemar Kandler geleitet. Beim Abbruch wurde erkannt, daß der Erstbau wie die Großrückerswalder Kirche ein Rechteck war. Um 1500 wurde der dreiseitig geschlossene Chor angefügt. Beide Bauteile weisen das auskragende Wehrgangsgeschoß auf. Das Innere wird von der Holzarchitektur der Emporen und bemalten Decken bestimmt. Die 1613/23 bemalte Decke im Langhaus zeigt Christus und die zwölf Apostel, Paulus, Mose und Jesaja. Die größeren achteckigen Felder sind auf Leinwand mit der Trinität und den vier Evangelisten bemalt. Die 1843 übertünchten Emporenbilder konnten nicht mehr freigelegt werden. Die Orgel wurde 1620/30 wohl als Positiv gebaut. 1724 wurde das Renaissancegehäuse gefaßt und dabei das Werk vergrößert. Aus dem Mittelalter stammt der Flügelaltar, der auf einen Freiberger Schnitzer um 1510 zurückgeht. Im Mittelschrein steht die Muttergottes mit Georg und Barbara, in den Seitenflügeln stehen Martin und ein Diakon, die Predella ist mit einer Darstellung der Gregormesse geschmückt, im Gesprenge erscheint eine Kreuzigungsgruppe. Die Flügelbilder zeigen heilige Bischöfe. Der Rest eines weiteren Altares ist die um 1502/1505 geschaffene Muttergottes des Zwickauer Bildschnitzers Peter Breuer. Eine sorgfältige Konservierung und Erneuerung des stimmungsvollen Innenraumes führte Helmar Helas 1974/76 durch.　　Abb. S. 118, 131

Lawalde, Kr. Löbau, Kbz. Löbau

Mit einem Torturm als Eingang zum Friedhof bildet die Kirche eine reizvolle Baugruppe. Der Turm mit gewölbtem Durchgang und achteckigem verschiefertem Obergeschoß, Haube und Laterne wurde 1698 erbaut. Die dreiseitig geschlossene, von einem Walmdach und einem Dachreiter bekrönte Saalkirche wurde unter Verwendung älterer Mauerteile neu erbaut. Die Brüstungen der zweigeschossig um den Raum herumgeführten Emporen sind mit Rokokoornamenten bemalt. Auch Altar und Kanzel stammen aus der Umbauzeit.　　Abb. S. 119

Leuben, Kr. Meißen, Kbz. Meißen
Marienkirche

In beherrschender landschaftlicher Lage wurde schon die romanische Kirche errichtet. Von ihr haben sich der Unterbau des Westturmes und Teile der Umfassungsmauern des Langhauses erhalten. Der heutige Eindruck wird durch einen spätgotischen Umbau des Langhauses und den neuerbauten Chor mit dreiseitigem Schluß und dem phantasievollen Zellennetzgewölbe auf Diensten bestimmt. Diese Formen gehen auf das Vorbild Arnolds von Westfalen zurück. Der Umbau muß um 1480 erfolgt sein.

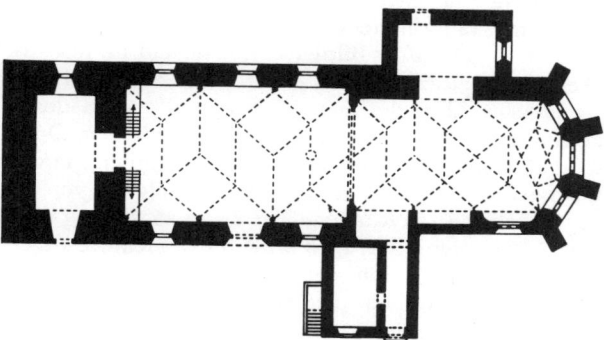

1740 wurde der Turm erhöht und erhielt einen barocken Abschluß. Der Innenraum ist 1890 von Christian Schramm so durchgreifend umgestaltet worden, daß bei einer Erneuerung 1979 darauf Rücksicht genommen wurde. Von Bedeutung sind einige Grabsteine des 16. und 17. Jh.　　Abb. S. 120

Leubnitz-Neuostra, Stkr. Dresden, Kbz. Dresden

Diese sowohl architekturgeschichtlich interessante als auch künstlerisch überaus reich ausgestattete Kirche – einst vor den Toren der Stadt gelegen – repräsentiert die Stilgeschichte von der Gotik bis zum Barock in jener malerischen Vielfalt, die für eine Dorfkirche besonders charakteristisch erscheint. In die Zeit um 1400 gehen die zwei gewölbten Joche des Chores und der Triumphbogen zurück; gewiß war das eine Erweiterung eines älteren Langhauses, an das im Westen der auch aus dem Mittelalter stammende Turm anschließt. Der 1874 vereinfachte Treppengiebel über dem platten Ostschluß – in Ziegeln ausgeführt – war wohl spätgotisch. 1720 wurde die nördliche Wand des Langhauses nach Norden hinausgeschoben und in barocken Formen erneuert, um Platz für Emporen zu gewinnen. Die 1671 von Gottfried Lukas bemalte Felderdecke stellt im mittleren Vierpaß die Wiederkunft Christi dar, umgeben von Aposteln und Engeln mit den Leidenswerkzeugen. Auch die Emporenbrüstungen an der Süd- und Westseite sind mit alt- und neutestamentlichen Szenen und dekorativen Motiven von demselben Maler versehen.

In dem reichen Altaraufbau von 1730 spiegelt sich die Kunst des Dresdner Hochbarocks; er wurde von den Meistern J. B. Reinboth und J. Ch. Ebhardt geschaffen und zeigt im Mittelfeld die Kreuzigung mit Maria und Johannes, flankiert von zwei allegorischen Figuren, darüber im gesprengten Giebel die Himmelfahrt. Am Triumphbogen ist die Kanzel von 1527 angebracht. Von besonderem künstlerischem Wert sind die Renaissanceepitaphe der Familie Alnpeck von den Freiberger Bildhauern Samuel und Andreas Lorenz und das Barockepitaph des Architekten J. F. Karcher von 1726 mit lebensvollen Büsten, wohl von der Hand Benjamin Thomaes. Das Gehäuse der David-Schubert-Orgel von 1760 ist erhalten, das Werk weitgehend umgebaut. Eine 1969/74 durchgeführte Restaurierung des Innenraumes hat die Denkmalswerte wieder zum Vorschein gebracht.　　Abb. S. 25, 121

Leutersdorf, Kr. Zittau, Kbz. Zittau
Christuskirche und röm.-kath. Kirche Mariä Himmelfahrt

Die Christuskirche wurde in den Jahren 1862/65 nach den Plänen von Carl August Schramm aus Zittau im Rundbogenstil erbaut. Dem mehrgeschossigen Turm mit hoher Pyramide folgt nach einem niedrigen Zwischenbau das Schiff von fünf Achsen. Die Anordnung der Fenster in drei Reihen übereinander entspricht der doppelten Emporenanlage im Inneren und ermöglicht eine vornehmlich von oben her kommende einheitliche Beleuchtung. Zwischen Rundbogenfenstern der oberen Reihe ansetzende Binder überspannen in weiten Bögen das Schiff. Von ihm führen zwei gegenläufige Treppen zur fensterlosen Apsis hinauf. Das Altarretabel entwarf 1900 Architekt Woldemar Kandler. Professor Wilhelm Walther aus Dresden schuf das Altarbild mit Christi Himmelfahrt. Bei dieser Gelegenheit mußte die hinter dem Altar gelegene Kanzel entfernt und dafür eine neue vor dem rechten Gestühlblock errichtet werden. In einer der Apsis gegenüberliegenden Nische fand die Orgel ihre Aufstellung.

Die neugotische Mariä-Himmelfahrt-Kirche wurde 1862 für das überwiegend von Katholiken bewohnte Neuleutersdorf ebenfalls nach Plänen von Carl August Schramm errichtet. Die einschiffige Saalkirche von sieben

Achsen öffnet sich mit einem Kielbogen nach dem eingezogenen Chor mit Dreiachtelschluß. Das Kirchenschiff wird von Tudorbögen überspannt, die von Diensten zwischen den Maßwerkfenstern aufsteigen. Abb. S. 122, 123

Lichtenhain, Kr. Sebnitz, Kbz. Pirna

Die Kirche ist eine schlichte dreiseitig geschlossene Saalkirche mit Dachreiter. Ihre Gestalt geht im wesentlichen auf den umfangreichen Reparatur- und Erneuerungsbau zurück, der 1696/97 unter Pfarrer Daniel Stürz vorgenommen wurde. Vor dem Altar wurde das Stürzsche Erbbegräbnis angelegt. Ein Epitaphbild für Daniel Stürz und seine Frau Maria Magdalena befindet sich an der Südwand neben der Kanzel, desgleichen für seinen Sohn und Amtsnachfolger (seit 1715) Friedrich Daniel Stürz. Der Altar selbst trägt ein bemerkenswertes geschnitztes und bemaltes Retabel von Bildhauer Johann Conrad Edelwehr aus Zittau. Das Relief mit der dramatischen Darstellung von Isaaks Opferung wird von Akanthuslaub gerahmt. Der gleicherweise gerahmte Untersatz trägt im Oval eine Gedichtinschrift. Sie verweist unter Bezug auf 1. Mose 22, 1–13 und Hebr. 11, 17–19 auf das im Alten Testament vorgebildete und im Abendmahl gegenwärtige Opfer Christi:

»Hier siehst du Isaac auf seinem Holtz-Altar.
Der damahls schon ein Bild von Christi Tode war
Daß dieser dir nun stets mög im Gedächtniß seyn
Giebt er sein Fleisch und Blut
dir hier im Brod u. Wein«

Abb. Schutzumschlag Rückseite

Lippersdorf, Kr. Marienberg, Kbz. Marienberg

Der gewiß noch ins 13. Jh. zurückgehende rechteckige Kirchenbau zeigt ein rundbogiges Schlitzfenster an der Ostseite. Ein ehemals vielleicht vorhanden gewesenes Wehrgangsgeschoß wurde bei einem Umbau 1670 beseitigt. Außer einer Orgel aus dem frühen 17. Jh. besitzt der Innenraum den manieristischen Aufbau eines Altars, der 1613 datiert ist und von einem Freiberger Meister stammt, und die Kanzel von 1709 sowie die Taufe von 1652. Der malerische Innenraum wurde 1970 restauriert, in seinem Stimmungswert aber 1979 stark beeinträchtigt, als die Gemeinde gegen den Rat der Denkmalpflege das Gestühl herausriß und den Gneisplattenbelag durch Terrazzoplatten ersetzte.

Das einzige mittelalterliche Stück ist das um 1510 geschaffene Bildwerk eines »Christus in der Rast«, das dem Betrachter die Passion des Herrn eindrücklich vor Augen stellen will. Derartige Andachtsbilder waren insbesondere in der Freiberger Gegend im Spätmittelalter weit verbreitet. Abb. S. 123

Markersbach, Kr. Schwarzenberg, Kbz. Schneeberg

Die Kirche liegt inmitten des Friedhofes, dessen alte Umfriedung erhalten geblieben ist. Das Schiff öffnet sich nach dem einschiffigen, kreuzrippengewölbten Chor aus der 2. Hälfte des 15. Jh. Der 1955 restaurierte Innenraum zeichnet sich durch eine reiche Ausstattung aus. Zur bemalten Holzdecke treten bebilderte, an der Nordseite zweigeschossige Emporen und über ihnen zahlreiche Betstübchen hinzu. In den Altarraum wurden 1720 die Ham-

merherrenchöre eingebaut. Im oberen Teil der Nord- und Westwand erhielten sich Reste eines spätgotischen Freskenzyklus. Der barocke Altaraufbau umschließt ein Kreuzigungsgemälde. Die hölzerne Kanzel stammt von 1610. Johannes der Täufer, eine barocke Schnitzfigur, hält die Taufschüssel. Epitaphe des 16. und 17. Jh. bereichern das Raumbild. Aus der Zeit der Spätgotik erhielten sich ein Flügelaltar und das Kruzifix am Triumphbogen.

Abb. S. 124

Mauersberg, Kr. Marienberg, Kbz. Marienberg

Mauersberg wurde 1721 durch Auspfarrung aus Großrückerswalde selbständige Kirchgemeinde. Die auf altem Photo überlieferte Wehrgangkirche wurde 1889 abgebrochen, um einem neugotischen Bau nach den Plänen von Theodor Quentin aus Pirna Platz zu machen. 1890 konnte die neue Kirche geweiht werden. Sie ist eine einschiffige Anlage mit Turm vor der Eingangsseite und Chor, einer umlaufenden Empore im Inneren.

In den Jahren 1949/53 ließ der Dresdner Kreuzkantor Rudolf Mauersberger (1889–1971) die abgebrochene Wehrkirche nach den Plänen von Architekt Fritz Steudtner und mit der bildkünstlerischen Ausgestaltung durch Helmar Helas und andere Dresdner Künstler auf dem Friedhof neu errichten. Die äußere Gestalt des Baues schließt sich im wesentlichen an die alte Wehrkirche an. Im zwiebelförmigen Dachreiter läutet wieder die Silberglocke von 1571. Erinnerungsstücke an die alte Kirche sind im Inneren der seitlich stehende alte Altar mit dem Samtbehang von 1746 und das Bornkinnl. Die reiche Innenausstattung wurde von den Künstlern neu entworfen und knüpft in freier Weise an Traditionen sächsischer Dorfkirchen an. Abb. S. 125

Maxen, Kr. Pirna, Kbz. Pirna

Zur Kirche gelangt man durch ein großes Friedhofstor aus der Mitte des 16. Jh. Jene wurde mit dem Kolonistendorf im 13. Jh. gegründet, jedoch bei einer Restaurierung 1877/1878 weitgehend neu aufgeführt. Der Turm an der Nordseite ist von 1625 und erhielt seinen jetzigen Abschluß im 18. Jh. Besondere Aufmerksamkeit verdient der Altar im gesonderten Chorraum. Möglicherweise ist dieses der Bildhauerfamilie Walther in Dresden zugeschriebene Werk von 1558 nicht mehr ganz vollständig. Nach Walter Hentschel – »Dresdner Bildhauer des 16. und 17. Jh.« – ist es »entwicklungsgeschichtlich wichtig als erster im Lande entstandener Altar des neuen Typus und auch dadurch, daß sein Reliefbild mit einem Kruzifix sowie dem Opfer Abrahams und der Anbetung der ehernen Schlange in verbindender Landschaft wohl zum ersten Male die von der Cranachwerkstatt geschaffene Theologie an einem plastischen Altar zeigt«. Das Bild wird durch mehrere Bibelsprüche (Joh. 3,16; Joh. 3,14.15; Röm. 4,3b im Hauptfeld; Habak. 2,4b; Joh. 3,36 an den Säulenpostamenten; 1. Kor. 11, 26 unterhalb des Hauptfeldes) im Sinne lutherischer Evangeliumsverkündigung interpretiert. 1631 kam die von Caspar Klüppel aus Pirna in Sandstein gehauene Kanzel hinzu. Der Paulusfigur, die den Kanzelkorb mit den Evangelisten trägt, ist das Schwert verlorengegangen. Im Inneren des Schalldeckels ist die Taube des Heiligen Geistes zu sehen und auf ihm der Salvator.

Abb. S. 27, 126

Naustadt, Ortsteil von Scharfenberg, Kr. Meißen,
Kbz. Meißen

Das weithin sichtbare Wahrzeichen des hoch über der
Elbe gelegenen Dorfes Naustadt ist der Kirchturm. Die
jetzige Kirche von 1591/98 ist ein flachgedeckter Saal mit
netzgewölbtem Chor, der in drei Seiten des Achtecks
schließt. Die seitlichen Choranbauten nehmen im Obergeschoß die nach der Kirche zu geöffneten Herrschaftsemporen auf. In der Erbauungszeit entstand auch die
reiche in Sandstein gearbeitete Ausstattung. Den Altaraufsatz mit einer Abendmahlsdarstellung im Hauptfeld,
zugleich Denkmal für Ernst Wilhelm von Miltitz, schuf
1606 Hans Köhler d. J. aus Meißen. Das schöne Werk
wurde 1817 vereinfacht und verändert. Die Kanzel, mit
dem Relief des Pfingstwunders und Bibelsprüchen geschmückt, arbeitete 1596 Hans Köhler d. Ä. Von ihm
stammt auch die Taufe. An ihrem Fuß sitzen vier Kinder,
die die Marterwerkzeuge Christi halten. Das Becken
schmücken Reliefs mit dem Durchzug durchs Rote Meer,
der Taufe Christi und der Kindersegnung. Die um 1600
begonnene Ausstattung des Chores mit ansehnlichen
Denkmälern der Familie von Miltitz erreichte mit dem
aufwendigen Grabmal für den Oberhofmeister Alexander von Miltitz ihren Höhepunkt. Mit diesem Sandstein-
monument stellte Johann Joachim Kändler lebensnah dar,
wie der sterbende Kirchenpatron, betrauert von den Allegorien des Glaubens und der Stärke, von einem herab-
schwebenden Engel das Symbol des dreifaltigen Gottes
gezeigt und die Lebenskrone überreicht bekommt. Diesen
Vorgang hinterfängt eine aufwendige Vorhangdraperie,
die von einem Baldachin herabhängt. Die Kirche wurde
1981/82 restauriert. Abb. S. 127

Nebelschütz, Kr. Kamenz
röm.-kath. Pfarrkirche St. Martin

Die alte Kirche brannte 1739 ab. Sie soll ein kleiner Holzbau gewesen sein und mitten im Dorfe auf dem Friedhof
gestanden haben. Der massive Neubau von 1740/43 erhielt seinen Standort am Ausgang des Dorfes in erhöhter
Lage. Unter dem Patronat der Mariensterner Äbtissin
Cordula Sommer entstand diese architektonisch anspruchs-
vollste katholische Barockkirche der Oberlausitz. Dem
Grundriß eines gestreckten Ovals entspricht auch die
straffe Gliederung der Wände und Gewölbe durch Pila-
ster, umlaufendes Gebälk und Gurtbögen im Inneren.
Der Hochaltar von 1744 ist dem architektonischen Rahmen angepaßt und überbietet ihn zugleich im Reichtum an
Formen und Farben. Der stattliche Säulenaufbau, durch
Ranken ergänzt, umschließt das schwungvoll gerahmte,
von Engelgestalten verehrte Bild mit der Himmelfahrt
Mariens (1754 von Franz Palko). Neben den Säulen sieht
man auf Konsolen die Statuen der Katharina und Margaretha.
  Im Aufsatz über dem Gebälk verehren Engel ein Bild
mit dem heiligen Martin. Alles überstrahlt eine große
Sonne mit dem Monogramm der Maria.
  Die Kanzel ist mit den Hochreliefs der Evangelisten
geschmückt. Der Deckel des reizvollen Taufsteins trägt
die Szene mit der Taufe Christi. Beides sind Schnitzar-
beiten des 18. Jh. Bei der Restaurierung von 1970/75
wurde die ursprüngliche helle Farbigkeit des Raumes zu-
rückgewonnen. Abb. S. 128

Nenkersdorf, Kr. Geithain, Kbz. Borna
Marienkirche

Ursprünglich eine dörfliche romanische Saalkirche, wurde
wohl im Zusammenhang mit der Einrichtung eines Bene-
diktinerpriorates Anfang des 14. Jh. eine Erweiterung des
Chores vorgenommen, der platt geschlossen und mit einer
Dreifenstergruppe versehen ist. Im 17. Jh. erfuhr der Innenraum eine Neuausstattung mit Emporen, Kanzel, Betstuben und einer Felderdecke, alles ornamental bemalt.
Der vom drohenden Verfall 1969/71 gerettete und im Inneren 1972/74 erneuerte Bau enthält als Hauptstück einen
großen Flügelaltar von 1519. In der Predella ist das
Schweißtuch der Veronika dargestellt, im Mittelschrein
die Muttergottes mit beiden Johannes, die Seitenflügel zeigen in je zwei Reihen je drei Heiligenfiguren, im Gesprenge noch einmal die Maria im Strahlenkranz mit
Christophorus, Sebastian, Georg und Mauritius. Die erste
Wandlung bringt gemalte Szenen aus dem Marienleben
und der Passion Christi, die zweite Gemälde des heiligen
Benedikt, des Erzengels Michael und auf den Standflü-
geln beide Johannes. Die Bilder und noch mehr die Skulpturen sind von beachtlicher Qualität. Bei den ausdrucks-
voll bewegten Figuren im Mittelschrein ist schwäbischer
Einfluß ablesbar. Abb. S. 137

Neugersdorf, Kr. Löbau, Kbz. Löbau

Aus einer 1657 gegründeten Siedlung böhmischer Exulanten entwickelte sich Neugersdorf zu einem der großen
Oberlausitzer Weberdörfer. Dem Bevölkerungswachstum
entsprechend, mußte der erste Kirchenbau von 1667 in den
Jahren 1735 bis 1738 durch einen Neubau ersetzt werden.
»Die Kirche ist ein durch ihre Verhältnisse wirksamer
mächtiger Innenraum, ein echtes protestantisches Volks-
haus!« (Gurlitt, Inv. Löbau, S. 410.) Die liturgische und
bildkünstlerische Ausstattung geht hauptsächlich auf Stiftungen aus dem Jahre 1753 zurück. Den Bezugspunkt des
Raumes bildet der imposante Kanzelaltar. Die Schnitzfiguren von Petrus und Paulus flankieren über Eck ge-
stellte korinthische Säulen, die das Gebälk tragen. Hier
haben sich auf gerollten Gesimsanschwüngen Engel mit
Kreuz und Kelch niedergelassen. Sie sind einem aufstre-
benden Mittelgiebel zugewandt, den ein Strahlenkranz in
einer Engelwolke erfüllt. Darin erscheint ein großer Engel mit der Gesetzestafel, über ihm Gottvater und als be-
krönender Abschluß Christus am Kreuz. Den Altartisch
in klassizistischen Formen schenkte 1796 die Gemeinde-
jugend. Gleichzeitig mit dem Kanzelaltar entstand der
Taufstein, auf dessen Deckel die geschnitzte Figurengruppe der Taufe Christi zu sehen ist. Abb. S. 138

Neumark, Kr. Reichenbach, Kbz. Werdau

Zusammen mit den Wohnhäusern südlich und dem Tor-
haus bildet die Kirche mit schlankem Turm, Haube und
Laterne eine eindrucksvolle Baugruppe. Die Kirche besteht aus Südturm, Langhaus und eingezogenem, dreiseitig geschlossenem Chor aus der Zeit der Spätgotik. Die
Sterngewölbe im Chor sind durch Kopfkonsolen abgefan-
gen. Bemerkenswert sind vier Schnitzfiguren des 18. Jh.,
zwei Glasgemälde von 1498 und insbesondere der überlebensgroße Kruzifixus von Peter Breuer aus der Zeit um
1500. Durch eine Freilegung der originalen Fassung und
Restaurierung derselben 1974/75 ist der bedeutende Aus-
druckswert der monumentalen Skulptur wieder sichtbar
geworden. Abb. S. 139

Neuwürschnitz, Kr. Stollberg, Kbz. Stollberg
Lutherkirche in Neuwürschnitz II
(Neuwiese), Nebenkirche der Christus-
kirche in Oelsnitz/Erzgeb.

Die Lutherkirche von Neuwiese wurde 1925/26 unter Pfarrer Friedrich Uhlig auf dem 1897 angelegten Friedhof errichtet. Nach den Plänen von Professor Paul Kranz in Chemnitz entstand ein ungleichseitiger Achteckbau mit vier Nebenräumen, die der Aufnahme des Altarraums, der Vorhalle, des Gemeindesaals, der Leichenhalle und der Orgelempore dienen. Das unverputzte und ungeglättete Bruchsteinmauerwerk aus Grünstein betont die Einbindung in die Gebirgslandschaft. Das geschweifte Kuppeldach mit Laterne ist verschiefert. Weißer Kellenputz und drei langgezogene, klar verglaste Fenster geben dem von einer Empore umzogenen Innenraum reichlich Licht. Die Kirchendecke bildet den kreuztragenden Christus inmitten des gestirnten Himmels ab. Der steinerne Kanzelaltar ist in eine Empore eingebunden. Die Gemälde seitlich des Altares stellen einen Bergmann und eine Mutter mit Kind in betender Haltung dar. Im Altarraum links fällt ein als großer Längsstreifen gestaltetes Wandbild ins Auge, welches, in elf Felder aufgeteilt, das Leben Jesu von der Geburt bis zur Auferstehung erzählt. Alle Gemälde in der Kirche sind Werke des Dresdner Malers Fritz Mönkemeyer von 1925.

Zu erwähnen sind außerdem die prächtigen Altarleuchter aus Messing, die in Anspielung auf die Lichtsymbolik Sprüche aus Psalm 27,1 und Johannes 8,12 tragen, ein an der Wand befestigter Taufengel aus rotem Marmor und ein Bornkinnl. Abb. S. 140

Niederau, Kr. Meißen, Kbz. Meißen

Die Kirche wird zuerst im 15. Jh. erwähnt. Die bestehende Saalkirche schuf Baumeister Dürichen aus Meißen 1878/1879. Sie wurde 1973 im Inneren grundlegend erneuert und dabei der Altarraum neu gestaltet. Werner Juza füllte damals die ganze Altarwand mit einem Gemälde, das die Sieben Werke der Barmherzigkeit in locker einander zugeordneten realistischen Szenen zeigt und darüber die Anbetung der Heiligen Dreifaltigkeit, dargestellt durch die weisende und segnende Hand des Vaters, das Lamm im Kreuznimbus und den herniederfahrenden Geist.

Eine vergleichbare Wandgestaltung schuf Werner Juza 1966 für die wiederaufgebaute Kirche in Einsiedel bei Karl-Marx-Stadt. Abb. S. 140

Niederlichtenau, Kr. Karl-Marx-Stadt, Kbz. Flöha

Die Kirche steht inmitten des über der Zschopauaue erhöht gelegenen Friedhofes. Der mittelalterliche Bau wurde 1604 vergrößert und erhielt durch einen Umbau in den Jahren 1746 bis 1754 die Gestalt eines Emporensaales. Aus dieser Zeit stammt auch der reizvolle beschieferte Turmabschluß. Die gegenwärtige Innenraumdisposition ist das Ergebnis der Erneuerung von 1961. Damals wurde die zweite Empore abgebrochen und die Kanzel verlegt. Die Kanzel ist mit M. B. 1615 signiert. Der Altaraufsatz dürfte zur gleichen Zeit errichtet sein. Beides sind meisterhafte manieristische Sandsteinarbeiten mit einem aufeinander abgestimmten Bildprogramm, das mit figürlichen Darstellungen und mit Sprüchen das in Christus geschenkte und durch Wort und Sakrament vermittelte Heil bezeugt.

Im Mittelpunkt des Altares steht eine figurenreiche Kreuzigung. Die Predella zeigt das Abendmahl, das Obergeschoß die Auferstehung. Die Kanzel wird von einer Mosefigur mit den Gesetzestafeln getragen. Die sechs Felder der Kanzel sind dem Evangelium vorbehalten. Im ersten Feld sieht man den kreuztragenden Christus. Er selbst wie auch der rechts neben ihm stehende Johannes der Täufer weisen auf dieses Kreuz. Die folgenden Reliefs zeigen Matthäus, Markus, Lukas und Johannes bei der Niederschrift ihres Evangeliums und zwischen ihnen das Pfingstwunder. Abb. S. 141

Niedersteinbach, Kr. Geithain, Kbz. Rochlitz
Schwesterkirche der St.-Nikolai-Kirche
in Langenleuba-Oberhain

Die besonders gut erhaltene romanische Chorturmkirche zeigt sorgfältig gearbeitete Werksteingliederungen und Bauschmuck in Rochlitzer Porphyr. Dieser wurde von einer an der Wechselburger Stiftskirche vorher tätig gewesenen Bauhütte des letzten Viertels des 12. Jh. gearbeitet: Halbsäulchen mit profiliertem Rundbogenfries an der Apsis, ein Bogenfeld über dem Westportal, gekuppelte Rundbogenfenster am Turm. Dieser ist mit hohem spätgotischem Helm abgeschlossen. Die Holzdecke wurde mit barocken Gemälden versehen, im Chor mit einer Verherrlichung der Religion, im Langhaus mit Szenen aus dem Alten und Neuen Testament. Der Barockaltar aus dem späten 17. Jh. stammt aus Canitz, Kr. Riesa. Dem späten 15. Jh. gehören der Mittelschrein und Figuren eines Flügelaltares an. Im Mittelschrein befindet sich die Muttergottes, flankiert von dem gerüsteten Michael und dem heiligen Georg. Eine Instandsetzung des Außenbaues erfolgte 1979/80. Abb. S, 142

Oberbobritzsch, Kr. Freiberg, Kbz. Freiberg
St.-Nikolai-Kirche

Die dem heiligen Nikolaus geweihte Kirche ist ein langgestreckter Saal mit einem Dreiachtelschluß, der in seinen Umfassungsmauern wohl noch weitgehend auf das Mittelalter zurückgeht; auch der westlich vorgelegte Turm weist in den Untergeschossen Formen des 14. Jh. auf. Die Innenarchitektur mit doppelgeschossigen Emporen, deren Balusterbrüstungen das Raumbild stark bestimmen, mit der Flachtonne und der Kanzel stammt von einem Umbau von 1710 sowie einer weiteren baulichen Veränderung vom Anfang des 20. Jh. Die stark veränderte Silbermannorgel ist 1716 gebaut. Der Raum birgt einen der bedeutendsten Flügelaltäre in Sachsen. 1521 geschaffen, ist er nicht nur durch die hohe Qualität seiner Figuren und Malereien beachtenswert, sondern auch durch das Auftreten von Frührenaissanceornamentik. Der Bildschnitzer ist ein Werkstattgenosse des Meisters der Freiberger Domapostel, auf den auch Figuren aus dem Jungfrauenzyklus im Dom zurückgehen. Der Maler ist möglicherweise derselbe, der die Gemälde des Seifersdorfer und Hennersdorfer Altares und des Dippoldiswalder Nikolaialtares schuf. In der Predella ist die Anbetung der Könige dargestellt, auf den Flügeln derselben sind die Apostel Andreas und Johannes innen und die Heiligen Agathe und Ursula außen gemalt. Im Mittelschrein thront der heilige Nikolaus, umgeben von den Heiligen Katharina und Barbara, auf den Flügeln Dorothea und Margaretha. Die Bilder der ersten Wandlung sind Szenen aus der Legende des heiligen Nikolaus gewidmet; die nächste Wandlung bringt vier Marterszenen, und zwar der Heiligen Dorothea, Katharina, Barbara und Margaretha. Wohl vom ehemaligen Gesprenge stammen die Figur einer Anna Selbdritt und zwei Engelputten, die einst zwei Wappen flankierten.

Abb. S. 132, 143

Ottendorf, Kr. Pirna, Kbz. Pirna

Der älteste Teil der Kirche ist wahrscheinlich das rechteckige romanische Langhaus, an das im letzten Viertel des 14. Jh. ein gewölbter, polygonal geschlossener Chor mit nördlich anschließender Sakristei angefügt wurde. In den Gewölbekappen des Chores sind die Symbole der vier Evangelisten dargestellt. Neben den Gewänden der Fenster sind auf gemalten Konsolen und unter illusionistisch gemalten Baldachinen der auferstandene Christus und die zwölf Apostel im Stil der böhmischen Kunst des späten 14. Jh. wiedergegeben. 1521/23 wurde eine Restaurierung der Bilder und des Raumes vorgenommen. Hans von Lindenau, dessen Bildnis von Lukas Cranach d. J. in der Betstube über der Sakristei hängt, stiftete 1591 einen Renaissancealtar von Franz Ditterich d. Ä., dazu die Kanzel. Um 1700 gestaltete man das Langhaus um, wölbte es ein und legte neue Emporen an. Großartige Barockepitaphe der Familie von Carlowitz wurden im Chor angebracht. Nach einer Erneuerung um 1900, bei der der Turm erhöht wurde, restaurierte man den Raum 1973/80. Dabei wurden die gotischen Wandmalereien freigelegt, gleichzeitig aber auch die barocken Passionsbilder an den Emporen.

Abb. S. 133

Otterwisch, Kr. Grimma, Kbz. Grimma

Vom romanischen Bau erhielten sich nur das Chorjoch und die Sakristei mit einem Taufwasserabflußbecken. Über dem Chor streckt sich seit 1702 das schlanke achteckige Turmoberteil mit geschwungener, von einem Gesims unterbrochener Haube empor. Diese geht harmonisch in eine Laterne über, die ihrerseits von einer glockenförmigen Haube mit Spitze, vergoldetem Knauf und Wetterfahne von 1799 abgeschlossen wird.

Die Kirche wurde mehrfach umgebaut und erneuert: gegen 1500 ein neuer Chorschluß, 1690/93 Erhöhung des Kirchenschiffes und Anbauten am Chor, 1896/98 Verlängerung und innere Umgestaltung des Schiffes, 1978/82 Außenerneuerung, Turm mit Kupfer gedeckt.

Das Gotteshaus bewahrt bedeutende Kunstwerke: in der Vorhalle mehrere Sandsteinepitaphe der Familie von Hirschfeld aus den Jahren 1551/78, geschaffen von der Dresdner Bildhauerfamilie Walther; am Chorbogen links die Kanzel mit prachtvollen Schnitzereien des Leipziger Barockbildhauers Johann Caspar Sandtmann (Ende 17. Jh.); ein Deckengemälde mit der Verklärung Jesu, 1898 von Akademieprofessor Osmar Schindler aus Dresden.

Abb. S. 145

Oybin, Kr. Zittau, Kbz. Zittau
Schwesterkirche von Lückendorf

Auf dem Sandsteinfelsen des Oybin, schon in der Bronzezeit besiedelt, erbaute Heinrich von Leipa, nach dem Tode Ottokars II. oberster Marschall von Böhmen, 1311/1316 die Burg. Kaiser Karl IV. errichtete ein Kaiserhaus und gründete ein Coelestinerkloster. Unter dem Einfluß der Reformation ging das klösterliche Leben auf dem

Berge zu Ende. 1574 erhielt Zittau diesen Besitz. 1577 brannte das Kloster ab. Zu Füßen des Berges entwickelte sich das Dorf der Gärtner und Leinweber, dessen Einwohner zunächst nach Zittau eingepfarrt waren, seit 1699 von Lückendorf aus geistlich betreut wurden. Dem 1707 erwachten Wunsche nach einem eigenen Bethause für Amtshandlungen wurde stattgegeben, so daß es 1709 zu einem Bau kommen konnte, der 1732/34 erweitert wurde und seine heutige Gestalt erhielt. Maurermeister Johann Georg Scholze und Zimmermeister Andreas Kühnel aus Zittau führten ihn aus. Die Decke ist mit zwanzig Szenen aus dem Alten und Neuen Testament, die Emporen sind mit Bildern zum Vaterunser und den Seligpreisungen geschmückt.

Abb. S. 144

Pillnitz, Stkr. Dresden
Weinbergskirche

Als Ersatz für die im Bereich des Lustschlosses ehemals vorhanden gewesene und auf Befehl Augusts des Starken abgetragene Schloßkirche wurde der Bau 1723/25 von Matthäus Daniel Pöppelmann in reizvoller Lage am Weinberg errichtet. Den schlichten rechteckigen Baukörper mit Walmdach krönt ein hölzerner Dachreiter. Ansichtsseite ist die dem Tal zugewandte Langseite mit vorgelegter Freitreppe und vornehmem Sandsteinportal. In

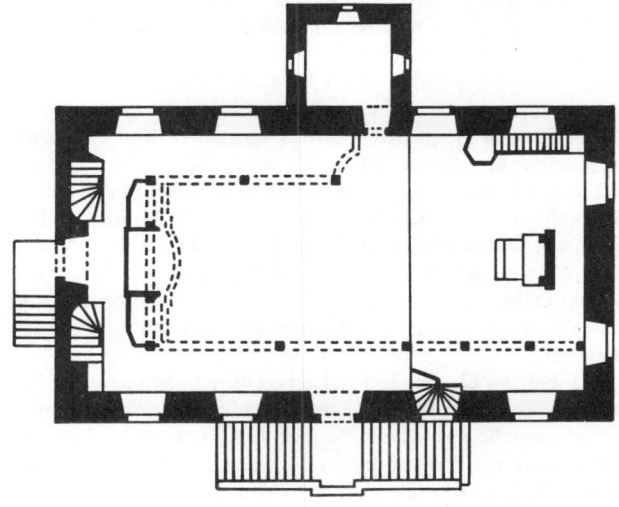

den schlichten Saalraum mit Emporenarchitektur wurde die Ausstattung der alten Schloßkirche übernommen, der Altar mit der Einsetzung des Abendmahles im Mittelfeld aus dem Jahre 1648 von Johann Georg Kretzschmar und zahlreiche Grabsteine und Epitaphe.

Abb. S. 145

Podelwitz, Kr. Leipzig, Kbz. Leipzig

Die Kirche gehört zu den wenigen wohlerhaltenen Dorfkirchen der Spätgotik in Sachsen. Das Schiff und der dreiseitig geschlossene Chor sind nur wenig voneinander abgesetzt, aber mit Gewölben unterschiedlicher Figurationen überspannt. Der Turm mit spitzem Helm könnte in seinem Unterteil romanisch sein, desgleichen die Sakristei. Aus der reichen Ausstattung mit Emporen, Logen, der Kanzel von 1594 und Epitaphen ragt der Schnitzaltar von 1520 hervor, der Stefan Hermsdorf zugeschrieben wird. Der Meister zieht hier ein Fazit aus der bisherigen obersächsischen Altarkunst, insbesondere der Kunst Hans Wittens. Die Festtagsseite zeigt im Mittelschrein die Muttergottes mit Georg und Mauritius, in den Flügeln je zwei Heilige – Martin und Elisabeth, Antonius und Johannes Baptista – mit auffallend bewegter Gewandung, in der Predella den Marientod. Die Gesprengefiguren sind womöglich etwas älter. Die Gemälde der zweiten und dritten Wandlung stellen jeweils vier Heilige in z. T. mehrfigurigen Szenen dar. Sie weisen ebenfalls eine hervorragende Qualität auf, deutlich betont ist der Einfluß des Donaustils und die Aufnahme von Renaissancemotiven. Auch hier lassen sich Verbindungen zu anderen sächsischen Altargemälden – z. B. Eschefeld, Döbeln und Oberbobritzsch – vermuten. Abb. S. 146

Pomßen, Kr. Grimma, Kbz. Grimma

Die romanische Dorfkirche wendet sich mit ihrem breiten Turm nach Westen. Ihm schließen sich Kirchenschiff, Chor und Apsis an. Nach Süden öffnet sich das Kirchenschiff in einen ebenfalls romanischen Kapellenanbau mit Apsis. Unter dieser Kapelle wurde eine Gruft für die Familie von Ponickau angelegt. Eine zweigeschossige, stuckierte, mit Butzenscheiben verglaste Herrschaftskapelle fügte man 1686 an die Nordseite des Chores an. Die gesamte Kirchenausstattung ist nachreformatorisch (16./18. Jh.). Ein neuer Altar wurde zum Gedenken an den 1557 verstorbenen Hans von Ponickau und seine Familie als manieristisches Sandsteinretabel in der Grundform des Flügelaltares errichtet. Unmittelbar über dem Altar sind Geburt und Taufe Jesu, in den Seitenteilen der darüberliegenden Zone die Ausspendung von Brot und Wein an die Kommunikanten durch Christus dargestellt. Im Hauptfelde kniet betend die Stifterfamilie vor einer figurenreichen Kreuzigung, ergänzt durch Gethsemane und Geißelung Christi im linken, Kreuzabnahme und Salbung des Herrn im rechten Flügel. Grablegung, die Verkündigung des Engels am Ostermorgen und das Jüngste Gericht sind weitere Motive der Bildfolge. Im Giebel der abschließenden Ädikula befindet sich Gottvater mit der Weltkugel und über ihm der segnende Christus zwischen zwei ruhenden Engeln.

18 weitere Denkmäler halten das Gedächtnis an die Familie von Ponickau fest. Die Geschlossenheit der Raumwirkung geht vor allem von der Ausstattung der Zeit um 1660 aus. Zu ihr gehören die Kanzel am linken Chorbogenpfeiler, die Emporen in vorzüglicher Ornamentmalerei (datiert 1668) und die Felderdecken.

An der Decke des Kirchenschiffes wird in 53 Bildnissen der Heilsweg von Adam über die Patriarchen und Propheten zu Christus als dem Erlöser aufgezeigt, Apostel und abendländische Kirchenväter als Repräsentanten der Kirche ergänzen die Darstellungen. Die Felderdecke im Chor ist mit Engeln bemalt, die die Leidenswerkzeuge Christi halten.

Die einmanualige Orgel schuf 1670/71 Gottfried Richter aus Döbeln, unterstützt durch seinen Bruder Georg Richter. Zu ihren Besonderheiten gehört der in der Mitte des Prospektes sichtbare Zimbelstern und ein »Vogel-Gesang«. Auf den Flügelgemälden singen und spielen Engel in zwei Chören das »Gloria in Excelsis Deo«. Abb. S. 147

Portitz, Stkr. Leipzig, Kbz. Leipzig Ost
Schwesterkirche von Plaußig, Kr. Leipzig

Nach Abbruch der im Mittelalter gegründeten alten Kirche wurde 1865/67 ein Neubau nach Plänen der Leip-

ziger Architekten Ernst Zocher und August Viehweger durch Amtszimmermeister Heinrich Sperling aus Taucha ausgeführt. Letzte Außen- und Innenerneuerung 1969/74. Die Kirche ist ein dreischiffiger neugotischer Gewölbebau mit einem einschiffigen Chor im Sinne des Eisenacher Regulativs. Die gesamte Innenausstattung stammt aus der Erbauungszeit. Sämtliche Bildhauerarbeiten lieferte Franz Schneider in Leipzig. Hervorzuheben ist das Altarbild mit dem lehrenden Christus von dem Leipziger Maler Wilhelm Souchon. Abb. S. 148

Pretzschendorf, Kr. Dippoldiswalde, Kbz. Dippoldiswalde

Der Neubau der Kirche in den Jahren 1731/33 machte sich notwendig, da im Vorgängerbau kaum ein Drittel der Gemeinde Platz hatte und die Gemeindeglieder in ihren Kirchenständen »gleich als in Noth-Ställen, eingepresset und gräßlich gedränget wurden...«. Johann Christian Simon aus Dresden entwarf die Kirche in der Form eines gestreckten Achtecks. An den Außenbau fügen sich in der Mitte der Südseite der Turm und in der Mitte der Nordseite die Sakristei an. Drei Emporen umziehen den Raum und brechen vor dem künstlerisch ausgezeichneten Aufbau von Kanzelaltar mit Orgel ab, der sich in der Mitte der nördlichen Breitseite erhebt gegenüber den herrschaftlichen Betstuben in der unteren Emporenzone. Auch das ebenerdige Gestühl konzentriert sich von drei Seiten auf diese Mitte, zu der außerdem der prachtvolle Taufstein von 1747 gehört. Den Kanzelaltar schenkte der damalige Pfarrer Gütner. Die Pretzschendorfer Kirche erfüllte zu ihrer Zeit voll die gestiegenen architektonischen Ansprüche an einen evangelischen Kirchenraum, sie war Vorbild für die Kirchen zu Lohmen, Kr. Sebnitz (1786/89), und Uhyst am Taucher (1801) und ist als eine besonders gelungene Schöpfung barocker Kirchenbaukunst Bährscher Schule zu würdigen. In welchem Maße die Kirche der Theologie und Frömmigkeit ihrer Zeit entsprach, geht aus der Einweihungspredigt von Superintendent Christian Friedrich Wilisch hervor, in der es u. a. heißt:

»Und ist GOTT ein GOTT der Ordnung, so muß es auch Ihm gefallen, wenn alles ordentlich in seinem Hause zustehet. Darzu denn gewiß gehöret, wenn ein Kirchen-Bau, in einer guten Symmetrie angeleget, Canzel, Altar, Taufstein und Orgel, in guter Ordnung stehen, alle Emporkirchen und Kirchen-Stände also eingebauet sind, daß sie besonders Altar und Canzel, und auf selbigen den Prediger im Gesichte haben können ...« Abb. S. 148

Prießnitz, Kr. Geithain, Kbz. Borna

Kirchhof und südlich daran anstoßender Pfarrhof bilden ein bedeutendes architektonisches Ensemble. In den ummauerten Kirchhof führt ein stattliches Rundbogenportal, das den Blick auf den spätgotischen Ostteil der Kirche mit seinen Maßwerkfenstern freigibt. Der Patronatsherr Hans von Einsiedel veranlaßte 1616 die Verbreiterung des Schiffes und eine reiche Neuausstattung des Inneren (Altar, Kanzel, Taufe, Betstube, Epitaphe) im Stile des Manierismus. Ihre Schöpfer sind Tischler Jakob Meyhort aus Pegau sowie die Maler Johann de Perre aus Leipzig und Jacob Wendelmuth aus Pegau. Die ganze Ausstattung trägt weithin die Züge eines Gedächtnismals für die verstorbene Ehefrau des Kirchenpatrons, Anna von Einsiedel, und ist ein Zeugnis für ihren und der Hinterbliebenen Glauben.

Im Hauptfeld des Altaraufbaues sieht man das Abendmahl Jesu. Einer seiner Jünger ist der damals amtierende Pfarrer Georg Thryllitzsch. Im Untergeschoß kniet die Familie des Hans von Einsiedel, umgeben von Mariä Verkündigung und der Geburt Jesu. Die Predella spricht in einer ausführlichen Inschrift von der Verstorbenen und ihrem Leben und Sterben in Christus. Beim Herunterklappen dieser Tafel sieht man die Opferung Isaaks und die Auferweckung des Lazarus als Zeichen von Kreuz und Auferstehung Jesu, die auch in der Bekrönung dargestellt ist.

Von einem Gedächtnismonument inmitten des Chores ist die zweiseitig bemalte Deckplatte erhalten, jetzt an der östlichen Stirnwand des Kirchenschiffes befindlich. Bei der ursprünglichen Anordnung zeigte sie in der oberen Ansicht Anna von Einsiedel, ruhend im Schoße Jesu, während ihr ein Engel die Lebenskrone reicht. Mit einer wohlgeordneten Bildnisfolge maßgebender lutherischer Theologen ließ Hans von Einsiedel das Kirchenschiff schmücken. Eine die gesamte Kirche und ihre Ausstattung umfassende Restaurierung erfolgte 1958/75.

Abb. S. 132, 149

Reinhardtsdorf, Kr. Pirna, Kbz. Pirna

Das stattliche barocke Pfarrhaus von 1746 mit Mansarddach und die Westfront der Kirche, aus der der achteckige Turm mit welscher Haube emporsteigt, erheben sich über dem Tal als ein eindrucksvolles architektonisches Ensemble. Man betritt die Kirche durch das schöne Eingangsportal, neben dem noch als Erinnerung an vergangenen Strafvollzug ein Pranger angebracht ist. Der Westteil gehört dem jüngsten Bauabschnitt an; zuvor hatte das daran anschließende Kirchenschiff seine jetzige Gestalt erhalten; der mittelalterliche Bau war unter Leitung von Pfarrer Christoph Weniger 1675 bis 1678 verlängert worden. Als Schöpfer der dekorativen Ausstattung des Inneren vom 17. bis in das frühe 18. Jh. hinein, mit zahlreichen Gemälden an Gestühl, den Emporen und der Kirchendecke, sind Gottfried Scheucker und Johann Georg Walter inschriftlich überliefert.

Der Altar von 1681/84 zeigt übereinander Bilder von Abendmahl, Kreuzigung und Grablegung und schließt mit der Schnitzfigur des Auferstandenen. Kanzel und Taufe stammen von 1615. Die untere Empore ist Szenen aus dem Neuen, die obere solchen aus dem Alten Testament vorbehalten. Gemeindeglieder – Flößer, Steinhauer, Musiker u. a. – stifteten jeweils ein Feld, bis das Werk 1711 vollendet war. Seitdem schmücken auch die großen Bilder der Trinität und des Jüngsten Gerichtes die Decke. An der Brüstung des Pfarrergestühles sind die Tugenden Glaube, Liebe, Hoffnung und Demut vor Landschaftsmotiven der Sächsischen Schweiz dargestellt.

Abb. S. 150

Reinhardtsgrimma, Kr. Dippoldiswalde, Kbz. Dippoldiswalde

Die Baugeschichte des langgestreckten Kirchenbaus mit dem zweijochigen Chor, an den im Norden eine offensichtlich aus dem 13. Jh. stammende tonnengewölbte Sakristei anschließt, ist noch nicht eindeutig geklärt. Spätgotisch sind sicher der quadratische Westturm und der westliche Anbau an die Sakristei, während der Chor mit seinem reichen Netzgewölbe in seiner heutigen Gestalt der Zeit der »Nachgotik« um 1600 entstammt. Einen durchgreifenden Umbau erfuhr das Langhaus im Jahre

1742. Damals wurden nach Entwürfen von Andreas Hünigen eine doppelgeschossige Emporenarchitektur eingefügt und die Fensterarchitektur geschaffen. Aus dieser Zeit stammt auch der sich an der Südseite vorwölbende Logenprospekt. Auf der Westempore befindet sich die zweimanualige Silbermannorgel von 1729/30. Der Sandsteinaltar, ein zweigeschossiger Renaissanceaufbau wohl von einem Pirnaer Meister, wurde 1601 gestiftet, die Kanzel mit Evangelistenbildern von Jakob Hennig stammt von 1672. Hervorzuheben ist die große Anzahl von Grabsteinen, besonders bemerkenswert sind ein Rittergrabstein des 14. Jh. und Epitaphe der Familie von Schönberg von 1615. Bei einer Erneuerung des Innenraumes 1978/80 wurde die Farbfassung der Silbermannorgel rekonstruiert. Die Farbigkeit der barocken Architektur des Schiffes und des Logenprospektes stellte man auf Grund von Resten wieder her.

Abb. S. 151

Reinsdorf, Kr. Zwickau, Kbz. Zwickau
St.-Jakobus-Kirche

Wegen des Anwachsens der Gemeinde wurde 1889 die zu klein gewordene Kirche von 1691/93 durch einen Neubau ersetzt. Dieser wurde am 26. 10. 1891 eingeweiht. Der Bau wurde bis in alle Einzelheiten von Oscar Mothes, damals in Zwickau, entworfen.

An einen sich nach oben verjüngenden, ab Dachhöhe im Achteck aufsteigenden Turm schließt sich eine Art Stufenhalle mit Kreuzarmen und oktogonal ausgebildeter Vierung an. Ihr folgen Chor und polygonale Apsis. Die Seitenschiffe mit einer Empore ziehen sich bis in den Vierungsbereich hinein. Von den Brüstungen steigen in der Marienhütte zu Cainsdorf gegossene Eisensäulen als Träger des Rippengewölbes auf, das in der durch Oberlicht erhellten Vierungskuppel zu einem reichen Stern ausgebildet ist. Den Altar mit den Figuren Christi und der Evangelisten schnitzte der Münchner Holzbildhauer F. X. Ritzler. An der am Chorbogen befindlichen Kanzel sind in den Brüstungsfeldern Paulus, Petrus, Luther und Melanchthon abgebildet. Die Fenster im Chor (C. Türcke & Co., Zittau) und in den Querschiffen (1909 von Bruno Urban, Dresden) ordnen den biblischen Szenen das Leben der Bergarbeiter und Bauern von Reinsdorf zu. Die Schönheit des Raumes in seiner ursprünglichen Farbigkeit (blaue Gewölbefelder) kommt seit der Restaurierung von 1974/76 wieder voll zur Geltung.

Abb. S. 150

Ringethal, Kr. Hainichen, Kbz. Rochlitz

In ihrem Kern romanisch ist die mehrfach umgebaute Saalkirche mit eingezogenem Chor, der wohl in gotischer Zeit verlängert wurde und einen platten Schluß erhielt. Außer einer Sandsteintaufe aus dem späten 15. Jh. und dem Orgelpositiv von Gottfried Silbermann aus der Zeit um 1725 ist der jetzt an der Nordwand des Chores angebrachte weit überlebensgroße Kruzifixus besonders bemerkenswert. Die ausdrückliche Steigerung des Leidens und die Realistik des Körpers wirken schon »gotisch«, nicht aber die geschwungene Körperhaltung und Einzelheiten wie Durchbildung von Haar, Dornenkrone und Lendenschurz. Diese Züge erinnern an das Wechselburger Kreuz von 1235. Es stellt sich auch die Frage, ob der Kruzifixus für Ringethal gearbeitet wurde oder aus dem säkularisierten Zisterzienserkloster Altzella stammt, von wo 1552 nachweislich Figuren vom Kurfürsten nach Ringethal vergeben wurden.

Abb. S. 152

Rochsburg, Kr. Rochlitz, Kbz. Rochlitz

Die große spätromanische Dorfkirche auf dem Höhenrükken gegenüber der Burg ist ein Werk der Bauhütte der Wechselburger Stiftskirche; sie stammt aus dem letzten Viertel des 12. Jh. Kennzeichnend sind die Gliederungen der Apsis mit Halbsäulen und Rundbogenfriesen und insbesondere das wohl nachträglich an die Westseite versetzte Säulenportal mit dem Gotteslamm im Tympanon. Typisch für das Muldenland ist der hohe spitze Dachreiter aus der Zeit der späten Gotik. Die Flachdecken sind durch barocke geschnitzte Girlanden geziert. Auch Altar und Kanzel sind barock, der Altar stammt von 1715, die Kanzel aus dem 17. Jh. Im Chor steht das wertvolle Freigrab des Wolf von Schönburg (gest. 1581) und seiner Gemahlin Anna (gest. 1576). Der Freiberger Bildhauer Samuel Lorenz hat hier das Moritzmonument des Freiberger Domes in vereinfachter Form nachgebildet. An dem hohen Unterbau sind zwischen korinthischen Säulen die zwölf Apostel abgebildet, darüber befinden sich Reliefs der Passion. Auf dem Sarkophag ist das Ehepaar in kniender Stellung betend dargestellt. Von den zwei gotischen Kelchen ist der eine aus dem 14. Jh. von besonderer künstlerischer Qualität; am Fuß sind in Plaketten Reliefs mit Szenen aus dem Leben Jesu angebracht. Abb. S. 154, 155

Röcknitz, Kr. Wurzen, Kbz. Wurzen
St.-Nikolaus-Kirche

Von einer spätromanischen Kirche stammen die Umfassungsmauern des Schiffes, die tonnengewölbte Sakristei an der Nordseite und der Unterteil des Ostturmes. Daran schließt sich der um 1500 entstandene, dreiseitig geschlossene Chor mit Zellengewölbe in reicher Sternfiguration an. Das hier eingebaute Sakramentshaus ist 1508 datiert. Der obere Teil des Chorturmes ist barock. Das Schiff wurde 1697 und 1859 erneuert. Eine Konservierung des um 1500 entstandenen Flügelaltares wurde 1973/76 im Anschluß an eine konstruktive Sicherung und Erneuerung des Chorraumes durchgeführt. Im Mittelschrein des Altares ist Nikolaus mit Katharina und Barbara dargestellt. Die Flügel, zwei beweglich und zwei fest, zeigen Passions- und Heiligendarstellungen. Die Brustbilder der Apostel erscheinen an der Predella. Das Gesprenge in Formen der Renaissance umgibt ein Tafelgemälde. Die reich geschnitzte Kanzel stammt von 1698, der Taufstein aus dem 15. Jh., ein Dreisitz vom Anfang des 16. Jh. Abb. S. 153

Rödern, Kr. Großenhain, Kbz. Großenhain
Peter-Pauls-Kirche

Der schlichte rechteckige Saal ist mit einem an der Ostseite abgewalmten Satteldach gedeckt. An der Westseite erhebt sich ein stattlicher Dachreiter mit Haube, Laterne und hoher Spitze. In einem Anbau an der Südseite der Kirche befindet sich die Patronatsloge. Der Bau geht in seiner heutigen Erscheinung weitgehend auf die zweite Hälfte des 17. Jh. zurück. Aus dem späten 17. Jh. stammt der Altaraufbau mit Säulen, den seitlichen Figuren von Petrus und Paulus und dem Salvator mundi im gesprengten Giebel. Erhalten ist auch das Predellenbild mit der Darstellung des Abendmahles, während anstelle des Mittelbildes im Jahre 1817 die Kanzel aus der Mitte des 17. Jh. mit Figuren der Evangelisten eingefügt wurde. Der Kanzelaltar ist nun auf die Emporenarchitektur an drei Seiten des Raumes bezogen. Rödern war Sitz einer bedeutenden Patronatsherrschaft, was sich in zahlreichen Grabmälern und Epitaphen des 16. und 17. Jh. dokumentiert. Die Reihe eröffnen die Renaissancegrabmäler des Hans von Beschwitz und seiner Frau, 1537 von Stefan Hermsdorf gearbeitet; es folgt das Grabmal des stehenden Ritters Christoph von Beschwitz von 1544, das Christoph Walther (I) zugeschrieben wird. Ein weiteres Epitaph geht auf Hans Walther zurück. Schließlich ist auf das Epitaph Gröbel von 1594 hinzuweisen, das ein Auferstehungsbild von Heinrich Göding zeigt. Epitaphe des endenden 17. Jh. weisen reichen dekorativen Schmuck auf.
Abb. S. 155

Röhrsdorf, Kr. Meißen, Kbz. Meißen
St.-Bartholomäus-Kirche

Der einheitliche stattliche Neubau der Kirche aus dem Jahre 1737 geht auf Johann Christian Simon zurück. Der schöne Emporensaal wird durch eine Kanzelwand hinter dem freistehenden Altar beherrscht. Diesen schuf der Dresdner Bildhauer Benjamin Thomae. Seiner Hand entstammt auch der Taufengel von 1738, für den sich, wie auch für den Altar, in den Kirchenakten eine Entwurfszeichnung erhielt. Die Figur wurde 1939 restauriert.
Abb. S. 31, 155

Rossau, Kr. Hainichen, Kbz. Rochlitz

In beherrschender Lage erhebt sich die Kirche über dem langgestreckten Waldhufendorf. Romanischen Ursprunges sind im wesentlichen das mehrfach umgebaute Langhaus und der Chor, über dem nachträglich – wohl erst im späten Mittelalter – ein Turm errichtet wurde und der um diese Zeit ein Tonnengewölbe erhielt. Der dreiseitig gebrochene und zellengewölbte Chor vom Anfang des 16. Jh. ersetzte eine romanische Apside. Im Jahre 1521 wurde ein Flügelaltar aus der Werkstatt des Meisters des Döbelner Hochaltares gestiftet, der durch seine Vollständigkeit und den Reichtum der ornamentalen Gestaltung besondere Aufmerksamkeit verdient. Die Festtagsseite zeigt die Muttergottes mit Ägidius, Wolfgang und vier heiligen Jungfrauen, die Predella enthält die Anbetung der Könige, das Gesprenge eine Kreuzigungsgruppe. Die durch Restaurierungen entstellten Flügelgemälde weisen Merkmale des Meisters des Kriebsteiner Alexiusaltares auf, hier sind Szenen aus dem Marienleben und große Heilige wiedergegeben. Ein Taufstein mit Maßwerkverzierungen stammt von 1519. Im Langhaus erhielten sich eine große spätgotische Kreuzigungsgruppe und weitere Figuren. Die Kanzel mit Evangelistenbildern an der Brüstung stammt aus dem späten 16. Jh. Die Emporenarchitektur entstand erst um 1730, barock ist auch die Felderdecke mit figürlicher und ornamentaler Malerei. Ein Beichtstuhl und der schöne Orgelprospekt gehen noch ins 17. Jh. zurück. Von einem unbekannten Meister wurde 1660/70 die Orgel erbaut, sie ist eine der ältesten erhaltenen Werke in Sachsen.
Abb. S. 156

Rüdigsdorf, Ortsteil von Kohren-Sahlis, Kr. Geithain,
          Kbz. Borna
          Christuskirche, Nebenkirche von Kohren-
          Sahlis St. Gangolf

Der Kirchenpatron Heinrich Wilhelm Leberecht Crusius überraschte die Gemeinde 1847 mit einem Plan zum Kirchenneubau. Ihn hatte der junge Leipziger Architekt Oscar Mothes (1828–1903) entworfen. Der Grundstein-legung am 1. Mai 1848 folgte die Einweihung zu Himmelfahrt 1849. Der Bau, einschließlich Innenausstattung in neugotischen Formen, gehört der Phase des romantischen Historismus an. Von den Wänden steigt ein profiliertes Stuckrippengewölbe auf, um im Anklang an einheimische spätgotische Vorbilder das Schiff und den polygonal geschlossenen Altarplatz zu überspannen. Das hölzerne Altarretabel enthält ein Glasgemälde mit dem auferstandenen Christus von Karl Scheinert, Meißen, nach einem Karton von Gustav Jäger, Leipzig.

Das von Frau Crusius gestiftete Altarkruzifix ist von Ernst Rietschel modelliert, in Bronze gegossen und teilweise versilbert worden. Weitere Glasmalereien schmücken das vierpaßförmige Maßwerk in den Fenstern der herrschaftlichen Betstube. Sie stellen Johannes den Täufer und Maria mit dem Christkind nach Entwürfen von Eduard Bendemann und Julius Schnorr von Carolsfeld dar. Die Stütze der neugotischen Kanzel ist als Weinstock geschnitzt.   Abb. S. 156

Ruppertsgrün, Kr. Werdau, Kbz. Werdau
St.-Annen-Kirche

Der 1513 begonnene Kirchenbau ist die einzige sächsische Dorfkirche, bei der die Konsequenzen aus den architektonischen Errungenschaften der Schloßkirchen und Stadtkirchen der Spätgotik gezogen worden sind. Als Architekt darf vielleicht Hans Meltewitz vermutet werden. Der kurze, dreiseitig geschlossene Bau ist zweigeschossig an-

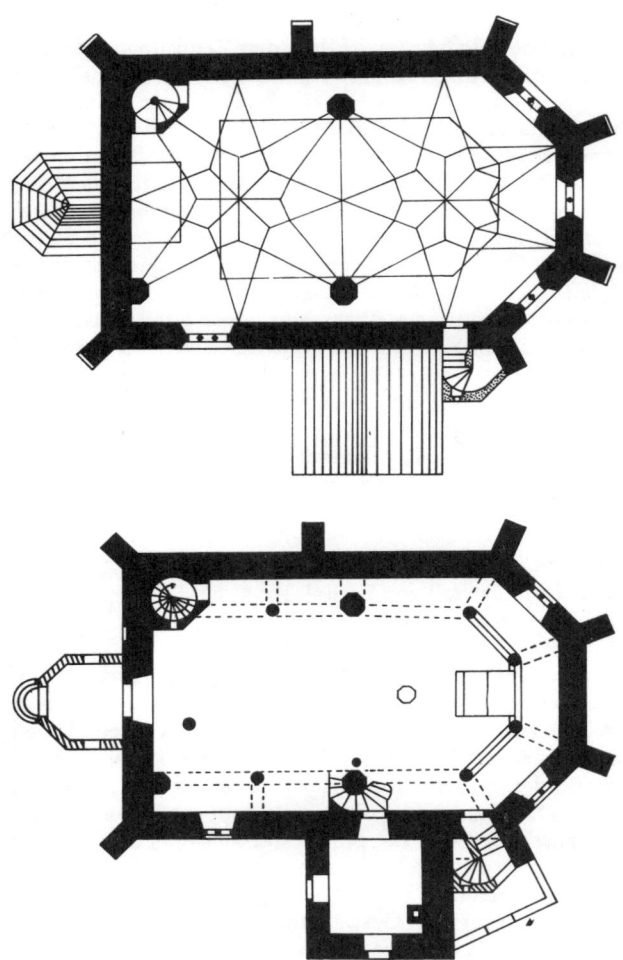

gelegt und besitzt eine umlaufende Empore, deren profilierte Stichbögen auf runden Pfeilern mit rohen Kapitellen ruhen. Anstelle des seitlichen mittleren Stützenpaares stehen Achteckpfeiler, die das kunstvoll figurierte Sterngewölbe tragen. Die beiden Dachreiter sind barock. 1888 wurden die südliche Sakristei angefügt und Treppenhäuser angelegt. Während die runde Sandsteinkanzel auf einem Säulenfuß und die Taufe aus der Erbauungszeit stammen, ist der Altaraufbau eine neugotische Zutat von 1888. Die letzte Ausmalung erfolgte 1964 auf Grund von Befunden aus der Entstehungszeit: steingraue Architekturglieder mit schwarz-weißer Fuge stehen zu weiß gekalkten Putzgründen.   Abb. S. 157

Rußdorf, Ortsteil von Limbach-Oberfrohna, Kr. Karl-Marx-Stadt, Kbz. Karl-Marx-Stadt II
Johanniskirche

Rußdorf, das 1935 nach Oberfrohna eingemeindet wurde, gehörte seit 1457 dem Georgstift in Altenburg und war seit der Reformation ein altenburgisches Amtsdorf. Die Kirche wurde in den Jahren 1729/34 nach dem Riß des Baumeisters Hellbrunn in Altenburg neu erbaut. Kanzelaltar und Taufstein verfertigte der Zwickauer Bildhauer Irmischer. Die Staffierung und Vergoldung der Bildhauerarbeit, den Anstrich der Bänke und Emporen sowie die Anbringung der allegorischen Gemälde und Reimsprüche besorgte Hofmaler Schildbach aus Eisenberg. In der inneren Anlage und insbesondere der Ausbildung des Emporenkanzelaltares zeigt sich die Zugehörigkeit von Rußdorf zum Altenburger Land, wo in dieser Zeit eine solche Raumgestaltung typisch war. Der Kanzelempore gegenüber liegt die Amtsbetstube. In der sorgfältigen Behandlung des Details unter reichlicher Verwendung von Bandelwerk und Lambrequins wird ein gehobener Repräsentationsanspruch sichtbar. Zur Originalausstattung gehört die hölzerne Taufe, ein originelles Werk mit geschnitzten Voluten, Kindengeln und Blüten.
                                        Abb. S. 158

Schellerhau, Kr. Dippoldiswalde, Kbz. Dippoldiswalde

Der einschiffige Saal mit dreiseitigem Ostschluß wurde 1591 erbaut, der Turm entstand 1616, wurde 1724 und 1750 erneuert und 1786 vom achteckigen oberen Teil an erhöht und mit Haube und Laterne versehen. Der niedrige Innenraum wirkt durch die 1681/84 ausgeführten Malereien an den Emporenbrüstungen, an den Logen und an der Kassettendecke wie die »gute Stube« der Gemeinde. An der Decke sind Sündenfall – nach der Bilderfindung Dürers – und Kreuzigung einander gegenübergestellt, umgeben von Engeln mit Marterwerkzeugen und Aposteln. Die Emporen sind teils ornamental bemalt, teils sind Szenen aus der biblischen Geschichte abgebildet. Der Renaissancetaufstein von 1560/70 stammt aus dem angeblich hölzernen Vorgängerbau. Die Bilder des Altares von 1681 schuf Christian Männchen. Oberhalb eines Predellenbildes mit der Einsetzung des Abendmahles ist im Hauptgeschoß die Kreuzigung mit vielen Figuren dargestellt. Flankiert wird dieses Bild von gewundenen korinthischen Säulen, die das Hauptgesims tragen. Im Aufsatz ist der auferstandene Christus wiedergegeben. Als Altarleuchter dienen zwei zinnerne Bergmannsfiguren in ihrer Arbeitstracht; sie wurden 1685 gestiftet.

Die letzte umfassende Innenerneuerung fand 1974/78 statt; die Kanzel wurde aus Altpenig hierher übertragen.
                                        Abb. S. 135, 159

Schmannewitz, Kr. Oschatz, Kbz. Oschatz

Die Kirche wurde 1731/32 nach Entwurf von George Bähr errichtet. Sie ist ein einschiffiger Saal mit vortretenden Kreuzarmen und einem zentralisierenden Chorturm, dessen Dach mit sanftem Schwung zum Glockenobergeschoß überleitet. Eine stark geknickte, steil ansteigende Haube mit Kugel und Kreuz bildet den Abschluß. Der Außeninstandsetzung 1961/62 folgte 1973 die Freilegung und Restaurierung der Barockfassung des Innenraumes, der mit einem Kanzelaltar und Emporen, z. T. 1972 aus Cröbern (Kr. Leipzig) übernommen, ausgestattet ist.

Abb. S. 160

Seelitz, Kr. Rochlitz, Kbz. Rochlitz
St.-Annen-Kirche

Seelitz gehört zu den Orten, die als »Urpfarrei« eine große Dorfkirche benötigten. Zudem diente sie im späten Mittelalter als Wallfahrtskirche. Anstelle einer romanischen Kirche wurde um 1516/29 – diese Jahreszahlen finden sich in einer Inschrift – der Bau als spätgotische Halle mit dreiseitig geschlossenem Chor neu konzipiert und in Bruchstein mit Gliederungen in Rochlitzer Porphyr begonnen. Der quadratische Westturm ist in das westliche Joch der auf drei Joche berechneten dreischiffigen Halle eingefügt und durch Arkadenbögen zur Halle hin geöffnet. Aber nur der Chor erhielt ein Netzgewölbe. Das Langhaus entbehrt Pfeiler und Gewölbe. Die Ausstattung mit dreigeschossigen Emporen im Langhaus, Logenprospekten im Chor, Altar und Kanzel erfolgte um 1770. Den Altar schuf 1771 Johann Gottfried Stecher aus Penig. Den Gekreuzigten im Mittelfeld flankieren die Figuren der Evangelisten Johannes und Petrus. Die Kanzel in Rokokoformen erhebt sich auf einer schlanken toskanischen Säule; der Deckel wird von einer Figur der Fides bekrönt. Auch das vasenförmige Tauflesepult zeigt Rokokoelemente, ein älterer Taufstein stammt von 1555. Der Prospekt der Orgel entstand 1797. Bei einer Erneuerung des Chores 1976 wurde eine Ausmalung mit marmorierten Rippen und Rankenwerk von 1713 freigelegt. Abb. S. 160, 161

Seifersdorf, Kr. Dippoldiswalde, Kbz. Dippoldiswalde

Das schlichte einschiffige Langhaus mit dem runden Triumphbogen ist vielleicht noch romanischen Ursprunges, der rechteckige Chor stammt wohl von der durchgreifenden Erneuerung 1774. Der Innenraum wird von der hölzernen Emporenarchitektur bestimmt. Die Renaissancekanzel zeigt gemalte Darstellungen der Evangelisten. Die spätgotische Taufe hat einen reich geschnitzten Deckel von 1743. Die Figuren des großen Flügelaltares von 1518 mit zwei gemalten beweglichen und zwei festen Flügeln schuf ein Mitarbeiter des Meisters der Freiberger Domapostel, die guten Gemälde sind denen des Altares in Hennersdorf und der Dippoldiswalder Nikolaikirche verwandt. Geschnitzt sind nur der heilige Martin in der Predella, der heilige Nikolaus, begleitet von Johannes dem Evangelisten und Jakobus dem Älteren, im Mittelschrein und die Gesprengefiguren, die Muttergottes und der Gekreuzigte in der Mittelachse. Die Figuren sind durch lyrische Verinnerlichung gekennzeichnet. Die Ikonographie ist bestimmt von dem Heiligenkult der Vorreformationszeit, der in den lebendigen Bilderfindungen des Malers vor Augen tritt. Auf dem linken Flügel sind der Marientod sowie Petrus und Paulus, auf dem rechten Flügel die Mar-

ter der zehntausend Christen und eine Anna Selbdritt, neben der Predella sind links das Martyrium des heiligen Petrus, rechts der heilige Hieronymus zu sehen.

Abb. S. 162

Seifersdorf, Kr. Dresden, Kbz. Dresden Nord

Die Kirche wurde 1604/05 erbaut und – wie die Turmknopfurkunde besagt – »samt einem schönen Altar, Taufstein, Predigtstuhl, Por-Kirchen, Stühlen und andern Stücken darin gehörig, gezieret, von dem Edlen, Gestrengen und Ehrenvesten Wolf Dietrichen von Grünrod, Erb und Lehnherrn allhier zu Seifersdorf«. Bauliche Veränderungen (z. B. neue Emporen) brachte die Erneuerung durch Christian Schramm 1892. Die Kirche ist ein gestreckter, auf der Ostseite in drei Seiten des Achtecks geschlossener Rechtecksaal, den ein nachgotisches Netzgewölbe mit aufgeputzten Graten überspannt. Der unten quadratische, oben achteckige Turm endet in geschweifter Renaissancehaube und ist der Südseite vorgelegt. Den Innenraum beherrschen die sieben im Altarraum aufgestellten Epitaphe der Herren von Grünrod. Sie schließen mit dem 1682 verstorbenen Hans Ulrich von Grünrod ab und zeigen den Verewigten jeweils in Rüstung und ganzer Figur. Aus dem Vorgängerbau wurde außerdem das Denkmal des Jobst von Haugwitz und seiner Frau (gest. um 1570) übernommen. Das größte Epitaph ist dem am 26. März 1603 verstorbenen Dietrich von Grünrod gewidmet und dient zugleich als Altaraufsatz (vollendet 1605).

Abb. S. 163

Seiffen, Kr. Marienberg, Kbz. Marienberg

Die kleine Kirche verwirklicht den Zentralbaugedanken in eindrucksvoller Konsequenz. 1776/79 wurde sie von Zimmermeister Johann Georg Weißbach aus Friedebach bei Sayda anstelle der alten Friedhofskapelle von etwa 1570 erbaut. Das regelmäßige Achteck wird von einem hohen Zeltdach bedeckt, das sich organisch in einem barocken Achtecktürmchen fortsetzt. Vier Anbauten nehmen die Emporentreppen und im Osten auch die Sakristei auf. Dem Grundriß entsprechend ist das Innere als Predigtkirche mit umlaufenden Emporen und einem Kanzelaltar als zentralem Blickpunkt ausgestattet. Den Altar schmücken ein Kruzifix aus Seiffener Zinn von 1754 und Zinnleuchter von 1789. Ein prächtiger achtarmiger Glashängeleuchter soll der alten Seiffener Glashütte Heidelbach entstammen.

1789 wurde die Orgelempore erweitert, 1833 die obere Empore um den Kanzelaltar herumgeführt. Die letzte Innenerneuerung fand 1954/59 statt. Abb. S. 30, 164

Somsdorf, Ortsteil von Freital, Kr. Freital,
Kbz. Dresden West

Der einschiffige Saalraum mit dreiseitigem Ostschluß und Dachreiter ist sowohl in der Außenarchitektur wie auch im Inneren im Jahre 1712 neu gestaltet worden. Dabei wurden Reste der romanischen Vorgängerkirche wiederverwendet, wie ein Rundbogenfenster an der Nordseite zeigt. Den Innenraum prägt eine doppelgeschossige Emporenarchitektur an der Nord- und Südseite. Der barocke Säulenaufbau des Altares von 1724 rahmt ein Gemälde mit der Darstellung von Christi Himmelfahrt; die Plastiken – allegorische Gestalten und Engel – gehen auf Johann Benjamin Thomae zurück. Die Renaissancekanzel ist mit Gemälden der Evangelisten geschmückt. Aus der mittelalterlichen Kirche erhielten sich einige spätgotische Figuren, unter anderen ein auferstandener Christus. Die schlichte Sandsteintaufe stammt aus dem 16. Jh., die Orgel von 1827. Bei der Innenerneuerung im Jahre 1973/74 wurden die den Farbklang bestimmenden grauen Marmormalereien an den Emporenbrüstungen freigelegt und restauriert. Abb. S. 165

Sprey, Kr. Weißwasser, Kkr. Weißwasser
Außenort der Kirchgemeinde Nochten-Tzschelln

Die kleine Kapelle mit dreiseitigem Ostschluß ist der einzige reine Holzbau im sakralen Bereich, der in der Lausitz und in Sachsen erhalten geblieben ist. Die »Schrotholzkirche« stammt wohl aus dem 18. Jh., wurde 1949 erneuert und mit einem Dachreiter versehen. Die Westseite ist verbrettert; an den anderen Seiten ist die Holzkonstruktion ablesbar. Als Altar dient der Mittelschrein eines schlichten volkskunsthaften Flügelaltares mit der Figur des heiligen Martin im Mittelpunkt; das Werk stammt wohl aus der zweiten Hälfte des 15. Jh. Abb. S. 164

Staucha, Kr. Riesa, Kbz. Meißen
St.-Johannis-Kirche

Die Kirche erhebt sich inmitten des auf einem Höhenrükken gelegenen Dorfes. Anstelle eines Vorgängerbaues wurde sie 1861/63 nach den Plänen von Akademieprofessor Christian Friedrich Arnold (Dresden) durch Maurermeister Engst aus Dahlen ausgeführt. Sie gehört zu den größeren Kirchenbauten Arnolds. In ihr kommen seine künstlerischen und liturgischen Bestrebungen in den Jahren nach 1860 zum Ausdruck.
Die Kirche ist eine vierjochige neugotische Basilika mit Emporen, Holzdecke und massiv gewölbtem Chor. Auf der Eingangsseite steht ein hoher, in einer Spitze auslaufender Turm. Außerdem flankieren den Chor zwei kleine Treppentürme, die die Seiteneingänge ins Schiff und die Aufgänge zu den das Chorquadrat säumenden Betstuben enthalten. Die neugotische Originalausstattung ist erhalten. Kanzel und Taufe aus Sandstein sind mit Ornamenten verziert. Hervorzuheben ist der 5,5 m hohe dreiteilige Altaraufbau mit den Hauptbildern Geburt, Kreuzigung, Auferstehung und dem Abendmahl in der Predella, ein Werk des Dresdner Akademieprofessors Carl Gottlieb Peschel von 1866. Abb. S. 166

Steinsdorf, Kr. Plauen, Kbz. Plauen
Tochterkirche von Jößnitz

Der rechteckige Bau besitzt einen massigen Westturm in Breite des Langhauses, abgeschlossen durch Haube, Laterne und Turmzwiebel. Durch die den Raum umgebenden Emporen aus verschiedenen Zeiten, die Felderdecke, das Gestühl, die barocke Altarraumbrüstung und Taufe sowie die Kanzel aus der Zeit um 1700 wirkt der Raum intim und malerisch. 1977 wurde die Innenraumfassung des späten 18. Jahrhunderts freigelegt und vorsichtig restauriert. Das wichtigste Stück ist der Flügelaltar, 1497 von Peter Breuer, unter dem frischen Eindruck der Werke Tilman Riemenschneiders, geschaffen. Im Mittelschrein ist die Muttergottes mit den Heiligen Nikolaus und Martin dargestellt, die Flügel zeigen in zwei Reihen gemalte

Heilige. Die Predella mit der Malerei des Schweißtuches der Veronika wurde erst 1953 wieder aufgefunden und 1954 restauriert. Die Rückseite der Flügel sind mit Bildern der Heiligen Katharina und Barbara versehen.
Abb. S. 167

Störmthal, Kr. Leipzig, Kbz. Leipzig Ost
Kreuzkirche

Störmthal wurde 1690 von Magdeborn getrennt und zu einer selbständigen Kirchgemeinde. Die Turmknopfurkunde enthält eine bis ins Jahr 1514 zurückreichende Chronik des Kirchenbaues. Ihr ist zu entnehmen, daß das jetzige Gebäude 1722/23 unter dem Kirchenpatron Staz Hilmar von Fullen »völlig repariert«, d. h. weitgehend neu aufgeführt und auch verlängert worden ist. Einbezogen wurde der 1667/68 nach dem Vorbild seines Vorgängers gestaltete Turm.
Die Saalkirche erhielt im Osten einen originellen Dreipaßschluß. Das bildkünstlerische Schwergewicht des schlichten Emporensaales liegt auf dem trefflichen Kanzelaltar von 1722/23. Zwei seitlich angeordnete Kommunikantendurchgänge erhöhen seine raumabschließende Wirkung. Tüchtige Schnitzarbeit zeigt auch der vasenförmige Taufstein, dessen Deckel als Lesepult dient. Die Orgel baute Zacharias Hildebrandt. Sie wurde am 2. 11. 1723 von Johann Sebastian Bach abgenommen. Unter dessen Leitung erklang zur Einweihung seine Kantate »Höchsterwünschtes Freudenfest«. Abb. S. 168

Stötteritz, Stkr. Leipzig, Kbz. Leipzig Ost
Marienkirche

1325 wird Stötteritz erstmalig urkundlich erwähnt. Die jetzige Kirche ersetzte 1702/03 einen kleineren mittelalterlichen Vorgängerbau. Unter der Baudirektion des Leipziger Ratstischlermeisters Johann Christian Senckeisen kam 1713 der Turm mit zwiebelförmiger Haube hinzu. Senckeisen hat wohl auch den zweigeschossigen Kanzelaltar in ionisch-korinthischer Säulenordnung entworfen, der sich an die Leipziger Barockfassaden jener Zeit anlehnt. Er erhielt 1967/68 seine barocke Marmorierung in Rot, Schwarz und Grau zurück. Die reich geschnitzten, auf das Abendmahl bezogenen Festons wurden neu vergoldet. Das Untergeschoß bewahrt einen kostbaren vorreformatorischen Flügelaltar mit figurenreicher Kreuzigung vor Landschaftshintergrund im Mittelfeld, Gethsemane und Auferstehung in den Seitenflügeln. Dieser Flügelaltar soll um 1480 in Nürnberg gemalt worden sein und von einem Meister »aus der Generation der Lehrer Dürers« (Werner Schade 1971) stammen. Das Kanzelgeschoß flankieren die Apostel Petrus und Paulus, wahrscheinlich vom Leipziger Barockbildhauer Johann Jakob Löbelt geschnitzt. Das Giebelfeld umschließt die Wappen der Familien Rinck von Dorstig und Schmid von Schmidefeld. Abb. S. 30, 168

Straßberg, Kr. Plauen, Kbz. Plauen

Die Kirche mit Friedhof erhebt sich in der Westecke eines Plateaus, »die Burg« genannt. Der bestehende Bau soll der Überlieferung nach 1576 durch Joachim von Reibold errichtet worden sein. Ein unverwechselbares Bild bietet das Äußere durch einen die Breite des Kirchenschiffes überschreitenden viergeschossigen Westbau. Der Turm mit welscher Haube wächst aus seiner Mitte empor. Dieser Westbau enthält zwei Treppenhäuser, eine Vorhalle, die herrschaftliche Betstube und eine Wohnung. Das sich nach Osten anschließende Kirchenschiff steht als dreijochige kreuzgratgewölbte Wandpfeilerkirche mit massiven Emporen in der Bautradition der evangelischen Schloßkapellen. In den Rechteckchor fügte man 1802/04 einen in sich geschlossenen Aufbau von Kanzelaltar und Orgel in Empireformen ein. Die Tischlerarbeiten fertigte Tischlermeister Pinder, das Orgelwerk Johann Gottlob Trampeli, beide aus Adorf. Restaurierungen in der Kirche fanden 1839 und 1937 statt. Abb. S. 166

Sybra, Kr. Geithain, Kbz. Rochlitz

Die im Kern romanische Kirche erhielt Anfang des 16. Jh. einen spitzen Dachreiter und einen spätgotischen Rechteckchor mit breiten Vorhangbogenfenstern. 1586 stiftete Abraham von Einsiedel zum Gedächtnis seiner verstorbenen Gemahlin Anna geb. von Könneritz einen neuen Altaraufsatz. In den geschnitzten Rahmungen sind in der schmalen Predellenzone die vorzüglich gemalte Stifterfamilie, im Hauptfeld das Abendmahl Jesu und im stark eingerückten Aufsatz die Kreuzigung zu sehen. Der Altar ist das einzige vollständig erhaltene Werk des sächsischen Malers Matthias Krodel d. Ä. Mit Schnitzfiguren vom spätgotischen Altar ist die Brüstung der Renaissancekanzel versehen. Mehrere figürliche Grabdenkmäler der Familie von Einsiedel aus dem späten 16. und 17. Jh. sind erhalten. Besonders auffällig ist das unter der nördlichen Chorempore gelegene hölzerne Freigrab der 1614 verstorbenen Margaretha von Einsiedel, das die Sandsteinplatte mit der Relieffigur der Verstorbenen trägt. Die ansehnliche, maßwerkgeschmückte Porphyrtaufe stammt aus der Zeit um 1500. Abb. S. 169

Tanneberg, Kr. Hainichen, Kbz. Leisnig
Tochterkirche von Beerwalde

Der mittelalterliche Saalraum mit eingezogenem, langgestrecktem Chor birgt einen stattlichen spätgotischen Flügelaltar. Unter weiteren mittelalterlichen Skulpturen sind eine Bischofsfigur und vor allem eine Muttergottes des sogenannten Weichen Stils aus der Zeit um 1420/30 bemerkenswert. Zu beiden Figuren haben sich Schreine, allerdings ohne die ehemals gewiß vorhanden gewesenen »Flügel«, zwei sogenannte Einfigurenschreine aus dem 3. Viertel des 15. Jh. erhalten. Die Muttergottes, deren Rückseite beim Einbau in den Schrein abgearbeitet zu sein scheint, weist als Zweitbemalung eine hervorragende mittelalterliche Farbfassung auf, die der Skulptur einen besonderen Liebreiz verleiht. Wahrscheinlich wurde die Madonna nicht für Tanneberg geschaffen, sondern stammt aus dem Zisterzienserkloster Altzella, von dort sind nach der Reformation Figuren u. a. nach Tanneberg verschenkt worden. Die Holzplastik wurde 1981/83 im Institut für Denkmalpflege in Dresden konserviert. Abb. S. 169

Tannenberg, Kr. Annaberg, Kbz. Annaberg
St.-Christophorus-Kirche

Der einschiffige, flachgedeckte Saalraum mit dreiseitigem Ostschluß ist – wie es das Sakramentshäuschen und das Maßwerk der spätgotischen Chorfenster belegen – im ersten Viertel des 16. Jh. erbaut; der Westturm mit Haube und Laterne stammt von 1736. Von der Ausstattung des 16. Jh. ist besonders der Flügelaltar in den Formen der Frührenaissance – eine Stiftung der Annaberger Patrizierfamilie Schnee aus dem Jahre 1521 – bemerkenswert. Er stammt von den gleichen Künstlern, die 1522 den Münzeraltar in der Annenkirche zu Annaberg vollendeten. Der Bildschnitzer war Christoph Walter (I). Die Bilder des Malers, der z. T. Vorlagen Albrecht Dürers verarbeitete, zeichnen sich durch eine helle, leuchtende Farbigkeit aus; von ihm stammen auch die Flügel des Altares von Mittelfrohna (Kr. Karl-Marx-Stadt). Im Mittelschrein ist die Muttergottes auf der Mondsichel, begleitet und gekrönt von Engeln, dargestellt. Züge des apokalyptischen Weibes sind mit der Himmelfahrt und Krönung Mariä verbunden. In den Flügeln der Festtagsseite erscheinen in flachem Relief der heilige Nikolaus und ein anderer Bischof. In der Predella sind Schmerzensmutter und Schmerzensmann, in der halbrunden Bekrönung oberhalb eines Gebälkes mit Stiftungsinschrift ist das Schweißtuch der Veronika dargestellt. Die erste Wandlung zeigt in der Mitte die Verkündigung an Maria mit den Heiligen Georg und Christophorus. Der Altar wurde 1965/66 freigelegt und restauriert. Abb. S. 170

Taubenheim, Kr. Meißen, Kbz. Meißen

Kirche und Schloß, dicht beieinander gelegen, beherrschen das Dorfbild. Aus dem steilen Kirchendach wächst im Achteck ein Dachreiter empor, der in einem mehrgliedrigen Haubenabschluß endet. Daß der Bau im Kern romanisch ist, zeigt noch der Triumphbogen. Der zellengewölbte Chor gehört der Zeit um 1515 an. Der Schmuck des Langhauses besteht in einer schachbrettartig gestalteten Felderdecke, die 1576 von Jonas Eiwigk aus Pirna gemalt wurde. Die einzelnen Felder wurden laut Inschrift vom Patron und seiner Familie, dem Gerichtsverwalter, dem Pfarrerehepaar, dem Schulmeister, den Kirchenvätern und anderen Gemeindegliedern gestiftet und stellen in zwei großen, durch einen Unterzugbalken geteilten Gruppen vornehmlich Personen aus dem Alten und dem Neuen Testament dar. Den Sandsteinaltar von Hans Köhler d. Ä. aus Meißen stiftete 1606 der Patron Etzold von Ende. Dem Hauptfeld mit dem Abendmahl Jesu sind Fußwaschung und Grablegung zugeordnet, im Geschoß darüber Gethsemane und als Abschluß Gottvater in Wolken. Ein aussagekräftiges Bildprogramm besitzt auch die Sandsteinkanzel von Hans Köhler von 1598, eine Stiftung des Hans Ernst von Miltitz. Die stützende Säule ist von der Szene der Erhöhung der Schlange durch Mose umgeben. Die Bildfolge an der Kanzelbrüstung zeigt die Kreuzigung, das Gleichnis vom Unkraut unter dem Weizen, die Himmelfahrt des Elia, den Salvator, Christi Himmelfahrt und das Jüngste Gericht. Das dritte bedeutende Stück der Renaissanceausstattung ist die Sandsteintaufe von 1592 mit vier Attribute haltenden Kindern am Fuß und dem Durchzug durchs Rote Meer, der Arche Noah, Taufe Christi und Kindersegnung am Beckenrand.

Die Kirche wurde 1978/79 äußerlich und 1980/81 im Inneren restauriert. Abb. S. 170

Thierfeld, Kr. Zwickau, Kbz. Aue

Romanischen Ursprunges sind der Chorturm und Mauerteile des 1732/34 und 1841 erweiterten Langhauses. Die interessante Lösung für den Turmabschluß ist spätgotisch: über sich durchkreuzenden Dächern erhebt sich ein Dachreiter mit schlankem Helm. Das rechteckige, kreuzgratgewölbte Sanktuarium ist wohl am Ende des 13. Jh. erbaut und im Anschluß daran ausgemalt worden. Der 1897 freigelegte und stark restaurierte Wandmalereizyklus zeigt an der Ostwand Könige und Königinnen, an der Nord- und Südwand zwölf Apostel sowie Brustbilder von neun Königen, am Gewölbe das Lamm Christi, umgeben von den vier Evangelistensymbolen. Spätgotisch ist ein Sakramentshaus in Monstranzform mit Schmerzensmann und Engelfiguren und ein Taufstein mit Maßwerkzier. Auf das späte 15. Jh. geht auch eine Kreuzigungsgruppe zurück. Von ehemaligen Flügelaltären stammen vier Schnitzfiguren. Die Emporenarchitektur, die Kanzel und vier Reliefs von sitzenden Evangelisten sind barock, desgleichen ein Tauflesepult.

Das Langhaus der Kirche und der Turmchor wurden 1978/79 restauriert. Bemerkenswert ist das Grabmal P. von Flemmings auf dem Friedhof, ein Obelisk von 1735.

Abb. S. 171, 172

Topfseifersdorf, Kr. Rochlitz, Kbz. Rochlitz
Schwesterkirche von Frankenau

Der westliche Teil des langgestreckten Saales ist wahrscheinlich romanischen Ursprunges. Noch im Verlauf des Mittelalters ist der Chor in Breite des Langhauses verlängert und mit einem platten Schluß versehen worden. Der Dachreiter hat die für das Muldenland charakteristische Form eines spitzen Helmes. 1865 wurde der Innenraum zu einem Emporensaal umgestaltet. Eine Kanzel fand an der Ostwand ihren Platz. Das wertvollste Stück ist ein Flügelaltar von etwa 1510, der nach einer gründlichen Reinigung und Konservierung im Institut für Denkmalpflege 1978 wieder als Altarretabel in der Kirche Aufstellung gefunden hat, nachdem der Raum selbst 1971 erneuert worden war. Die Figuren des Altares erweisen sich insbesondere auch durch die gut erhaltene Farbfassung als qualitätvoll; ihr herber, verschlossener Ausdruck läßt auf Freiberger Herkunft deuten. Dargestellt sind im Mittelschrein die Muttergottes mit Andreas und Johannes dem Täufer, in den Flügeln je drei Heilige in zwei Reihen übereinander: ein Diakon, Wenzeslaus, vielleicht Sebastian, Magdalena, Barbara und Ottilia links, Antonius, ein heiliger Papst, Blasius, Dorothea, eine Heilige (Katharina?) und Margaretha rechts. In die Predella ist ein Abendmahlsrelief eingefügt. Die Flügelbilder zeigen Szenen aus der Passion Christi nach der Graphik Albrecht Dürers.

Abb. S. 134

Tragnitz, Ortsteil von Leisnig, Kr. Döbeln, Kbz. Leisnig
St.-Pankratius-Kirche
Schwesterkirche der Stadtkirche zu St. Matthäi
in Leisnig

Die in ihrem Kern auf das 12. Jh. zurückgehende Pankratiuskirche galt als eine der stimmungsvollsten Dorfkirchen im Lande, ehe Fritz Drechsel aus Leipzig 1904 an der Stelle des romanischen Schiffes einen Neubau in Jugendstilformen errichtete und den spätgotischen Turm mit einem inzwischen wieder reduzierten Abschluß versah. Erhalten blieb außer dem Unterteil des Turmes der dreiseitig geschlossene spätgotische Chor mit der im wesentlichen aus dem 17. Jh. stammenden Ausstattung, dem Altar aus dem Jahre 1659 von den Meißner Künstlern

Valentin Otte als Bildhauer und Johann Richter als Maler, die Kanzel von 1652, der Schülerchor, eine schwalbennestförmig vortretende Empore mit Brüstungsmalereien und eine mit vegetabilen Motiven bemalte Felderdecke von 1688 und Gestühl. Der stattliche, in der Form eines spätgotischen Flügelaltares aufgebaute Barockaltar zeigt in der Predella das Abendmahl, im Mittelfeld den Gekreuzigten mit Maria und Johannes, seitlich davon zwei Evangelisten, die zwei weiteren oberhalb des Gebälkes. Auf den seitlichen Kartuschen sind die Opferung Isaaks und die Erhöhung der Ehernen Schlange dargestellt. Das Gemälde oberhalb der Kreuzigung gibt die Grablegung wieder. Die Figur des Salvator erscheint an der Spitze des Altares. Die Füllungen an der reich gegliederten Kanzel sind mit biblischen Gestalten bemalt. Mittelalterlich sind das steinerne Sakramentshäuschen, eine Madonnenfigur aus der Zeit um 1420 und das wahrscheinlich aus dem Zisterzienserkloster Buch stammende spätgotische Chorgestühl.

Abb. S. 173

Uhyst an der Spree, Kr. Hoyerswerda, Kkr. Hoyerswerda

Für 1342 wird eine von Klix abhängige Kapelle erwähnt. 1592 erbaute Caspar von Nostitz eine Holzkapelle. 1711/1716 errichtete der königl.-poln. und kurf.-sächs. Rat Hans Rudolph von Metzrad den bestehenden verputzten Ziegelbau. Der Architekt der beachtenswerten Barockkirche ist noch nicht ermittelt, aber ein Einfluß des akademisch gebildeten und weitgereisten Bauherrn läßt sich vermuten. Die Kirche ist äußerlich ein Rechteckbau mit Turm und angefügten kreuzarmartigen Flügeln für Grüfte, Sakristei und Logen. Das Mittelschiff säumt eine kolossal aufgefaßte korinthische Pilasterarchitektur, in die die Emporenbrüstungen in ihrer horizontalen Linienführung geschickt eingegliedert sind. Diese Architektur setzt sich in Übereinstimmung mit den großzügig angelegten Stuckdecken in den Altarraum hinein fort, ist hier jedoch durch die Glasfenster der Betstuben bis oben hin geschlossen. Die vermauerten Untergeschosse dienen als Hintergrund der sich gegenüberliegenden vollplastischen Grabdenkmäler derer von Metzrad (1716) und von Hund (1717). Geschmückt mit Tugenden und Vasen verleihen sie diesem Raumteil barockes Pathos. Zurückhaltender geben sich Kanzel und Taufstein, gute Arbeiten in Holz aus der Erbauungszeit. Der Renaissancealtar wurde aus dem Vorgängerbau übernommen.

Abb. S. 174

Uhyst am Taucher, Kr. Bischofswerda, Kbz. Bautzen
Peter-Pauls-Kirche

Nach den Bauakten bestand die alte Kirche »aus drey besonderen, nach und nach angebauten Theilen«, war »lang und dabey sehr schmal« und »außerordentlich finster«. Der Neubau wurde 1801 um die alte Kirche herum errichtet. Auf Empfehlung des Amtsmaurermeisters Johann Gottlieb Michael vom 13. November 1799 wurde die Kirche »nach dem Lohmener Model« unter Beteiligung des Maurermeisters Johann Gottlieb Staude und des Zimmermeisters Kühn erbaut. So entstand in Übereinstimmung mit dem etwas kleineren, 1786/89 erbauten Vorbild in Lohmen eine konsequent angelegte evangelische Predigtkirche. Sie ist ein typisch sächsischer Emporenbau mit drei Emporen auf dem Grundriß eines gestreckten Achtecks. In der Mitte der östlichen Breitseite sind Kanzelaltar und Orgel übereinander angeordnet, mit der Herrschaftsloge auf der Westseite korrespondierend. Der Turm mit Treppenhaus, bekrönt von glockenförmiger Haube, ist der westlichen Breitseite vorgelagert. Abb. S. 175

Waltersdorf, Kr. Zittau, Kbz. Zittau

Der am Fuße der Lausche gelegene Ort gehört seit 1419 zu den Zittauer Ratsdörfern. Die mittelalterliche Kirche wurde 1533 durch einen Neubau ersetzt, der 1648/57 wegen des Zustromes an Exulanten vergrößert werden mußte. Der jetzige rechteckige Emporensaal stammt von 1713 und wurde in den Jahren 1726/29 mit dem aus Sandsteinquadern gefügten Turmbau vollendet. Der Altar von 1700 erhielt 1892 ein neues Bild. Eine umfassende Erneuerung fand 1929 statt. Die Emporen sind grau bemalt mit biblischen Szenen, acht Bildern zum Vaterunser und fünf Allegorien zu Bibelsprüchen. 1765/66 erhielt die Kirche eine neue Orgel. Sie wurde wahrscheinlich von Johann Gottlieb Tamitius aus Zittau erbaut, nach Ulrich Dähnert »unterstützt von seinem Sohn Johann Gottlob und wohl auch von seinem Schwiegersohn Leonhard Balthasar Schmahl als Gehilfen«. Das Gehäuse mit dem schönsten Rokokoprospekt der Oberlausitz fertigte der Waltersdorfer Tischlermeister Schneider an. Abb. S. 136

Wasewitz, Ortsteil von Canitz, Kr. Wurzen, Kbz. Wurzen
Nebenkirche von Thallwitz

Aus dem 12. Jh. stammt der kleine Saal mit hufeisenförmiger Apside, über der von vornherein der untere Teil des Rundturmes errichtet wurde; nur der obere Teil stammt von 1851. Der Einbruch größerer Fenster erfolgte wohl in dieser Zeit. Bemerkenswert ist die Kanzel von 1548 mit einem Kreuzigungsgemälde und seitlichen ornamentalen Flachschnitzereien am halbrunden Korb. Bei der letzten Innenerneuerung 1966/69 entdeckte man neben Resten von romanischen Wandmalereien an der Nordwand einen Zyklus von Wandmalereien von 1496; diese wurden freigelegt und konserviert. Außer der Passion Christi sind Legenden von Heiligen dargestellt. 1975/76 wurde der Außenbau instand gesetzt. Abb. S. 176

Wechselburg, Kr. Rochlitz, Kbz. Rochlitz
St.-Otto-Kirche

Wechselburg, weithin berühmt durch seine romanische Stiftskirche, besitzt eine evangelische Pfarrkirche am kleinen Marktplatz, die unter die schönsten barocken Emporenräume Sachsens zu zählen ist. In die äußerlich schlichte Saalkirche mit eingezogenem, dreiseitig geschlossenem Chor von 1730/37 ist westlich ein Turm mit welscher Haube eingefügt, der 1765 vollendet wurde. Der Kirchenentwurf stammt vom gräflich-reußischen Baudirektor Johann Hermann. Er wurde vor allem hinsichtlich der Anordnung von Altar, Kanzel und Orgel vom Patronatsherrn Graf Franz Heinrich von Schönburg überarbeitet. Im Inneren ist die traditionsbestimmte Zweiteilung in Schiff – hier ausgebildet als Emporenraum – und Chor in ästhetisch und liturgisch wohlbedachter Weise durchgeführt. Im Chor erhebt sich, vom Pfarr- und Beichtgestühl umgeben, der zweigeschossige Altar, der rückseitig mit einer ausführlichen Weiheinschrift versehen ist. Während das Altarbild mit der Kreuzigung erst von 1837 stammt, gehören die allegorischen Figuren Glaube, Liebe,

Hoffnung noch zum barocken Bildprogramm. Die am südlichen Choreingang auf einer Säule ruhende Kanzel stellt in fünf emblematischen Bildern mit Sprüchen an der Brüstung und den Versen Jes. 6,3 und Ps. 45,11.12 am Deckel die Heiligkeit des gepredigten Gotteswortes und seinen Anspruch an die Hörer dar. In die geschwungene Linienführung der Emporen ist auf der westlichen Schmalseite das Orgelwerk von Johann Jacob Schramm aus Mülsen St. Niklas 1781 harmonisch eingefügt worden.

Der festliche Charakter des Raumes wird durch die reiche und stets wechselnde Farbgebung, besonders die Marmorierung der Holzeinbauten, betont. Dagegen sind die ornamental gegliederten Stuckdecken in Weiß abgesetzt. Ihre Mitte bildet im Chor das Gottesauge, im Schiff das Jesusmonogramm. Abb. S. 177

Weinböhla, Kr. Meißen, Kbz. Meißen
St.-Martins-Kirche

An der Stelle einer auf das Mittelalter zurückgehenden Dorfkirche errichtete Theodor Quentin 1893/95 einen Neubau im frühgotischen Stil. Das reich gegliederte Äußere wird von einem Westturm mit spitzem Helm bestimmt. Die Skulptur des Guten Hirten über dem Hauptportal schuf Robert König. Im Inneren wird das heimelige Dunkel durch an drei Seiten umlaufende Emporen, die Holzdecke im Schiff und bunte Farbfenster bewirkt. Das Altarbild von der Einsetzung des Abendmahles in einer architektonischen Rahmung von polychromiertem französischem Kalkstein geht auf Carl Ernst von Schönburg-Waldenburg zurück. Der Aufbau wird von einem Kruzifix bekrönt. Die drei farbigen Fenster im Altarraum beziehen sich auf die drei hohen kirchlichen Feste. Abb. S. 178

Weißbach, Kr. Zwickau, Kbz. Zwickau
Salvatorkirche

Der Bau ist weitgehend ein Neubau von 1515/16: ein Saal mit dreiseitigem Ostschluß und Westturm, dessen achteckiges Oberteil mit Haube und Laterne aus der Barockzeit stammt. Der Innenraum – Felderdecke und Emporenarchitekturen – geht ebenfalls auf barocke Umgestaltung zurück. Interessant ist die spätgotische Taufe mit einem barocken Deckel mit der Plastik Jesu als Kinderfreund. Als wichtigstes Ausstattungsstück ist der Flügelaltar von Peter Breuer von etwa 1518/20 zu nennen. Dieses späte Hauptwerk ist erfüllt von einer monumentalen Auffassung, die im Werk Breuers neu ist. Im Mittelschrein sind der Salvator mundi als Kaiser mit Ägidius und Quirinus, in den Flügeln wie im Gespräch zwei zu zwei Petrus, Laurentius, Sebastian und Thomas dargestellt. Die Predella zeigt die heilige Sippe, im Auszug erscheinen Katharina, die Muttergottes und Barbara. Die stark übermalten Flügelgemälde stellen Johannes den Täufer und Hieronymus, Wolfgang und Christophorus vor. Der Staffelkasten und das Gesprenge sind barocke Zutaten aus der Zeit um 1700. Abb. S. 179

Wiederau, Kr. Rochlitz, Kbz. Rochlitz

Von der romanischen Kirchenanlage erhielt sich der ehemalige Chor. Darüber wurde im 14. Jh. ein Turm errichtet; der Chor ist spätgotisch eingewölbt. Das Langhaus wurde 1850 als Emporensaal neu errichtet. Als Südportal wurde die spätromanische, aus Porphyr gearbeitete Pforte wiederverwendet. Sie ist ein Werk der Wechselburger Steinmetzhütte aus der Zeit um 1180. Das Säulen-Gewände-Portal zeigt im Tympanon ein drachenartiges Tier, dessen Schweif in Lilienform endigt. Abb. S. 179

Wiesa, Kr. Annaberg, Kbz. Annaberg
St.-Trinitatis-Kirche

Die Kirche wurde 1903/04 nach den Plänen von Schilling und Gräbner anstelle des zu klein gewordenen Vorgängerbaues neu errichtet. Der kreuzförmige Zentralbau mit Vierungsturm beherrscht von seiner erhöhten Lage aus das Ortsbild. Er fügt sich zugleich harmonisch in die Erzgebirgslandschaft ein. Eine freie Anknüpfung an heimische Bautraditionen verbindet sich bruchlos mit Motiven des Jugendstiles. Das gilt auch für die reiche bildkünstlerische Ausgestaltung des überkuppelten Innenraumes mit Altar, Kanzel und Taufe aus Naturstein, hölzernen Emporeneinbauten, ornamentalen und figürlichen Wand-, Gewölbe- und Glasmalereien. Abb. S. 180

Wolkenburg, Kr. Glauchau, Kbz. Rochlitz
St.-Mauritius-Kirche

Hoch über der Mulde gelegen, mit dem Schloß durch Parkanlagen verbunden, wurde die Kirche 1794/1804 auf Kosten des sächsischen Konferenzministers und Schloßherrn Detlev Carl Graf von Einsiedel durch den Maurermeister Chr. Gr. Gränz und den Zimmermeister J. G. Illgen errichtet, die Pläne stammen vom Dresdner Hofbauinspektor Johann August Giesel. Seitdem diente die alte Dorfkirche nur noch als Familiengrabstätte. Der Neubau hebt sich deutlich von dem damals üblichen Typus der ländlichen Predigtkirche ab. Zum einen orientiert er sich in seinen architektonischen Ansprüchen an der Antike und kann somit als der erste klassizistische Kirchenbau in Sachsen gelten, zum anderen zeigen sich schon Züge einer romantisch beeinflußten liturgischen Restauration. Das Äußere neigt zur Kreuzform, da vor jede Längsseite ein Säulenportikus mit Giebelrelief tritt. Die Reliefs mit der Erhöhung der Schlange durch Mose und der Auferstehung Christi sind nach Modellen von Friedrich Unger und Johann Gottlob Matthäi als Eisenkunstguß in Lauchhammer entstanden.
Das Kirchenschiff ist von einer Empore auf dorischen Säulen umzogen, die im Westen die Orgel trägt. Sie wurde 1801/02 von Johann Michael oder Friedrich Holland aus Schmiedefeld (Rennsteig) erbaut. Den klassizistischen Prospekt bekrönt das apokalyptische Lamm im Strahlenkranz. Von der Südseite des Schiffes aus gelangt man in den kleinen Zentralraum der Taufkapelle. Der Taufständer ist eine reizvolle, mit Lilien und Schilfrohr gezierte Arbeit aus Gußeisen. Das Bild »Lasset die Kindlein zu mir kommen« ist eine Zweitfassung desjenigen von Adam Friedrich Oeser in der Nikolaikirche zu Leipzig. Der eingezogene Chor, an dessen linker Leibung die Kanzel steht, nimmt die herrschaftlichen Betstuben auf. Ein weiter Bogen trennt ihn von der Apsis mit dem Altar aus Stuckmarmor. Zwei flankierende gußeiserne Engel mit Rauchfaß und Schale symbolisieren hier den Altardienst. Ein neues Altarwandbild mit der Himmelfahrt Christi, gemalt von Sascha Schneider, kam 1904 hinzu. Das Altarkruzifix aus Alabaster erhebt sich »auf einem Calvarienberg von den ausgezeichnetsten Mineralien des Erzgebirges«. Eine Außenerneuerung ist abgeschlossen. Abb. S. 28, 182

Wüstenbrand, Kr. Hohenstein-Ernstthal, Kbz. Karl-Marx-Stadt II

Die Kirche erhebt sich inmitten des Friedhofes auf einer Anhöhe am obersten Rande des Oberdorfes. 1850/51 kam es zu einem geräumigen Neubau der Gebrüder Uhlig. Der Innenraum ist seit seiner Restaurierung im Jahre 1977 wieder ein überzeugendes Beispiel für Anlage und Ausführung einer kleineren Uhlig-Kirche. An den Längswänden ziehen sich zwei Emporen hin, die, zu verglasten Betstuben ausgebaut, um den marmorierten Kanzelaltar herumgeführt sind. Dem Kanzelaltar gegenüber befindet sich auf einer Empore die Orgel, deren teilweise versilberter und vergoldeter Prospekt barocken Traditionen folgt. Das Werk wurde 1850/52 von Urban Kreutzbach in Borna mit 16 Stimmen erbaut und später mehrfach erneuert und erweitert. Seit 1899 bzw. 1977 sind in der Kirche Kunstwerke aus dem Vorgängerbau aufgestellt, so Altarflügel aus der Werkstatt von Hans Witten. Abb. S. 181

Zedtlitz, Kr. Borna, Kbz. Borna
Schwesterkirche der Stadtkirche St. Marien zu Borna

Die Kirche ist hauptsächlich von zwei Baustilen geprägt, der Spätgotik und dem Barock. Der mit Strebepfeilern versehene, dreiseitig geschlossene, sterngewölbte Chor ist im wesentlichen in dem Zustand aus der Zeit des späten 15. Jh. erhalten geblieben, während das Langhaus bei einem Umbau um 1720 verändert und mit einer Stuckdecke versehen wurde. An die Nordseite des Chores wurde 1711 eine Herrschaftsloge angebaut, an das Langhaus 1739 der stattliche schlanke Westturm mit achteckigem Aufsatz, Haube, Laterne und hoher Spitze, die eine ausdrucksvolle Silhouette bilden. Der Turm war als Denkmal für die Patronatsherrin Johanna Sophia von Gladebeck gemeint. Der entwerfende Architekt war möglicherweise Georg Werner, auf den der 1746/48 errichtete Johanniskirchturm in Leipzig zurückging. Von der Innenausstattung sind das Abendmahlsrelief vom Anfang des 17. Jh. auf dem Altar, die barocke Kanzel, die barocke Taufe und der Logenprospekt an der Nordseite des Chores sowie Grabplatten des 15. und Epitaphe des 17. und 18. Jh. zu nennen; besonders bemerkenswert sind die reichen, wohl ebenfalls auf Leipziger Künstler zurückgehenden Epitaphe aus der ersten Hälfte des 18. Jh. Abb. S. 182

Ziegelheim, Kr. Altenburg, Kbz. Glauchau
Marienkirche

Der ins 12. Jh. zurückgehende Vorgängerbau der Marienkirche diente im späten Mittelalter auch als Wallfahrtskirche. Ein schrittweiser stattlicher Neubau erfolgte zwischen 1507 und 1518, unterstützt von der Burggräfin von Rheineck, der Witwe Friedrichs V. von Schönburg. An den älteren Bau fügte der Rochlitzer Meister Paul Pausche den quadratischen Westturm, der im Erdgeschoß eine sterngewölbte Halle, darüber eine ebenfalls sterngewölbte Empore besitzt. Beide Räume sind zum Langhaus hin geöffnet. Es folgte der dreiseitig geschlossene Langchor mit der Sakristei an der Nordseite, und schließlich wurde auch das kurze Langhaus durch einen Neubau von zwei Jochen ersetzt und der Bau 1518 eingewölbt. Der Bruchsteinbau ist durch Rochlitzer Werkstein gegliedert. Die Formensprache folgt der Rochlitzer Bauhütte der Spätgotik, wo-

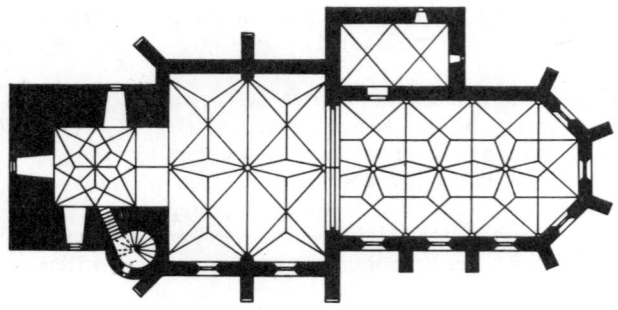

bei aber eine Schulung des Meisters in Meißen wahrscheinlich ist. Das Sterngewölbe des Chores ruht auf Kopfkonsolen. Im Langhaus sind Strebepfeiler teilweise »eingezogen«; das Gewölbe bildet ein reich gegliedertes Netz. Die Rippen sind doppelt gekehlt. Aus der Zeit der Spätgotik erhielt sich an Ausstattungsstücken nur die Taufe; weiterhin wird in der Sakristei eine Madonnenfigur aus der ersten Hälfte des 15. Jh. aufbewahrt. Die hölzernen Emporen mit Brüstungsgemälden stammen von 1642. Der zweigeschossige Altaraufbau von 1670 zeigt Reliefs der Geburt Christi und der Auferstehung darüber, flankiert von Maria und Johannes dem Täufer, im Aufsatz die Himmelfahrt. 1657 entstand die reich geschnitzte Kanzel. Eine umfassende Restaurierung der Kirche unter Erhaltung des »gewachsenen Zustands« wurde 1903/04 unter Leitung von Julius Zeißig vorgenommen. Abb. S. 183

Zinnwald-Georgenfeld, Kr. Dippoldiswalde, Kbz. Dippoldiswalde
Tochterkirche von Altenberg

Zu Anfang unseres Jahrhunderts erhielten drei Gemeinden des Osterzgebirges je eine Kirche nach den Plänen der Dresdner Architekten William Lossow und Max Ernst Kühne: Kipsdorf, Oberbärenburg, Zinnwald-Georgenfeld. Der Bau in dem auf der Höhe des Erzgebirgskammes gelegenen Zinnwald wurde 1908/09 durch Mittel des Dresdner Hauptvereins der Gustav-Adolf-Stiftung, eine Landeskollekte und das Landeskonsistorium ermöglicht. Bewußt rückte man bei dieser Kirche vom Historismus ab und paßte sich ästhetisch und bautechnisch den landschaftlichen Gegebenheiten an. Ein wuchtiger, gedrungener Turm mit Pyramidendach tritt vor die Südseite des durch drei lange Fenster gegliederten Kirchenschiffes. Die besondere Innenwirkung der Saalkirche mit flachem Chor und Empore an der West- und Nordseite beruht auf dem offenen Dachstuhl. Abb. S. 184

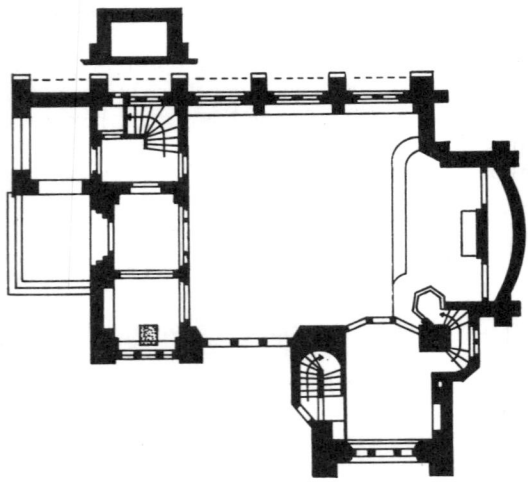

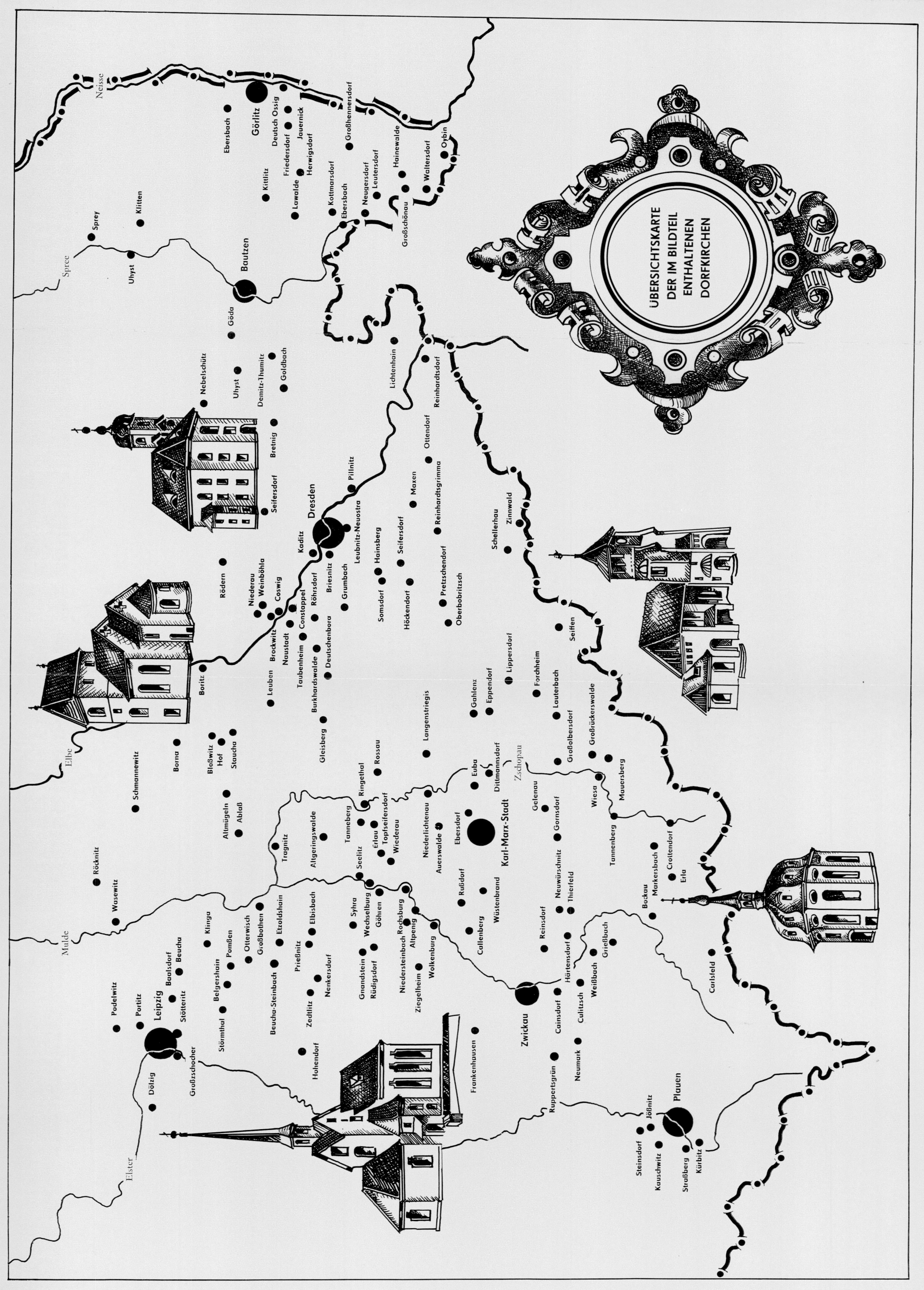

ÜBERSICHTSKARTE
DER IM BILDTEIL
ENTHALTENEN
DORFKIRCHEN

Anmerkungen

1) Saxonia. Museum für Sächsische Vaterlandskunde. Hg. von Ed. Sommer. Bd. 1–5. Dresden 1835–1841; Sachsens Kirchengalerie. 14 Bde. Dresden 1837 bis etwa 1845

2) Börsch-Supan, Helmut: Caspar David Friedrich. München 1975. S. 375, 407, 409, 416

3) Steche-Gurlitt 1882–1923, siehe Literaturhinweise

4) Rudorff, Ernst: Heimatschutz. Berlin 1904; Mitteilungen des Landesvereins Sächsischer Heimatschutz. Bd. I Dresden 1908

5) Gurlitt 1901, S. 385–403, siehe Literaturhinweise

6) Neue Sächsische Kirchengalerie, etwa 1900–1914, siehe Literaturhinweise

7) Die Dorfkirche, siehe Literaturhinweise

8) Schlesinger 1962, s. Literaturhinweise, Bd. 2, S. 989

9) Vgl. Weber, Martin: Wehrhafte Kirchen in Thüringen. Diss. Dresden 1933; Erffa, W. Freiherr von: Wehrkirchen in Oberfranken. Kulmbach 1956, besonders Kap. 2, Befestigung durch die natürliche Lage

10) Vgl. Schlesinger 1962, Bd. 1, Kap. 5, und Blaschke 1969, siehe Literaturhinweise, S. 82–87

11) Atlas des Saale- und mittleren Elbegebiets. T. 2, Karte 26, bearb. v. O. August

12) Küas, Herbert, und Manfred Kobuch: Rundkapellen des Wiprecht von Groitzsch. Berlin 1977

13) Vgl. dazu die jeweils zugehörigen »altertümlichen« Flurformen in: Blaschke 1957, siehe Literaturhinweise

14) Vgl. Anmerkungen 12, Küas, besonders S. 172

15) Vgl. Findeisen, Peter: Zur Baugeschichte der St.-Afra-Kirche in Meißen. In: Das Hochstift Meißen. Aufsätze zur sächsischen Kirchengeschichte. Berlin 1973, S. 347–358

16) Vgl. Küas, Herbert, Fundamente einer Vorgängerkirche in der Dorfkirche zu Kulkwitz (Kr. Leipzig). In: Arbeits- und Forschungsberichte zur sächsischen Bodendenkmalpflege Bd. 20/21. 1976, S. 333–346.

17) Vgl. Mertens 1973, siehe Literaturhinweise, S. 62–64

18) Bachmann 1941, siehe Literaturhinweise

19) Lehmann 1958, siehe Literaturhinweise; Becker, W.: Die romanischen Baudenkmäler der Stadt Weißensee in Thüringen. Ein Beitrag zur hochromanischen Baukunst in den hochmittelalterlichen Städten Thüringens. Diss., Berlin 1959; Magirius 1972, siehe Literaturhinweise, S. 163–166

20) Unter dem Eindruck der Beurteilung der Dorfkirchen als einem Objekt der Volkskunde wurde in der Literatur um 1900 zu einseitig die Herkunft der Siedler zum Kriterium der Typenauswahl gemacht. Erkennt man aber an, daß die verschiedenen Typen unterschiedlichen »Kunstlandschaften« entstammen, wird das Problem ein vorrangig kunsthistorisches, verlagert sich also mehr auf das Problem der Wahlmöglichkeit verschiedener vorbildhafter Typen.

21) Vgl. Neubauer 1972, siehe Literaturhinweise

22) Vgl. Krause, Hans-Joachim: Ein übersehener Backsteinbau der Romanik in Mitteldeutschland. In: Festschrift Johannes Jahn zum XXII. November MCMLVII. Leipzig 1958, S. 89–99

23) Vgl. Krause 1972, siehe Literaturhinweise, S. 123–124

24) Vgl. Zießler, Rudolf: Dresden, Franziskanerkirche. In: Magirius, Heinrich: Zur Bauforschung an Monumenten des Mittelalters. In: Denkmale in Sachsen. Weimar 1978, S. 387–390

25) Vgl. Magirius 1962, S. 160, und Beyer, Eduard: Das Cistercienser-Stift und Kloster Alt-Zella in dem Bistum Meißen. Dresden 1855, S. 230–232

26) Zur Datierung dieses Bauteils der Görlitzer Peterskirche »nach 1423« oder ins 1. Jahrzehnt des 15. Jahrhunderts vgl. Krause, Hans-Joachim. In: Die Parler und der Schöne Stil 1350–1400. Bd. 2, Köln 1978, S. 554. Vgl. auch ebenda Magirius, S. 551–553

27) Magirius 1963, siehe Literaturhinweise, S. 407–427, und Magirius, Heinrich: Die Stiftskirche zu Karl-Marx-Stadt/Ebersdorf (Das Christliche Denkmal 82). Berlin 1971

28) Kober, Karl-Max: Obersachsen und die Lausitz. In: Heinrich L. Nickel: Mittelalterliche Wandmalerei in der DDR. Leipzig 1979, S. 165–216

29) Hentschel, Walter: Denkmale sächsischer Kunst. Die Verluste des zweiten Weltkrieges. Berlin 1973

30) Blaschke, Karlheinz: Sachsen im Zeitalter der Reformation. Sonderdruck aus den Sächsischen Heimatblättern. 1967

31) Vgl. Kratzsch, Klaus: Bergstädte des Erzgebirges. Städtebau und Kunst zur Zeit der Reformation. Münchener Kunsthistorische Abhandlungen 4. München und Zürich 1972

32) Magirius, Heinrich: Denkmalpflege an Kirchenbauten der obersächsischen Spätgotik. In: Denkmale in Sachsen. 2. Aufl. Weimar 1979, S. 160–209

33) Meuche, Hermann: Die Zellengewölbe und die Albrechtsburg. In: Die Albrechtsburg zu Meißen. Leipzig 1972, S. 56–66

34) Schlag 1938, siehe Literaturhinweise; vgl. auch Magirius, Heinrich: Der Dom zu Freiberg. Berlin 1977; hier die Spezialliteratur, S. 239

35) Vgl. Dohmann, Albrecht. In: Katalog der Ausstellung Deutsche Kunst der Dürer-Zeit. Dresden 1971, S. 250 bis 251

36) Vgl. Hentschel 1951, siehe Literaturhinweise

37) Hentschel, Walter: Sächsische Plastik um 1500. Dresden 1926, S. 22. Zu Meißen vgl. auch Hentschel, Walter: Eine Meißner Schnitzwerkstatt um 1500. In: Mitteilungen des Landesvereins Sächsischer Heimatschutz 18. 1929, S. 159–273

38) Simon, Alfred: Die figürliche Plastik der Oberlausitz von ihren Anfängen bis um 1530. Reichenau/Sa. 1925

39) Zu Hans Witten vgl. Hentschel 1939, siehe Literaturhinweise; zu Peter Breuer vgl. Hentschel 1951, siehe Literaturhinweise; zu Hans Hesse vgl. Sandner, Ingo: Vergleichende Untersuchungen am künstlerischen Werk des obersächsischen Malers Hans Hesse. Diss., Leipzig 1977

40) Lammel, G.: Die Emporenreliefs von Franz Maidburg in der Annenkirche zu Annaberg. Diplomarbeit, Leipzig 1969; Lammel, G.: Franz Maidburg in Annaberg und Freiberg. In: Sächsische Heimatblätter 21, 1975, S. 115–119

41) Vgl. Anm. 39 und Röber, Wolf-Dieter: Peter Breuer. Ein Zwickauer Bildschnitzer. Seine Werke in Stadt und Kreis Zwickau. Zwickau 1979

42) Vgl. Röber, Wolf-Dieter: Der Flügelaltar der Marienkirche zu Stollberg und sein Meister. In: Der Heimatfreund für das Erzgebirge 8. 1976, S. 189–191

43) Hartenstein, R. J.: Eine reußische Gruppe von Flügelaltären. In: Plauener Sonntagsanzeiger 1921 (22. 5.
und 21. 8.). Ders: Eine Gruppe südvogtländischer
Altarwerke. In: Mitteilungen d. Ver. f. Vogtl. Geschichte und Altertumskunde 34. 1926, S. 81–90. Ders.:
Eine Hofer Altarwerkstatt um 1500. In: Mitteilungen
des Vereins für Vogtländische Geschichte und Altertumskunde 40. 1937, S. 45–60

44) Löbe, Hans: Die Altarwerkstatt der Brüder Naumann
zu Altenburg. In: Mitteilungen des Landesvereins

Sächsischer Heimatschutz 22. 1933, S. 235–249;
Scherf, H.: Jacob und Peter Naumann – eine Alten-
burger Altarwerkstatt am Ausgang des Mittelalters.
Altenburg 1983.

45) Vgl. Anm. 36: Hentschel 1951, S. 81 u. 95

46) Rüdiger, Wilhelm: Leipziger Plastik der Spätgotik.
Versuch einer Scheidung nach Stammcharakteren.
Borna 1940

47) Hentschel, Walter: Die Torgauer Bildhauer der Renaissance. In: Sachsen und Anhalt nach 1935, S. 152
bis 192.

Literaturverzeichnis

DORFKIRCHEN ALLGEMEIN

Sachsens Kirchen-Galerie. 13 Bde. Dresden 1837–1845
Beschreibende Darstellung der älteren Bau- und Kunstdenkmäler des Königreichs Sachsen. H. 1–15, bearb. von Richard Steche. H. 16–41 und Ergänzungsheft, bearb. von Cornelius Gurlitt. Dresden 1882–1923
Lutsch, Hans: Die Kunstdenkmäler des Regierungs-Bezirks Liegnitz. Breslau 1891 = Verzeichnis der Kunstdenkmäler der Provinz Schlesien III
Neue Sächsische Kirchengalerie. Hrsg. von Georg Buchwald. Leipzig 1900–1914 (unvollendet)
Handbuch der Kirchen-Statistik für den Freistaat Sachsen nach dem Stande vom 1. September 1932. Dresden 1932
Die Dorfkirche. Illustr. Monatsschrift zur Pflege des religiösen Lebens in heimatl. u. volkstüml. Gestalt. Hrsg. von Hans von Lüpke. Berlin 1. 1907–1934. 1941
Schlesinger, Walter (Hrsg.): Sachsen. Stuttgart 1965 (Handbuch der historischen Stätten Deutschlands; Bd. 8)
Dehio, Georg: Handbuch der deutschen Kunstdenkmäler. Die Bez. Dresden, Karl-Marx-Stadt, Leipzig. Berlin 1965
Kunstdenkmäler der Bezirke Dresden, Karl-Marx-Stadt, Leipzig. Bildband. Berlin 1968, ²1972
Dohmann, Albrecht: Deutsche Kunstdenkmäler. Ein Bildhandbuch, Bezirke Dresden, Leipzig, Karl-Marx-Stadt. Leipzig 1969
Denkmale in Sachsen. Ihre Erhaltung und Pflege in den Bezirken Dresden, Karl-Marx-Stadt, Leipzig und Cottbus. Weimar 1978. ²1979. ³1981

Altendorff, H.: Unsere alten Dorfkirchen. In: Leipziger Zeitung, Wissenschaftliche Beilage, 1882, S. 45–46
Blanckmeister, Franz: Sächsische Kirchengeschichte. Dresden 1900
Blaschke, Karlheinz: Historisches Ortsverzeichnis von Sachsen. Leipzig 1957
Blaschke, Karlheinz, Walter Haupt und Heinz Wiesner: Die Kirchenorganisation in den Bistümern Meißen, Merseburg und Naumburg um 1500. Weimar 1969
Ermisch, Hubert: Wehrkirchen in Leipzig-Land. In: Mitteilungen des Landesvereins Sächsischer Heimatschutz 10. 1921, S. 152–158
Dähnert, Ulrich: Historische Orgeln in Sachsen. Ein Orgelinventar. Leipzig 1980
Frenzel, W.: Wehrkirchen in der Oberlausitz. In: Oberlausitzer Heimatzeitung 3. 1922, S. 212
Göckeritz, Felix Leo: Die sächsische Dorfkirche. In: Hausbücher für Sachsen 2. 1922, S. 280–283
Gruner, O.: Sächsische Dorfkirchen. In: Über Berg und Thal 25. 1902 (3), S. 22–23
Ders.: Die Dorfkirche im Königreich Sachsen. Eine Darstellung ihrer Entstehung, Entwickelung und baulichen Eigenart. Leipzig 1904
Ders.: Sachsens Dorfkirchen. In: Aus den Sachsenlanden 1905, S. 101–104
Gurlitt, Cornelius: Die Dorfkirche. In: Sächsische Volkskunde. Hrsg. v. Robert Wuttke. Dresden 1901, S. 385–403
Ders.: Die kirchliche Kunst in Sachsen. In: Christliches Kunstblatt 49. 1907, S. 260–265
Ders.: Sächsische Dorfkirchen. In: Illustrierte Zeitung. Leipzig 133. 1909, S. 1313
Hentschel, Walter: Denkmale sächsischer Kunst. Die Verluste des zweiten Weltkrieges. Berlin 1973

Klengel, A.: Die sächsischen Wehrkirchen. In: Der Burgward 20. 1919, S. 66–68 u. 77–79
Kober, Karl-Max: Obersachsen und die Lausitz. In: Nikkel, Heinrich L.: Mittelalterliche Wandmalerei in der DDR. Leipzig 1979, S. 165–216
Dorfkirchen. Vorwort von Peter Lange. Dresden 1957
Liebrich, Wilhelm: Wehrhafte Kirchen in Sachsen. Diss., Dresden 1926
Lüdinghausen, Reinhold von: Die sächsische Oberlausitz. Bauten und Landschaft. Berlin 1922
Mielke, Robert: Unsere Dorfkirchen. Wittenberg 1913
Rietschel, Christian, und Bernd Langhof: Dorfkirchen in Sachsen. Berlin ¹1963, ⁸1976
Rosenberg, Adolf: Sächsische Dorfkirchen. In: Daheim 42. 1906 (51), S. 18–21
Rother, Reinhard: Erzgebirgische Dorfkirchen im Taubenhausstil. In: Bunte Bilder aus dem Sachsenland 4. 1907, S. 241–245
Scharfe, Siegfried: Deutsche Dorfkirchen. Königstein i. T. und Leipzig 1934
Ders.: Kirchenräume des deutschen Dorfes. Königstein i. T. und Leipzig 1937
Schlesinger, Walter: Kirchengeschichte Sachsens im Mittelalter. 2 Bde. Köln – Graz 1962
Schlüter, Otto, und Oskar August (Hrsg.): Atlas des Saale- und mittleren Elbegebietes. 2., völlig neubearb. Aufl. 2. Bde. Leipzig 1959–1960
Schmidt, Otto Eduard: Der sächsische Kirchenbau bis auf George Bähr. In: Kunst und Kirche. Leipzig und Berlin 1914, S. 18–44
Spickenreuther, Werner: Erzgebirgische Wehrgangkirchen (Das Christliche Denkmal 78). 3. Aufl. Berlin 1978
Z.: Alte Dorfkirchen in unserer Heimat. In: Unsere Heimat. Beilage zum Kamenzer Tageblatt 4. 1927 (2/3, S. 1 bis 2, und 4/5, S. 13–14)
Zinck, Paul: Dorfkirchen im Leipziger Land. In: Kalender für das Erzgebirge und das übrige Sachsen 15. 1919, S. 21–27

DORFKIRCHEN – ROMANIK

Kulturräume und Kulturströmungen im mitteldeutschen Osten. Hrsg. v. W. Ebert, T. Fringe, K. Gleißner, R. Kötzschke, G. Streitberg. Halle 1936
Bachmann, Erich: Kunstlandschaften im romanischen Kleinkirchenbau Deutschlands. In: Zeitschrift des Deutschen Vereins für Kunstwissenschaft 8. 1941, S. 159–172
Bachmann, Fredo: Die romanischen Wandmalereien in Obersachsen. Leipzig 1933
Frenzel, W.: Romanische Kunst in der Oberlausitz. Eine Ergänzung. In: Oberlausitzer Heimatzeitung 4. 1923, S. 219–223
Hoyer, Kurt: Die romanischen Kirchen des Oschatzer Landes. Das Oschatzer Land. 1929, S. 441–443, 447–448
Jäkel, Martin: Romanische Kunst in der Oberlausitz und ihre Wehrkirchen. In: Oberlausitzer Heimatzeitung 4. 1923, S. 186–189
Krause, Hans-Joachim: Die Stiftskirche zu Wechselburg. 2. T. Baugestalt und Baugeschichte. Berlin 1972 (Corpus der Romanischen Kunst im Sächsisch-Thüringischen Gebiet. Reihe A, Bd. II, 2)
Lehmann, Edgar: Saalraum und Basilika im frühen Mittelalter. In: Formositas Romanica. Beiträge zur Erforschung der romanischen Kunst. Joseph Gantner zugeeignet. Frauenfeld 5. 1958, S. 131–150
Magirius, Heinrich: Die Stiftskirche zu Ebersdorf und ihr

romanischer Vorgängerbau. In: Wissenschaftliche Zeitschrift der Karl-Marx-Universität Leipzig. Gesellschafts- und Sprachwissenschaftliche Reihe 12. 1963, S. 407–427
Ders.: Der Freiberger Dom. Forschungen und Denkmalpflege. Weimar 1972
Mertens, Klaus: Romanische Saalkirchen innerhalb der mittelalterlichen Grenzen des Bistums Meißen. Leipzig 1973 (Studien zur katholischen Bistums- und Klostergeschichte. Bd. 14)
Neubauer, Edith: Die romanischen skulptierten Bogenfelder in Sachsen und Thüringen. Berlin 1972 (Corpus der Romanischen Kunst im Sächsisch-Thüringischen Gebiet. Reihe B, Bd. I)
Scharfe, Siegfried: Die romanische Dorfkirche zwischen Saale und Elbe als Objekt der Kunstgeschichte. Diss., Halle–Wittenberg 1925

DORFKIRCHEN – GOTIK

Flechsig, Eduard: Ein Zwickauer Bildschnitzer des 16. Jh. In: Zeitschrift für Bildende Kunst NF 20. 1909, S. 227–234
Ders.: Sächsische Bildnerei und Malerei vom 14. Jh. bis zur Reformation. III. Lieferung Chemnitz und Zwickau. Leipzig 1912
Hentschel, Walter: Sächsische Plastik um 1500. Dresden 1926
Ders.: Hans Witten, der Meister H. W. Leipzig 1938
Ders.: Der spätgotische Hochaltar von St. Michael in Zeitz und seine Umarbeitungen im Jahre 1520. In: Zeitschrift für Kunstwissenschaft 5. 1951, S. 71–100
Ders.: Peter Breuer. Eine spätgotische Bildschnitzer-Werkstatt. Dresden 1951 (Forschungen zur sächsischen Kunstgeschichte, Bd. 1)
Jäkel, Martin: Lausitzer gotische Baukunst und ihre Steinmetzzeichen. In: Oberlausitzer Heimatzeitung 6. 1925, S. 14–17, 29–33, 42–48, 69–74, 93–97, 117–127, 154 bis 156, 170–172
Löbe, Hans: Die Altarwerkstatt der Brüder Naumann zu Altenburg. In: Mitteilungen des Landesvereins Sächsischer Heimatschutz 22. 1933, S. 235–249
Magirius, Heinrich: Die Stiftskirche zu Karl-Marx-Stadt-Ebersdorf (Das Christliche Denkmal 82). Berlin 1971
Meuche, Hermann: Das Zellengewölbe. Wesen, Entstehung, Entwicklung und Verbreitung einer spätgotischen Wölbeweise. Diss., Greifswald 1958
Mielsch, Rudolf: Der Baumeister von St. Wolfgang in Schneeberg. In: Dresdner Anzeiger, 26. 6. 1928. Wissenschaftliche Beilage 5. 1928 (26), S. 104
Mrusek, Hans-Joachim (Hrsg.): Die Albrechtsburg zu Meißen. Leipzig 1972
Paatz, Walter: Süddeutsche Schnitzaltäre der Spätgotik. Die Meisterwerke während ihrer Entfaltung zur Hochblüte (1465–1500). Heidelberg 1963 (Heidelberger Kunstgeschichtliche Abhandlungen; N. F. 8)
Röber, Wolf-Dieter: Die Kunst in der Periode der frühbürgerlichen Revolution in Westsachsen. In: Probleme der frühbürgerlichen Revolution im Erzgebirge und seinem Vorland. Wissenschaftliches Sonderheft der Monatsschrift »Der Heimatfreund für das Erzgebirge«. Stollberg-Karl-Marx-Stadt 1975
Ders.: Der Flügelaltar der Marienkirche zu Stollberg und sein Meister. In: Der Heimatfreund für das Erzgebirge 21. 1976, S. 189–191
Ders.: Der Zwickauer Bildschnitzer Leonhardt Herrgott – ein Zeitgenosse Peter Breuers. In: Der Heimatfreund für das Erzgebirge 23. 1978, S. 276–278

Ders.: Peter Breuer. Ein Zwickauer Bildschnitzer. Seine Werke in Stadt und Kreis Zwickau. Zwickau 1979
Ders.: Das Stifterbild mit dem hl. Georg zu Pferde in der Kirche zu Jößnitz. Ein Gemälde aus der Werkstatt Lucas Cranachs d. Ä. In: Unser Vogtland, Jb. 1982, S. 34–39
Rüdiger, Wilhelm: Leipziger Plastik der Spätgotik. Versuch einer Scheidung nach Stammescharakteren. Borna 1940
Ruhmer, Eberhard: Eine Enklave des »Donaustils« in Mitteldeutschland. In: Sitzungsberichte der Kunstgeschichtlichen Gesellschaft zu Berlin 1952/53, S. 9–10
Sachs, Hannelore: Donauländische Einflüsse in der sächsischen Kunst der Spätgotik. In: Staatl. Museen zu Berlin. Forschungen und Berichte 9: Kunsthistorische Beiträge 1967, S. 19–27, Taf. 5–7
Sandner, Ingo: Vergleichende Untersuchungen am künstlerischen Werk des obersächsischen Malers Hans Hesse. Diss., Leipzig 1977
Schlag, Gottfried: Freiberger Holzplastik um 1500. Diss., Berlin 1938
Schröder, Albert: Der Steinmetz Franz Mildner aus Weißenfels. In: Naumburger Heimat. 1933 (19), S. 1–2
Ullmann, E.: Zur Rezeption der Renaissance in Sachsen und den gesellschaftlichen Grundlagen der deutschen Frührenaissance. In: Acta Historiae Artium. Budapest 1, S. 659–666
Werner, Brunhilde: Die spätgotische Architektur im mitteldeutschen Gebiet um Rochlitz unter besonderer Berücksichtigung der Kirchen St. Kunigunden zu Rochlitz und St. Marien zu Ziegelheim. Diplomarbeit, Leipzig 1965

Deutsche Bildhauerkunst aus 8 Jahrhunderten. Katalog zur Plastikabteilung des Schloßberg-Museums Karl-Marx-Stadt. Karl-Marx-Stadt 1954 (4. Bildheft der Sächsischen Museen Karl-Marx-Stadt)

DORFKIRCHEN – 1540 BIS 20. JAHRHUNDERT

Asche, Sigfrid: Sächsische Barockplastik von 1630 bis zur Zeit Permosers. Diss., Leipzig 1931
Ders.: Caspar Gottlob von Rodewitz. Ein Beitrag zur Barockplastik der Oberlausitz. In: Die Hohe Straße 1 (1938), S. 142–152
Ders.: Die Bildhauerfamilie Böhme aus Schneeberg. In: Jahrbuch zur Pflege der Künste 3. Dresden 1955, S. 80 bis 96
Ders.: Drei Bildhauerfamilien an der Elbe. Wien–Wiesbaden 1961
Bräuer, Albert Peter: 170 Jahre durch Gottes Gnade. Die klassizistische Kirche in Wolkenburg. In: Die Kirche, 15. 9. 1974. Dazu ebenda Markgraf, Werner: Ein Kleinod an der Mulde
Festschrift zur Wiedereinweihung der St.-Jakobi-Kirche in Einsiedel am 18. September 1966
Entwürfe für kleine Kirchen. Wettbewerb des Landeskonsistoriums für das Königreich Sachsen. Leipzig 1913
Ermisch, Hubert Georg: Das Grabmal von Hainewalde. In: Mitteilungen des Landesvereins Sächsischer Heimatschutz 28 (1939), Heft 1/4, S. 1–26
Fehrmann, Udo: Leben und Werk des Baumeisters Andreas Hünigen. Ein Beitrag zur Geschichte der sächsischen Baukunst in der zweiten Hälfte des 18. Jahrhunderts. Diss., Dresden 1967
Festschrift zur 350-Jahr-Feier der Kirche Gelenau am 31. Oktober, 1. und 2. November 1931
Gerber, Christian: Historie der Kirchen-Ceremonien in Sachsen. Dresden und Leipzig 1732

Günther, Fritz, und Fritz Löffler: Die Kirchen in Oybin (Das Christliche Denkmal 8). 4., bearb. Aufl. Berlin 1981

Die Kirche zu Hainsberg am Tage ihrer Weihe, 11. November 1901. Als Ms. gedr. Hainsberg, Druck Gustav Klotz

Haynewaldes GOTT-geheiligtes VALE und SALVE: das ist: Die mit Gebeth / Predigten und Glück-Wünschungen / Anno 1711, den 4. und 7. Octobr. / feyerlichst begangene Verlassung des alten / und Begrüssung des neuen Gottes-Hauses daselbst. Görlitz, Druck Michael und Jacob Zippern

Hentschel, Walter: Meißner Bildhauer zwischen Spätgotik und Barock. Meißen 1934

Ders.: Dresdner Bildhauer des 16. und 17. Jahrhunderts, Weimar 1966

Hofmann, Erna Hedwig: Alle Künste rühmen den Herrn. Die Kreuzkapelle zu Mauersberg. Berlin 1957

Jahresbericht des Vereins für kirchliche Kunst in Sachsen (im Königreich Sachsen). Dresden 1862–1939

Keisch, Claude: Zum sozialen Gehalt und zur Stilbestimmung deutscher Plastik 1550–1650: Sachsen, Anhalt, Stifter Magdeburg und Halberstadt. Diss., Berlin 1970

Keller, Horst: Barockaltäre in Mitteldeutschland. Burg bei Magdeburg 1939

Kirchbau heute. Dokumentation, Diskussion, Kritik. Herausg. und bearb. von Elfride Kiel. Leipzig 1969

Klinger, Johannes Gottlob: Sammlungen zum Dorf- und Bauern-Rechte. Leipzig 1749

Knechtel, Jens: Die Ikonographie der Felderdecken des 16. bis 18. Jahrhunderts in sächsischen Kirchen. Diplomarbeit, Leipzig 1982

Lpds., W.: Die Kirche in Rüdigsdorf im Königreich Sachsen. In: Christliches Kunstblatt 1861, S. 97–103

Löffler, Fritz: Das alte Dresden. 6., neubearb. und erw. Auflage. Leipzig 1981

Mai, Hartmut: Der evangelische Kanzelaltar. Geschichte und Bedeutung. Halle (Saale) 1969

Ders.: Studien zum Kirchenbau des 19. Jahrhunderts. Habilitationsschrift, Leipzig 1970

Ders.: Die Kanzelaltäre im sächsisch-thüringischen Gebiet – Denkmäler der lutherischen Reformation. In: Sächsische Heimatblätter 16 (1970), S. 71–80

Ders.: Probleme des sächsischen Kirchenbaus des 19. Jahrhunderts. In: Herbergen der Christenheit. Jahrbuch für deutsche Kirchengeschichte 1979/80, S. 113–124

Ders.: Der Kirchenbau des 19. und frühen 20. Jahrhunderts in Leipzig. In: Jahrbuch für Regionalgeschichte Band 9. Weimar 1982, S. 155–183

Ders.: Der evangelische Kirchenbau des Barocks in Sachsen aus der Sicht seiner Entstehungszeit. In: Sächsische Heimatblätter 33. 1987, S. 245–258

Meurer, Moritz: Die St. Katharinenkirche zu Callenberg, nach ihrem im Jahre 1859 vollendeten Neubau beschrieben. Leipzig 1859

Röber, Wolf-Dieter: Lauchhammer Eisenkunstguß – Plastiken in Wolkenburg. Glauchau 1984

Schliepe, Walther: Über Zusammenhänge in der Entwicklungsgeschichte protestantischer Emporenkirchen bis zu George Bähr. Ein Beitrag zur Entwicklung des Emporenraumes in Sachsen. Diss., Dresden 1957

Sehling, Emil (Hrsg.): Die evangelischen Kirchenordnungen des 16. Jahrhunderts. Erste Abteilung: Sachsen und Thüringen, nebst angrenzenden Gebieten. Leipzig 1902 und 1904. 3. Band: Die Mark Brandenburg – die Markgrafthümer Ober-Lausitz und Nieder-Lausitz – Schlesien. Leipzig 1909

Evangelische Kirche in Wiesa in Sachsen. Architekten: Schilling & Gräbner in Dresden. In: Deutsche Bauzeitung 41 (1907), S. 234

Bildnachweis

Die fotografischen Aufnahmen für diesen Bildband schuf der Lichtbildner Christoph Georgi

Weitere Bildvorlagen stellten zur Verfügung:

Institut für Denkmalpflege, Arbeitsstelle Dresden (Vor- und Nachsatz, S. 25, 26)

Deutsche Fotothek, Abteilung der Sächsischen Landesbibliothek Dresden (S. 28)

Staatliche Kunstsammlungen Dresden (S. 26, 28)

Staatsarchiv Dresden (S. 25)

Kunsthalle Bremen (S. 27), Sammlung Schloß Harburg (S. 27)

Vor- und Nachsatz, Übersichtskarte: Werner Hans Schlegel; Karte der romanischen Dorfkirchen: Heinz Uhlmann; Kirchengrundrisse und -schnitte: Sigrid Groß-Kaiser (nach Vorlagen des Instituts für Denkmalpflege, Arbeitsstelle Dresden)

S. 28: Luftbildgenehmigungen ZLB/L 0541/73 (Baalsdorf b. Leipzig) und ZLB/L 0388/81 (Mohorn, Kr. Freital)

Ortsverzeichnis

Das Verzeichnis enthält nur die im Text vorkommenden Dörfer bzw. Dorfkirchen. Eingemeindete Dörfer sind unter ihrem früheren Ortsnamen eingeordnet.
OT = Ortsteil, Kr. = Kreis,
Stkr. = Stadtkreis
Die kursiv gesetzten Zahlen verweisen auf die jeweiligen Abbildungen.

Paunsdorf

Albrechtshain